Bernd Fischer

Als Diplomat mit zwei Berufen

Die DDR-Aufklärung in der Dritten Welt

edition ost

Das Buch

Hat das MfS, und dort besonders die Auslandsaufklärung global operiert? Hat der vermeintlich »größe Geheimdienst der Welt«, wie gelegentlich im Westen behauptet, dem KGB oder der CIA Konkurrenz machen wollen? Alles Unsinn. Dem Drängen der sowjetischen Genossen in dieser Hinsicht wurde ebenso widerstanden wie dem Ehrgeiz einiger Politiker, immer und überall über die Dinge in der Welt auf dem Laufenden gehalten zu werden. Die HV A handelte internationalistisch, indem sie punktuell nationale Befreiungsbewegungen unterstützte und jungen Nationalstaaten in der Dritten Welt beim Aufbau ihrer Sicherheitsorgane half. Nebenbei behielt sie aber auch die westlichen Dienste im Blick: um Angriffe auf die DDR-Vertretungen abzuwehren und um die Attacken auf die Beziehungen zur DDR beizeiten zu bemerken. Bernd Fischer, selbst einst Resident der HV A im Nahen Osten, berichtet über ein bislang wenig untersuchtes Thema.

Der Autor

Bernd Fischer, Jahrgang 1940, geboren und aufgewachsen in Chemnitz/Karl-Marx-Stadt, 1958 Abitur. Nach Praktikum in den Leunawerken von 1959 bis 1965 Studium an der Hochschule für Internationale Beziehungen (IMO – heute Universität) in Moskau. Seit 1965 Mitarbeiter der Abteilung III der HV A des MfS. Von 1969 bis 1974 Diplomat an der Botschaft der DDR in Kairo (Ägypten), tatsächlich Resident der HV A. Von 1974 bis 1986 Leitungsaufgaben in der Abteilung III der HV A, immer Bereich legal abgedeckte Residenturen im Nahen und Mittleren Osten, Nordafrika, Asien – Dritte Welt. Zwischen 1987 und Oktober 1989 Leiter der Abteilung I der HV A (Oberste Bundesbehörden der BRD). Im Oktober 1989 Berufung zum Leiter des Aufklärungsbereiches Ausland II (ohne BRD), ab März 1990 Leiter der HV A in Auflösung. Letzter Dienstgrad Oberst.

Band 4 der Geschichte der HV A

Inhalt

Vorwort

Im vorliegendem Buch, dem Band 4 der Geschichte der Hauptverwaltung Aufklärung, wird über die Arbeit eines Teilbereiches des Auslandsnachrichtendienstes der Deutschen Demokratischen Republik berichtet – über die Arbeit in der Dritten Welt.

Auch wir verstehen, wie international im Sprachgebrauch üblich, unter dem Begriff »Dritte Welt« Entwicklungsländer in Nahost, Afrika, Asien und Lateinamerika. Es gibt auch bewusst falsche Deutungen der Dritten Welt als Länder mit Befreiungsbewegungen und der Gleichsetzung dieser mit Terrorismus. Daraus abgeleitet wird dann die Behauptung, dass die DDR und damit auch die HV A in jenen Ländern Terroristen unterstützte. Ich stelle das bewusst an den Anfang, weil mit dem Ende der DDR und unseres Dienstes die bundesdeutschen Medien Hetze und Verleumdung in diese Richtung lenkten.

So las man beispielsweise am 8. September 1990, also noch vor der Angliederung der DDR an die BRD, in der *Berliner Morgenpost*: »Stasi an Morden in Äthiopien beteiligt?« In dem Beitrag wurde behauptet, dass Mitarbeiter der HV A sich zwischen 1975 und 1989 an mehr als einer Million Morden mitschuldig gemacht hätten.

2006 erschien im Eichborn Verlag in Frankfurt am Main ein Roman mit dem Titel »Aschemenschen«. Die deutschen Medien griffen diese fiktive Vorlage auf. *Die Welt* titelte am 29. April 2006: »Deutsche Foltern in Addis Abeba«. Im Artikel wurde behauptet, dass die im Roman geschilderten Verbrechen von Mitarbeitern der HV A begangen worden seien. Man zitiert den Autor Ulrich Schmid mit den Worten: »Schmid fordert von der Bundesregierung, die Amnestie – *(gemeint ist der Beschluss des Bundesverfassungsgerichts vom 15. Mai 1995 – W. G.)* – aufzuheben und das Engagement der Stasi in Äthiopien untersuchen zu lassen«. Man spricht von noch 13.000 unentdeckten Mitarbeitern der HV A. Welch Idiotie.

Selbst vergleichsweise seriöse Blätter wie die *Süddeutsche Zeitung* oder die *Neue Zürcher Zeitung* nahmen die Belletristik für bare Münze. Die *SZ* schrieb am 28. November 2006 von einem gleichermaßen »befremdlichen« wie »gewagtem« Buch, einem »Mix aus Politthriller und Kriminalroman, Reisebeschreibung, Charakterstudie und Fantasy«. Wohl wahr, es gehörte schon viel Fantasie dazu, um dem Autor Ulrich in seiner Darstellung zu folgen. Dennoch lobte der Rezensent der *SZ* die Geschichte um die literarische Figur des aus der DDR stammende Gerd Wohlfahrt, welcher seinerzeit im Auftrag der Stasi den sozialistischen Genossen in Addis Abeba das Handwerk des Folterns beibrachte, als »klischeefrei« (!), »komplex gebaut« und von einer beklemmenden »Atmosphäre der lauernden Unbehaglichkeit«. Schmid »berichtet« (!) über Waffenlieferungen an den Bruderstaat und die Entwicklungshilfe durch die Stasi. Besonders eindringlich fand der *SZ*-Rezensent den Folter-Bericht eines Opfers von Wohlfahrt.

Die *Neue Zürcher Zeitung* sprach am 17. Mai 2006 von einem »folternden DDR-Agenten«. Der Buchautor habe sich »eines bisher weitgehend verschwiegenen Kapitels DDR-Geschichte« angenommen und mache sie »unaufdringlich sicht- und spürbar«.

Nun, so unaufdringlich war das nicht. Schon rief man die einschlägigen Behörden auf zur Untersuchung der vermeintlichen Vorgänge in Äthiopien und der juristischen Verfolgung der daran Beteiligten, sofern sie dem MfS angehört hatten.

Die Sache verlief, wie stets im Sande. Die künstliche Aufregung hielt nicht lange an. Doch las man je eine Klarstellung? Irgendwo ein Wort, dass die in der Dichtung erhobenen Anschuldigen Fiktion waren und keine Basis hätten, dass niemand einer solchen Handlung überführt werden konnte, weil es sie nicht gegeben hat?

In einem Punkt hatte die *NZZ* allerdings recht: Bisher haben wir dazu geschwiegen, es gibt keine Publikation aus unserer Feder dazu. Allein das rechtfertigt es, zum Thema unser Wissen mitzuteilen.

Natürlich, wir haben in Ländern der Dritten Welt antikoloniale Befreiungsbewegungen unterstützt und demzufolge auch beim Aufbau von Sicherheitsorganen geholfen. Niemals aber hätten und haben wir Terrorismus gebilligt oder gar diesen unterstützt. Es ist zudem falsch, Befreiungsbewegungen generell als terroristisch zu klassifizieren. Dort, wo es solche Intentionen gab und wir davon Kenntnis erhielten, haben wir darauf hingewirkt, dass diese Absichten nicht realisiert wurden.

Die Wertschätzung für unsere fachliche Unterstützung war hoch. Sie dauert noch immer an. Als unser langjähriger Chef, Markus Wolf, Südafrika privat besuchte, lud ihn Nelson Mandela ein und dankte ihm für die Unterstützung und solidarische Hilfe im Befreiungskampf des ANC. Eine solche Geste des Friedensnobelpreisträgers gegenüber einem Chef des BND ist nicht bekannt. Man hat in Südafrika nicht vergessen, dass die Bundesrepublik und deren Auslandsnachrichtendienst das terroristische Apartheidregime unterstützte. Noch in die 90er Jahren wurden in der BRD lebende ANC-Mitglieder verfolgt, weil sie mit uns Kontakte hatten. In einem Fall sorgte erst eine Intervention Nelson Mandelas bei Kanzler Kohl für die Einstellung des Verfahrens.

Im Herbst 1951 war der Außenpolitische Nachrichtendienst der DDR gegründet worden. Zunächst richtete sich die Tätigkeit des Dienstes gegen Einrichtungen in der BRD und Westberlins sowie gegen die dort stationierten westlichen Besatzungsmächte. Es gab anfänglich auch keine außenpolitischen Beziehungen der DDR zu nichtsozialistischen Ländern. Erst Mitte der 50er bis Anfang der 60er Jahre konnte die DDR Handels- und Wirtschaftsbeziehungen und diplomatische Kontakte zu Staaten außerhalb des östlichen Bündnisses knüpfen. Der Alleinvertretungsanspruch der Bundesrepublik, insbesondere die Hallstein-Doktrin, die jedem Drittland Konsequenzen für den Fall androhte, dass mit der DDR gesprochen wurde, hielt viele Staaten davon ab, die zweite deutsche Republik anzuerkennen. Dort jedoch, wo es der DDR gelang, die internationale Isolierung zu überwinden, wurde auch die HV A beauftragt, diese Beziehungen entwickeln und sichern zu helfen. Dazu wurden hauptamtliche Mitarbeitern und geworbene inoffizielle Mitarbeiter eingesetzt.

Wie wichtig dies war, zeigte sich etwa, als Bonn es vermochte, 1957 die diplomatischen und wirtschaftlichen Beziehungen zu Jugoslawien und 1962 zu Kuba auf Eis zu legen.

Für die Außenpolitik der DDR, die laut Verfassung auf die Erhaltung und die Sicherung des Friedens, auf Freundschaft und Völkerverständigung gerichtet war, erwuchsen daraus notwendigerweise Konsequenzen. Neben der bereits angedeuteten Sicherung und Festigung bestehender bilateraler Beziehungen ging es zugleich um die Elimierung der Hallstein-Doktrin auch mit nachrichtendienstlichen Mitteln. Und schließlich hatten wir für die Sicherheit der DDR-Staatsbürger und der Einrichtungen unseres Lands in den auswärtigen Staaten zu sorgen.

Aus dieser Aufgabenstellung ist ersichtlich, dass die Tätigkeit des Aufklärungsdienstes in keiner Weise gegen das Gastland, dessen Einrichtungen und dessen Bürger gerichtet war. Die Aufklärung konzentrierte sich auf die Feststellung der Situation im Land, auf die Haltung zu den beiden deutschen Staaten, auf den Einfluss der BRD und anderer NATO-Staaten und der Tätigkeit deren Geheimdienste. Diese waren bestrebt, dort tätige DDR-Bürger für Spionagezwecke und Verratshandlungen zu gewinnen. Sie versuchten diese anzuwerben, sie zu korrumpieren, zu kompromittieren und in ihre Wohn- und Arbeitsgebäude mit nachrichtendienstlichen Mitteln einzudringen. Angriffe dieser Art mussten abgewehrt werden.

1959 erfolgt in der HV A eine Strukturveränderung. Damit trug die Führung den gewachsenen Anforderungen an die Aufklärungstätigkeit Rechnung. Die DDR unterhielt inzwischen Handelsvertretungen in Finnland, Ägypten, Indien und Syrien, in Jugoslawien öffnete eine DDR-Botschaft.

Statt der bisherigen Hauptabteilungen wurden in der HV A Abteilungen gebildet. Für die Arbeit im nichtsozialistischen Ausland – ohne BRD, USA und Einrichtungen der NATO und der EWG – war die *Abteilung III* zuständig.

Sie organisierte unsere Tätigkeit in der »Dritten Welt«, welche personell, organisatorisch und strukturell auf zwei getrennten Linien erfolgte. Die Linie über legal abgedeckte Residenturen (LAR) und die Kooperation mit Partnerdiensten stellte neue Anforderungen an die Mitarbeiter. In den Folgejahren wurden außenpolitisch, außenwirtschaftlich, juristisch und fremdsprachlich qualifizierte Spezialisten eingestellt und in oder bei den Auslandsvertretungen eingesetzt. Langfristig bereiteten wir uns auf die Entwicklung in den außenpolitischen Beziehungen der DDR vor. 1969/70 erfolgte die diplomatische Anerkennung der DDR durch Irak, Syrien, Ägypten, VR Kongo und Algerien. Das Ende der Hallsteindoktrin und die Anerkennung des Status quo im Westen führten zu Beginn der 70er Jahre zur bekannten Anerkennungswelle und zur Aufnahme der DDR in die UNO 1973.

Der Zerfall der Kolonialregime in der zweiten Hälfte des 20. Jahrhunderts führte in verschiedenen Ländern zu historisch grundsätzlichen Veränderungen. Antikoloniale Befreiungsbewegungen gewannen an Stärke, in einigen Staaten übernahmen sie die Macht. Vor allem Länder mit sozialistischer Orientierung suchten Unterstützung und Hilfe auch in der DDR. Es kam zu Vereinbarungen auf politischer und staatlicher Ebene, woraus sich auch Aufgaben für das MfS und die HV A ergaben. Wir waren Auftragnehmer. Unser Auftraggeber war in erster Linie das ZK der SED, oft der Generalsekretär persönlich. Das erklärt die engen Kontakte mit der Abteilung IV (Internationale Verbindungen) des ZK der SED wie auch zu den entsprechenden Abteilungen im Staatsapparat der DDR.

Ferner nahmen unsere Bündnisverpflichtungen im Rahmen des Warschauer Vertrages und insbesondere die enge Beziehung zur Ersten Hauptverwaltung (Aufklärung) des KGB Einfluss auf unser Wirken in der Dritten Welt. Besonders die Zusammenarbeit mit Partnerdiensten in Ländern der Dritten Welt verlangte ein koordiniertes Vorgehen und demzufolge Abstimmung mit der sowjetischen Aufklärung, vor allem bei der Arbeit vor Ort. Was jedoch nicht ausschloss, dass wir souverän entschieden und handelten. So verweigerten wir uns der Bitte aus Moskau, unsere Präsenz in Afghanistan zu erhöhen und uns stärker zu engagieren. Wir waren schon damals der Überzeugung, dass unsere Sicherheit nicht am Hindukusch verteidigt werden sollte und müsste.

Die materiellen Möglichkeiten der DDR waren begrenzt. Oft erreichten uns Hilfeersuchen, die wir nicht erfüllen konnten. 1989 bat mich der mocambiquanische Innenminister in einem persönlichen Gespräch, sie beim Bau von Unterkünften für seine Mitarbeiter zu unterstützen. Ich musste ablehnen. Das verstand er nicht. Noch Jahre zuvor war solchen Bitten entsprochen worden, vor allem dann, wenn sie beim Generalsekretär vorgebracht worden waren. Auf diese Weise kam auch 1980 ein halbes Hundert ausgemusterter NVA-Panzer nach Äthiopien, die dort vor allem zur Sicherung strategischer Straßenverbindungen eingesetzt wurden.

Honecker hatte trotz unseres und des Einwandes von Mitarbeitern der ZK-Abteilung IV diese Bitte erfüllt. Während unserer Tätigkeit in Äthiopien haben wir darauf hinzuwirken versucht, den militärischen Konflikt zwischen Äthiopien und Eritrea zu beenden und nicht, wie dadurch objektiv geschehen, diesen zu befördern. Ich meine, dass bei dieser Fehlentscheidung Unkenntnis der internationalen Situation, die Überschätzung des politischen Gewichts der DDR, ein gewisses Maß an Eitelkeit und Gönnerhaftigkeit eine Rolle spielten.

Trotz manches Irrtums und einiger Fehleinschätzungen teile ich nicht die Auffassung einiger Besserwisser, die damals und erst recht heute das Wirken der DDR in der Dritten Welt als überflüssig, gar politisch falsch und ökonomisch unvertretbar beurteilen. Nein, das Engagement der DDR in diesen Regionen war richtig. Es hat den Menschen dort genutzt, es hat dem Ansehen der DDR in der Welt genutzt. Es entsprach unseren Überzeugungen von einer solidarischen Welt. Wir folgten unseren Vorstellungen, wie eine friedliche, gerechte, von Ausbeutung und Unterdrückung befreite Welt zu gestalten sei. In diesem Sinne organisierten wir auch unsere nachrichtendienstliche Tätigkeit in diesen Ländern.

Ich denke, wir haben auf unserem Feld anständige und erfolgreiche Arbeit geleistet. Hauptamtliche Mitarbeiter der HV A, Offiziere im besonderen Einsatz (OibE) und inoffizielle Mitarbeiter haben sich engagiert. Sie taten dies meist selbstlos und voller Idealismus. Ihnen allen gebührt heute noch Dank und Anerkennung.

Das Buch berichtet über diese Tätigkeit. Sachlich und nüchtern, frei von Pathos und Verklärung. Diese Darstellung ist wahrhaftig und wahr, das war die Realität.

Der Einsatz der HV A-Mitarbeiter unterschied sich erheblich von denen von Angehörigen westlicher Auslandsnachrichtendienste. Ich erinnere in diesem Kontext nur an die Ermordung von Kongos Präsident Lumumba 1961, an Chiles Präsident Allende 1973, an die Abschlachtung Che Guevaras

1967, an Staatsstreiche und Putsche, in denen die CIA und deren Bundesgenossen die Fäden zogen. Notwendig ist die Frage nach dem Engagement des BND in Südafrika, Syrien, Irak, Ägypten, in afrikanischen, asiatischen und lateinamerikanischen Ländern. Konferierte nicht BND-Chef Klaus Kinkel 1979 mit Iraks Innenminister, eines nahen Verwandten von Saddam Hussein, dem später von den USA gestürzten Präsidenten? In jenem Jahr zog die DDR ihre militärischen Ausbilder aus Irak ab, weil sich eben jener Saddam Hussein in ein Kriegsabenteuer mit dem Iran begeben wollte.

Sobald die Archive dieser westlichen Dienste öffentlich zugänglich sind, werden wir vermutlich aus dem Staunen nicht mehr herauskommen. Gegen die dort verzeichneten Ungeheuerlichkeiten – von erfundenen Massenvernichtungswaffen bis hin zu »Hufeisenkriegsplänen« – werden die BND-Bespitzelungsskandale und andere ruchbar gewordene »Betriebsunfälle«, die kurzzeitig die Öffentlichkeit erregten, vermutlich geradezu harmlos erscheinen.

Ich möchte es nicht unterlassen, Oberst a. D. Bernd Fischer, dem Autor des Buches, für seine Arbeit zu danken und ihn zu beglückwünschen. Er benennt nicht nur Fakten, sondern nimmt auch Einschätzungen und Wertungen vor, die ich ausdrücklich begrüße und auch vollständig teile.

Werner Großmann und Bernd Fischer, 2008

Hervorzuheben sind auch die Ausführungen zum Einsatz von Mitarbeitern aus MfS-Abwehrdiensteinheiten und deren wichtige Tätigkeit als Spezialisten in der Zusammenarbeit insbesondere mit Partnerdiensten der Dritten Welt. Auch sie widerlegen die unsinnige These, die HV A sei *kein* Auslandsnachrichtendienst gewesen, weil sie ins Ministerium für Staatssicherheit integriert war. Damit sei die HV A objektiv Teil des Repressionsapparates gewesen. Auslandsaufklärung und Abwehr gehören nun einmal zusammen, wenn sie erfolgreich sein wollen. Das haben auch die USA begriffen, als sie 2002 – als Reaktion auf den 11. September 2001 – das *United States Department of Homeland Security* schufen. Damit will ich nichts zum Charakter eines solchen Sicherheitsministeriums in einem kapitalistischen Staat gesagt haben. Die Unterschiede treten deutlich zutage. Während beispielsweise Mitarbeiter des MfS in Mosambik der FRELIMO halfen, eine antikoloniale, demokratische Gesellschaft aufzubauen, unterstützte der BND die konterrevolutionäre RENAMO, die bei Terroranschlägen auch DDR-Bürger ermordete. Deshalb fordere ich die Offenlegung der Unterlagen des Bundesnachrichtendienstes auch in dieser Angelegenheit. Die Bundesbürger haben ein Recht darauf zu erfahren, wie und warum seinerzeit ihre Landesleute im Süden Afrikas starben. Und dann muss man die Verantwortlichen zur Rechenschaft ziehen. Mord verjährt bekanntlich nicht.

Wir haben 1989/90 aus verständlichen Gründen unsere Akten vernichtet. Das hat vielen Menschen geholfen. Beim Rekonstruieren unserer Geschichte ist das eindeutig von Nachteil. Im Wissen darum gewinnt Bernd Fischers Arbeit an Bedeutung. Vieles konnte er aus eigenem Erleben – als Resident und leitender Mitarbeiter auf diesem Arbeitsgebiet – wiedergeben. Er erhielt Hilfe durch andere ehemalige Mitarbeiter.

Nicht zuletzt geht mein und unser Dank auch an Erich Schmidt-Eenboom, der es gestattete, Auszüge aus seinem Buch »BND. Der deutsche Geheimdienst im Nahen Osten« zu zitieren, welche die Darstellung abrunden. Auf diese Weise hoffen wir, die auch von der *NZZ* beklagte Lücke schließen zu können

Generaloberst a. D. Werner Großmann,
Chef der HV A von 1986 bis 1989

Die Tätigkeit der HV A als Bestandteil der DDR-Außenbeziehungen

Den Begriff »Dritte Welt« benutze ich als Sammelbegriff für alle Staaten und Gebiete in Asien, Afrika und Lateinamerika, die sich in kolonialer oder halbkolonialer Abhängigkeit befunden haben oder noch immer befinden. In Afrika und Lateinamerika werden darunter alle Staaten und Territorien verstanden, in Asien nehme ich davon Japan und die Volksrepublik China aus.

Die Dritte Welt spielte in der Außenpolitik und in den Außenwirtschaftsbeziehungen der DDR eine herausragende Rolle. Vor allem in den ersten drei Jahrzehnten ihres Bestehens besaßen Aufgabenstellung und Aktivitäten der DDR-Institutionen im nichtsozialistischen Ausland ein gewisses Übergewicht. Die (anderen) kapitalistischen Staaten spielten demgegenüber eine zurückgesetzte Rolle. Ausgenommen die Bundesrepublik Deutschland, in den 50er Jahren dem Begriff nach noch nicht als Ausland für die DDR. Dieses Verhältnis war Folge der Nachkriegsentwicklung und des Kalten Krieges. Aufgrund einer separaten Währungsreform in den Westzonen 1948 und der Bildung eines westdeutschen Separatstaates 1949 musste sich auf dem Territorium der Sowjetischen Besatzungszone ein zweiter deutscher Staat konstituieren. Die antikommunistische, antisowjetische Grundposition der meisten Staaten der westlichen Welt veranlasste diese, ausschließlich die Bundesrepublik als Rechtsnachfolger des Deutschen Reiches zu akzeptieren und anzuerkennen. Die DDR wurde als Moskauer Vasall betrachtet, während sich die DDR selbst (und folglich auch die BRD) zunächst als Übergang betrachtete. Jahre-, wenn nicht gar jahrzehntelang kämpfte man um die deutsche Einheit und den Abschluss eines Friedensvertrages mit ganz Deutschland. Aus dieser Überzeugung heraus hielt man – neben der Entwicklung und Durchsetzung eigenstaatlicher Interessen – am Fortbestand bzw. an der Wiederherstellung eines deutschen Nationalstaates fest. Deshalb sprach man in Berlin konsequenterweise auch nicht von der Bundesrepublik Deutschland, sondern von Westdeutschland.

Auf der Gegenseite wurde jedoch auf Abgrenzung gesetzt. Mehr noch: auf Beseitigung der DDR und Integration des Ostterritoriums in den restaurierten bürgerlich-kapitalistischen Staat mit Westbindung. Diese erkennbare Strategie, zu der auch die Hallstein-Doktrin gehörte, welche die DDR international isolieren sollte, forcierte letztlich die eigenstaatliche Entwicklung der DDR. Die Ausgrenzung führte zur Abgrenzung. Es gehört darum zu den Lebenslügen der Bundesrepublik Deutschland, dass die »Kommunisten« im Osten Deutschland gespalten hätten. Nicht allein die Gründung der BRD, sondern auch deren Politik mindestens in den ersten zwanzig Jahren ihrer Existenz trug ursächlich daran Schuld, dass durch dieses Land nicht nur ein Riss, sondern bald auch eine Mauer ging.

Vor dem Hintergrund dieser Politik muss darum auch das frühe Interesse der DDR an Regionen außerhalb der kapitalistischen Welt gesehen werden.

Die Dritte Welt befand sich in den 50er Jahren noch zu einem großen Teil in kolonialer Abhängigkeit. Nationale Befreiungskämpfe, in Kriegen und bewaffneten Konflikten ausgetragene Auseinandersetzungen mit imperialistischen, der Widerstand gegen Kolonialismus und Neokolonialismus wurden schon in den ersten Jahren der DDR mit Sympathie und Solidarität begleitet. Die Unterstützung blieb bis 1989 eine zentrale Maxime der DDR-Politik. Die internationale Solidarität war in großen Teilen der Bevölkerung tief verwurzelt und fand eine breite Akzeptanz und Unterstützung. Das fußte nicht zuletzt auf der eigenen geschichtlichen Erfahrung der schweren Anfangsjahre in der Sowjetischen Besatzungszone und der DDR.

Die internationale Solidaritätsbewegung mit dem koreanischen Volk im Krieg von 1950 bis 1953, die Solidarität mit Vietnam/Indochina in deren Kampf um die Befreiung vom französischen Kolonialjoch in den 50er Jahren, mit Ägypten 1956 im bewaffneten Konflikt mit Großbritannien, Frankreich und

Israel, mit Libanon während der USA-Invasion 1958 oder mit Algerien im nationalen Befreiungskampf bis zur staatlichen Unabhängigkeit 1962 waren prägend in der Entwicklung der jungen DDR. Sie fanden vielfältige Fortsetzung in der Folgezeit.

Die sich rapide beschleunigende Entkolonialisierung und das Entstehen junger Nationalstaaten, insbesondere in Afrika, wie die von Kuba eingeleitete Emanzipation von der USA-Hegemonie in Lateinamerika, fanden in der DDR große Resonanz und Zustimmung.

Diese Entwicklungen fanden auch ihren Niederschlag in der Konzipierung und Ausgestaltung der Auslandsaufklärung der DDR. Es entstanden sukzessive erste »legal abgedeckte Residenturen« im arabischen Raum, in Süd- und Südostasien und Afrika. Gemäß den außenpolitischen Grundlinien der DDR orientierte sich die Auslandsaufklärung in der Dritten Welt darauf, unter Nutzung der gegebenen und von zu schaffenden Möglichkeiten die DDR als Friedensfaktor und verlässlicher Partner zu präsentieren. Dazu gehörte es, die völkerrechtliche Anerkennung und im Ergebnis diplomatische Beziehungen mit möglichst vielen Staaten der nichtsozialistischen Welt zu erreichen. Eine solche Orientierung bedeutete zwangsläufig die Auseinandersetzung mit der Politik der Bundesrepublik (inbesondere der »Hallstein-Doktrin«) und deren Auslandsnachrichtendienst in diesen Staaten.

Die Tätigkeit der Auslandsaufklärung der DDR durchlief aufgrund der weltpolitischen Entwicklung verschiedene Phasen. Die erste lag »vor der umfassenden völkerrechtlichen Anerkennung«, also in den 50er Jahren, dann gab es jene mit »eingeschränkter Anerkennung«, das waren die 60er Jahre. Sodann schloss sich eine Phase mit »durchgängiger oder voller völkerrechtlicher Anerkennung der DDR« an.

Auch in dieser letzten Phase blieb die oft sehr zugespitzte Konfrontation zwischen den beiden deutschen Staaten existent, die auch in der Dritten Welt ihren Niederschlag fand. Beispiele dafür schildert Erich Schmidt-Eenboom[1].

Aus der Zugehörigkeit der DDR zur Staatenkoalition des Warschauer Vertrages ergaben sich ebenfalls Verpflichtungen für die DDR-Auslandsaufklärung, die von ihr realisiert wurden. Das galt insbesondere für die Erwartungen der UdSSR an ihre Bündnispartner. Dieser Grundsatz wurde auch nicht dadurch außer Kraft gesetzt, wenn die DDR eigene Interessen in den Vordergrund stellte und sich nicht in jedem Falle hinter sowjetische Interessen stellte. Das betraf beispielsweise unsere Präsenz in Afghanistan, unser Verhältnis zu China, unterschiedliche Bewertungen bei ZANU und ZAPU[2] in Simbabwe oder bezüglich unseres Engagements in Angola, Mosambik, Äthiopien sowie einigen Ländern Lateinamerikas.

In der Phase der umfassenden völkerrechtlichen Anerkennung der DDR ergaben sich für die Auslandsaufklärung günstigere Möglichkeiten und bessere Bewegungsbedingungen.

Gleichzeitig wuchsen die Anforderungen an die DDR-Sicherheitsorgane bei der Arbeit mit Partnerdiensten in der Dritten Welt und insbesondere im materiellen Bereich, etwa bei deren Ausbildung und Ausrüstung.

Die in den Jahrzehnten zuvor dominierende Aufgabenstellung – Durchsetzung der internationalen Anerkennung, Abwehr von Angriffen und Intrigen Bundesrepublik und ihrer Institutionen – war im Wesentlichen entfallen. Die deutsch-deutsche Auseinandersetzung verlor zwar nicht an Schärfe, sie war aber, bei aller Spezifik, Teil der internationalen Systemauseinandersetzung. Die sich aus den Koalitionsaufgaben im Warschauer Vertrag und speziell dem Bündnis mit der UdSSR ergebenden Verpflichtungen für die Schutz- und Sicherheitsorgane der DDR wie ihre Streitkräfte traten stärker in den Vordergrund. Im Interesse der Friedenssicherung und Verhinderung von Überraschungen waren diese Aufgaben für die Auslandsaufklärung bestimmend.

Zu Beginn der 80er Jahre vollzog sich eine Umorientierung der Außenpolitik und der Außenwirtschaftspolitik der DDR. Die Beziehungen zu kapitalistischen Staaten Europas sowie zu Japan und zur Bundesrepublik Deutschland rückten in den Vordergrund. Das stand im Zusammenhang mit der Entspannungs- und Abrüstungspolitik und der daraus resultierenden Veränderungen in der Konstellation zwischen den Supermächten sowie in den Beziehungen zwischen den beiden deutschen Staaten. Es war aber auch Ausdruck veränderter ökonomischer Interessen und Probleme der DDR. Es mussten in der Außenwirtschaft mehr Einnahmen erzielt werden, um die gestiegenen

Rohstoffpreise und die wachsende Verschuldung zu kompensieren. In der Tendenz führte dies zu einer Spirale wirtschaftlicher und gesellschaftspolitischer Entwicklung, deren Negativtrend durch Subjektivismus bei Entscheidungen der Partei- und Staatsführung beschleunigt wurde. Am Ende des Jahrzehnts stand eine Staatskrise.

Die außenpolitischen und außenwirtschaftlichen Veränderungen wirkten sich in nur geringem Umfang – wenn überhaupt – auf die Partnerbeziehungen der Schutz- und Sicherheitsorgane der DDR und ihre Verpflichtungen aus. Allerdings kam es auch hier zu ökonomisch bedingte Einschränkungen. Das zu begreifen fiel den Partnern angesichts früherer Erfahrungen mit der DDR häufig nicht leicht, zumal die Anforderungen der Partnerdienste zunahmen. Wir erbachten weiterhin Leistungen unter zum Teil sehr großen Anstrengungen bis an die Grenzen der eigenen materiellen und finanziellen Potenzen.

Die Eigenständigkeit der Auslandsaufklärung der DDR nahm in jener Zeit erkennbar zu. Auch die Haltung der Auslandsaufklärung der UdSSR, der Ersten Hauptverwaltung des Komitees für Staatsicherheit (KfS/KGB), trug dieser Entwicklung weitgehend Rechnung. Die sowjetischen Partner respektierten insbesondere die Ergebnisse und die errungenen stabilen Positionen der DDR-Aufklärung nicht nur im Westen, und dort speziell in der BRD und der NATO, sondern auch in der Dritten Welt. Das in ihrem praktischen Wirken deutlich gemachte Bestreben der Aufklärer der DDR, die Bündnisverpflichtungen im Rahmen der Warschauer Vertragskoalition nach bestem Wissen und Können zu erfüllen, überzeugte ganz offensichtlich auch alle anderen Bündnispartner.

Die operative Aufgabenstellung war weiter nicht zuletzt darauf ausgerichtet, nachrichtendienstlich Beiträge zu leisten, um die günstigsten äußeren Bedingungen für die Existenz der DDR und ihre Stärkung herbeizuführen und stabil zu erhalten.

Anmerkungen

1 Erich Schmidt-Eenboom, BND. Der deutsche Geheimdienst im Nahen Osten. Geheime Hintergründe und Fakten. München 2007

2 ZANU: Afrikanische Nationalunion von Simbabwe unter Robert Mugabe; ZAPU: Afrikanische Volksunion von Simbabwe unter Joshua Nkomo

Die zwei Säulen der Auslandsaufklärung in der Dritten Welt

Der Begriff der Auslandsaufklärung im behandelten Rahmen umfasste die Gesamtheit des Einsatzes der Leiter und Mitarbeiter des Aufklärungsdienstes der Zentrale – hier also der Hauptverwaltung A des MfS der DDR, der Offiziere im besonderen Einsatz (OibE) und inoffiziellen Mitarbeiter (IM) im Ausland, vorrangig die Kundschafter und Quellen, der mit ihnen befassten Werber, Instrukteure, Residenten und Kuriere sowie Funker. Hinzu kamen gesellschaftliche Mitarbeiter für Sicherheit (GMS) mit und ohne offizielle Registratur und Verpflichtung, inoffizielle Mitarbeiter im Verbindungswesen, also Besitzer oder Verwalter konspirativer Wohnungen, Deckadressen und Decktelefone.

Die Aufklärungstätigkeit der HV A in der Bundesrepublik Deutschland und in anderen westlichen Staaten erfolgte während der gesamten Dauer des Kalten Krieges vorrangig auf traditionelle Weise: als »illegale Linie«. Diese umfasste die Hauptelemente Quelle, Werber/Instrukteur[3], Kurier. Legal abgedeckte Residenturen auf der Basis von Auslandvertretungen der DDR erfüllten andere Aufgaben bzw. ergänzten oder unterstützten, soweit das die Konspiration erlaubte, die Tätigkeit der illegalen Linie. Residenturen existierten in der Bundesrepublik in der Ständigen Vertretung und ansonsten in den DDR-Botschaften.

In der Dritten Welt wich die Tätigkeit der HV A vom klassischen Modell ab. Sie stand auf zwei Säulen, welche personell, organisatorisch und strukturell weitgehend getrennt waren:

- legal abgedeckte Residenturen (LAR)
- Zusammenarbeit mit Partnerdiensten.

Nur in Ausnahmefällen wurde die klassische Methodik der »illegalen Linie« in Ländern der Dritten Welt praktiziert.

Das erfolgte dann weitgehend separat von den »legalen Residenturen«.

Diese Kombination und gleichzeitig strikte Trennung der legalen und illegalen Linien wurzelten in spezifisch deutschen Erfahrungen des antifaschistischen Widerstandskampfes. Sie unterschied sich von der Praxis der sowjetischen Auslandsnachrichtendienste, der Ersten Hauptverwaltung des Komitees für Staatssicherheit der UdSSR und Hauptverwaltung Aufklärung des Verteidigungsministeriums der UdSSR. Die beiden sowjetischen Dienste praktizierten nicht selten eine weniger strenge Trennung – vielfach mit Erfolg, aber oft auch mit schmerzlichen Verlusten. Allerdings war das in der Dritten Welt weniger ausgeprägt.

Besonderes Gewicht erhielt die illegale Linie in der Auslandsaufklärung der DDR, weil in den kapitalistischen Staaten legale Positionen fehlten, was nicht zuletzt der Wirkung der Hallstein-Doktrin zuzuschreiben war. Im Operationsgebiet Bundesrepublik Deutschland – dem »Hauptoperationsgebiet« der HV A – konnte von Anfang an Aufklärung nur auf diese Weise effektiv und mit relativ hoher Sicherheit erreicht werden.

Ergänzt wurde die Tätigkeit legal abgedeckter Residenturen und der Zusammenarbeit mit Partnerdiensten in der Dritten Welt durch den direkten Einsatz von Leitern und Mitarbeitern der Zentrale. Diese realisierten nachrichtendienstlicher Aufgaben und instruierten die Residenturen und eingesetzte Einzelkräfte sowohl der LAR im Operationsgebiet wie auch in der Kontaktarbeit in der DDR.

Beide Arbeitsrichtungen trugen zur Erfüllung von Aufgaben der Auslandsaufklärung bei, insbesondere bei der Informationsbeschaffung.

Zum einen wurden Informationen im direkten Kontakt mit den Partnern erarbeitet, gelegentlich auch mittels der von ihnen beschafften Dokumente, etwa von westlichen Diensten. Häufig geschah das in Kooperation mit Befreiungsorganisationen. Der ANC beispielsweise verhalf uns zu Erkenntnissen über die Zusammenarbeit Südafrikas mit der BRD und anderen westlichen Staaten bei der Nuklearwaffentechnik, so über die Beteiligung Israels an diesen Geschäften, auch wenn Angaben zu Israel unsererseits nicht erfragt worden waren.

Im Rahmen der Ausbildung von Kadern der Partnerdienste und bei anderen Formen der Zusammenarbeit erlangten wir Informationen, die nicht gezielt erfragt wurden, wohl aber aus zusammengefassten Erkenntnissen und bei anderen Umständen anfielen. Diese waren marginal und von unterschiedlichem Wert. Sie halfen aber bei der Gestaltung der Zusammenarbeit und bei der Abschätzung ihrer Perspektive.

Wertvoll waren in der Regel Informationen zu westlichen Diensten.

Beide Arbeitsrichtungen – legal abgedeckte Residenturen und Partnerarbeit – lagen innerhalb der Hauptverwaltung A im Verantwortungsbereich der Abteilung III. Leitungsmäßig war damit Einheitlichkeit und Koordination gewährleistet.

Anmerkung

3 Es war z. T. so, dass der Werber, nachdem er die Quelle geworben hatte, sie als Instrukteur weiter führte, wie es auch häufig geschah, dass die Aufgabe des Instrukteurs dann ein anderer inoffizieller Mitarbeiter übernahm.

Die legal abgedeckten Residenturen

Die Periode der eingeschränkten völkerrechtlichen Anerkennung der DDR und die Wirkung der Hallstein-Doktrin

Bis Mitte der 50er Jahre konzentrierte sich die Arbeit des Außenpolitischen Nachrichtendienstes (APN), des Vorgängers der 1957 aus dem APN hervorgegangenen Hauptverwaltung A des Ministeriums für Staatssicherheit, ausschließlich auf die Bundesrepublik, auf Westberlin und Einrichtungen der westlichen Besatzungsmächte in Deutschland.

Seit Mitte der 50er Jahre orientierten die in der illegalen Arbeit erfahrenen Gründer und ersten Leiter der Auslandsaufklärung der DDR die jungen Aufklärer, sich in die sich allmählich herausbildenden internationalen Beziehungen ihres Staates einzuklinken und Erfahrungen auf dem diplomatischen Parkett zu sammeln. Sie erhielten die Möglichkeit, bei internationalen Großereignissen, bei denen die DDR mit Delegationen präsent war, mit Einsatzgruppen zu agieren. Diese waren unmittelbar vor Ort tätig und wurden von gut getarnten Offizieren geleitet.

Diese Arbeitsrichtung, speziell in Richtung Dritter Welt, begann praktisch 1954. Angehörige der HV A nahmen in der inoffiziellen DDR-Delegation an der Genfer Konferenz der Außenminister der Volksrepublik China, Frankreichs, Großbritanniens, der UdSSR und der USA über die Beendigung des französischen Kolonialkrieges in Kambodscha, Laos und Vietnam teil. Die DDR hatte eine Beobachterdelegation entsandt, die von Richard Gyptner geleit wurde. Da es keine offizielle Einladung gab, wurde die DDR-Delegation in die Beratergruppe der chinesischen Delegation integriert.

Als Sekretär dieser DDR-Beobachterdelegation fungierte Werner Großmann. Sein Auftrag bestand darin, die Arbeitsmöglichkeiten bei solchen Konferenzen zu studieren, die Tätigkeit der in Genf präsenten inoffiziellen Mitarbeiter (IM) zu koordinieren, Verbindungen zu für die DDR und ihre Aufklärung interessanten Personen zu knüpfen und die DDR-Delegation mit Informationen zu versorgen, die von IM oder aus der Zentrale eingingen.

Es bestand zudem enger Kontakt zum Leiter der im Rahmen der sowjetischen Delegation operierenden KGB-Gruppe, Oberst Wadim Kutschin.

Ab Mitte der 50er Jahre erweiterte die HV A ihre Aktivität auf legale Positionen der DDR im nichtsozialistischen Ausland in Europa und zunehmend in Staaten der Dritten Welt. Dabei konzentrierte man sich zunächst ausschließlich auf die Beschaffung von Informationen, gestützt auf kommerzielle und konsularische Vertretungen der DDR, zumeist Handelsvertretungen und Generalkonsulate.

Diese ersten Vertretungen der DDR in nichtsozialistischen Staaten waren aus ökonomischen und politischen Gründen – die Empfangsländer stellten unter dem Druck der Hallstein-Doktrin nur kleine Objekte zur Verfügung – relativ klein. Meist waren nicht mehr als drei bis fünf Mitarbeiter präsent. Nachrichtendienstlich tätig waren – wenn überhaupt – nur ein oder zwei inoffizielle Mitarbeiter. An einigen Vertretungen gab es Offiziere im besonderen Einsatz, das waren meist die Chiffreure. Erst zu Beginn der 70er Jahre wurden Residenturen mit mehreren OibE und IM in für die DDR besonders wichtigen Ländern zur Regel. Der Anteil von OibE als Berufsdiplomaten in legal abgedeckten Residenturen der HV A, die die Landes- und weitere Sprachen beherrschten, wuchs kontinuierlich. Ab Ende der 70er Jahre wurde das zur Regel.

Oft wurde und wird unterstellt, dass das MfS eine eigene Außenpolitik betrieben habe, es hätte politische Eigenmächtigkeiten der Auslandsaufklärer gegeben. Das traf zu keiner Zeit zu. Es ging immer um Realisierung von außenpolitischen, strategischen Zielstellungen der DDR, der UdSSR und des Warschauer Vertrages. Erstens wurde nie die Führungsrolle der SED in Frage gestellt, zweitens besaß Bündnistreue oberste Priorität. Die Einheit von Sicherheits- und Außenpolitik der DDR war jederzeit gewährleistet. Das galt ohne Einschränkung für die Aktivitäten des Nachrichtendienstes in der Dritten Welt. Es gab weder Raum für »Nebenlinien« noch wurde dieser gesucht. Die außenpolitischen Beziehungen durften auf keinen Fall gefährdet oder belastet werden.

Unsere Auskünfte, Analysen, Einzelinformationen zu aktuellen Fragen hatten Einfluss auf die Entscheidungsfindung in der Staats- und Parteiführung, sie waren aber meist nicht bestimmend. Das Politbüro des ZK der SED, insbesondere der Generalsekretär persönlich, traf oft unabhängig davon »zentrale Entscheidungen«. Sie wurden selbstverständlich ausgeführt.

Die Sowjetunion – also das KGB, und im Fall der Auslandsaufklärung die Erste Hauptverwaltung – hatten wesentlichen Einfluss auf die Arbeit der DDR-Auslandsaufklärung. Das betraf sowohl inhaltliche Fragen als auch die Ausdehnung der Präsenz und die Aufnahme neuer Bearbeitungslinien wie im Falle China. Dennoch wurde der heute so empfundene und kritisierte Globalismus der sowjetischen Aufklärungstätigkeit in der HV A nur eingeschränkt umgesetzt.

Eine höchst aufwendige und keineswegs gefahrlose Aufgabe der legal abgedeckten Residenturen nahm ständig zu: der Schutz von Bürgern und Einrichtungen der DDR in den Einsatzländern. Es ging dabei um die Abwehr von Terroranschlägen und Lauschangriffen fremder Dienste, von Abwerbungsversuchen und Attacken auf Objekte usw. Dabei mussten die Versuche beizeiten aufgeklärt und die Realsierung solcher Absichten vereitelt werden.

Mehr als 13.000 DDR-Bürger hielten sich ab Ende der 60er Jahre ständig im Ausland auf. Hinzu kam eine Vielzahl von Reisekaderm, die befristet auf verschiedenen Gebieten tätig waren. Viele von ihnen leistetten wirtschaftliche oder humanitäre Hilfe und waren oft erheblichen Risiken ausgesetzt. Extrem wurde die Belastung, wenn es in den Einsatzländern Krieg oder Bürgerkrieg gab, etwa in Libanon, Syrien, Ägypten im Nahen Osten oder in Indien, Äthiopien, Mocambique, Angola, Nicaragua, um nur einige der Operationsgebiete der HV A zu nennen.[4]

Mit wachsender Anzahl der legal abgedeckten Residenturen in Auslandsvertretungen der DDR nahm auch die Zahl der dort eingesetzten Offiziere im besonderen Einsatz zu. In vielen legal abgedeckten Residenturen waren OibE eingesetzt, die eine akademische Ausbildung als Berufsdiplomaten absolviert hatten. Das waren zumeist Absolventen der Moskauer Staatlichen Hochschule für Internationale Beziehungen (IMO) des Außenministeriums der UdSSR[5] und von Universitäten oder Hochschulen der DDR. Sie erfüllten die ihrer Einsatzlegende entsprechenden diplomatischen und anderen Aufgaben in der DDR-Vertretung und folglich auch gegenüber den Institutionen und Vertretern des Einsatzlandes und Diplomaten anderer Staaten. Aus dieser Doppelfunktion ergab sich im Vergleich zu den ausschließlich fachliche Aufgaben erfüllenden Diplomaten ein größerer Arbeitsumfang. Die höheren Belastungen trafen natürlich auch die Familien dieser OibE.

62 Angehörige der HV A in 28 Staaten, mehrheitlich der Dritten Welt, verblieben nach der Beendigung der operativen Tätigkeit der HV A im Februar 1990[6] in ihren diplomatischen Funktionen in den Auslandsvertretungen. Das Ministerium für Auswärtige Angelegenheiten der DDR hatte ausdrücklich um den Verbleib dieser Mitarbeiter ersucht. Dazu wurde auch die Zustimmung des Zentralen Runden Tisches eingeholt. Diese Mitarbeiter verblieben bis zur Einstellung der Tätigkeit der

Die DDR-Botschaft in Ägypten bis 1990, seither beherbergt sie das Goethe-Institut der Bundesrepublik Deutschland

DDR-Botschaften Anfang Oktober 1990 an ihren Einsatzorten. Sie erfüllten wie alle verbliebenen Diplomaten vorrangig Aufgaben zur Abwicklung der Botschaften und deren Übergabe an Beauftragte des Auswärtigen Amtes der Bundesrepublik Deutschland.

Die Arbeit der HV A in der Dritten Welt erfolgte bis in die erste Hälfte der 60er Jahre nur über legal abgedeckte Residenturen und durch Einzelverbindungen, das heißt Dienstreisen inoffizieller Mitarbeiter. Die ersten LAR wurden in Ägypten, Syrien, Irak, Algerien, Sudan, Sansibar/Tansania, Ghana, Guinea und Mali eingerichtet. Es folgten weitere in arabischen Staaten sowie in der Türkei, in Iran und in afrikanischen Staaten. In Indien unterhielt die HV A Residenturen in Neu Delhi, Bombay, Kalkutta und Madras, ab 1972 nur noch in Delhi und Kalkutta. Für einzelne Aufgaben in Bombay wurden dann noch Einzelverbindungen mit IM durch die Residentur in Delhi genutzt.

In Bangladesh gab es nur einige Jahre in der Anfangsphase der Beziehungen eine kleine Residentur. In Kambodscha bestand eine Residentur nur bis zur Machtübernahme der

Eingangsbereich nach der Neugestaltung, Kairo 1972

Roten Khmer, unter denen 1975 alle ausländischen Vertretungen ausgewiesen wurden. In Laos bestand nur kurzzeitig, ebenfalls in der Anfangsphase der Beziehungen, eine kleine Residentur, desgleichen in Burma. Durchgängig gab es eine in Indonesien seit Anfang der 60er Jahre, unter Nutzung zuerst der Handels- und dann der konsularischen Vertretung. In Pakistan wurden operative Aufgaben durch Einsatz bzw. Nutzung einzelner inoffizieller Mitarbeiter realisiert, gleichermaßen in Nepal. In anderen asiatischen Regionen bestanden zeitweise einige Residenturen. Das war abhängig von außenpolitischen Aufgaben und vom Stand der bilateralen Beziehungen.

In Lateinamerika – etwas später als in Nahost, Asien und Afrika – gab es LAR in Kuba (bis zur Aufnahme von Arbeitsbeziehungen mit dem Partnerdienst), in Nicaragua, Mexiko, Argentinien, Brasilien, Kolumbien und Chile.

Wie in anderen Staaten auch, wurde in Lateinamerika aus Gründen der Konspiration und wegen der geringen Personaldecke in den zumeist sehr kleinen Auslandsvertretungen auf die Bildung von Residenturen verzichtet. Die Verbindung zur Zentrale hielten dort eingesetzte OibE und inoffizielle Mitarbeiter während des Jahresurlaubs oder anderer Aufenthalte in der DDR. Das wurde durch Messeteilnahmen, offizielle Delegationsreisen etc. ergänzt. Zeitweilig war das so in Peru, Uruguay, Ekuador und Venezuela. Die operative Arbeit beschränkte sich hauptsächlich auf die Abgabe von Lageeinschätzungen und operativer Ausgangsmaterialien, d. h. Analysen bestimmter politisch oder operativ wichtiger Probleme. Gesammelt wurden Informationen, die für künftige Vorhaben oder für den operativen Reiseverkehr, also das Verbindungswesen, eventuell von Interesse sein konnten.

Eine nicht zu unterschätzende Rolle für die Aufklärung im Nahen und Mittleren Osten – und nicht nur dort – spielte das Verhältnis der arabischen Staaten zu Israel. Gegen Israel erfolgten keine Aufklärungsaktivitäten. Das Land gehörte zu keiner Zeit zum Operationsgebiet der HV A. Es gab weder Einzeloperationen gegen Israel und dessen Bürger noch illegale Strukturen. Da es keine diplomatische Vertretung der DDR in Israel gab, existierte folgerichtig dort auch keine legal abgedeckte Residentur der HV A.

HV A-Chef Markus Wolf und Oberst Siegfried Fiedler (r.) von der Abt. III (Legal abgedeckte Residenturen in der Dritten Welt) bei einem mosambikanischen Künstler, frühe 80er Jahre

1996, zehn Jahre nach seinem Ausscheiden aus dem MfS, besuchte Markus Wolf erstmals Israel. Verantwortliche israelischer Geheimdienste bestätigten ihm, dass es keine Aktivitäten der HV A gegen Israel gegeben habe.

Viele Araber vertraten in den 60er, 70er Jahren die Auffassung, dass der Staat Israel vernichtet werden müsse. Wir haben dieser Ansicht stets widersprochen – auch in unmittelbaren Kontakten. Auch die meisten Palästinenserführer bestritten noch Anfang der 70er Jahre das Existenzrecht Israels. Die Vertreter der HV A ließen in allen Gesprächen mit den Palästinensern keinen Zweifel, dass die DDR zwar für den Rückzug Israels aus den seit 1967 besetzten Gebieten und für das Recht der Palästinenser auf Selbstbestimmung und einen eigenen souveränen Staat war. Zugleich traten wir für die gesicherte Existenz und Entwicklung des Staates Israel bei internationalen Garantien für eine Friedensregelung ein. Auch den Palästinensern wurde konsequent und offensichtlich überzeugend durch uns vermittelt, dass seitens der DDR-Aufklärung Israel kein Zielobjekt war. Eine Beteiligung an nachrichtendienstlichen Maßnahmen gegen Israel schlossen wir aus. Von uns waren auch keine

Geheiminformationen über Israel zu erwarten. Ein wichtiges Segment in der Tätigkeit der Auslandsaufklärung in der Dritten Welt war die Beschäftigung mit Provokationen, Drohungen gegen Objekte der DDR und befreundeter Staaten sowie Entführungen. Diese zogen Suchaktionen, Gewinnung von Partnern und Verbündeten mit Zugang zu den Entführern nach sich.

Aufklärer der DDR waren wiederholt an der Befreiung entführter Staatsbürger der UdSSR, der CSSR und Kubas beteiligt. Diese waren in Libanon, in Angola, Mosambik und in Namibia gekidnappt worden.

In der offiziellen Geschichte der russischen Auslandsaufklärung erfährt diese Seite der Tätigkeit der Auslandsnachrichtendienste unter dem Titel »Die humane Mission der Aufklärung« breite Behandlung. Der Beitrag der DDR-Aufklärer zur Befreiung sowjetischer Bürger wird ausführlich gewürdigt.[7]

Einen herausragenden Platz nehmen die Anstrengungen ein, die nach dem faschistischen Putsch Pinochets 1973 in Chile durch die HV A insgesamt und insbesondere durch die legal abgedeckten Residenturen und andere Einsatzkräfte in den lateinamerikanischen Staaten unternommen wurden. Wir setzten den Auftrag der Partei- und Staatsführung um, gefährdete Personen zu retten. Daran waren nicht wenige Bürger der

Horst Jänicke (2. v. r.) bei seinem letzten öffentlichen Auftritt, 17. November 2005. Gemeinsam mit Gotthold Schramm (l.) und Rudi Herz (M.) stellte er das Buch »Flucht vor der Junta. Die DDR und der 11. September« bei der GBM vor

DDR beteiligt, die bislang keine Kontakte zum Ministerium für Staatssicherheit hatten, geschweige denn Arbeisbeziehungen unterhielten.

Der Einsatz der Aufklärer und vieler DDR-Bürger als Fluchthelfer fand große Anerkennung in Lateinamerika. Im Vorfeld des Putsches war die Regierung Chiles durch DDR-Vertreter gewarnt worden. Die Warnungen basierten auf Informationen der HV A. Diese stammten auch aus Quellen der HV A in der Bundesrepublik, nicht zuletzt im BND.

Koordiniert wurden diese Rettungsaktionen nach dem Putsch am 11. September 1973 durch den Stellvertreter des Leiters der Hauptverwaltung A, Generalmajor Horst Jänicke. Mitarbeiter der HV A und anderer Diensteinheiten des MfS wurden nach Chile gesandt, um Gefährdete illegal aus dem Land zu schleusen.

Die Periode der vollen völkerrechtlichen Anerkennung der DDR

Nach Abschluss des Grundlagenvertrages, der Aufnahme von DDR und BRD in die UNO und der weltweiten Anerkennung der DDR entstanden neue Voraussetzungen und Bedingungen für die legale Arbeitslinie. Strukturen wurden ausgebaut und erweitert. Dabei blieb der Grundsatz bestehen: Staaten der Dritten Welt, ihre Institutionen und Einrichtungen, regierende und oppositionelle Parteien und Gruppen gehören nicht zu den Zielobjekten unserer nachrichtendienstlichen Tätigkeit.

Zwar wurden alle Möglichkeiten genutzt, die inneren Entwicklungen zu verfolgen und außenpolitische Schritte des Gastlandes aufzuklären, um Überraschungen und negative Folgen für die DDR auszuschließen. Das Hauptaugenmerk galt jedoch den Aktivitäten der BRD und USA, deren Einrichtungen und Geheimdiensten in diesen Ländern.

In den arabischen Staaten des Nahen und Mittleren Ostens und Nordafrikas hatte sich seit Abbruch der diplomatischen Beziehungen zur Bundesrepublik – neun Staaten hatten nach Anerkennung Israels durch Bonn 1965 ihre Botschaften geschlossen – eine bessere Situation für die Realisierung der außenpolitischen Ziele der DDR ergeben. Nachdem mit Sansibar 1964 (erweitert auf Tansania 1965) ein Durchbruch erzielt worden war, folgten 1969 zeitgleich diplomatische Beziehungen mit Kambodscha und Irak. Es schlossen sich Mitte 1969 entsprechende Vereinbarungen mit Sudan, Ägypten, Syrien, Südjemen und in der Folgezeit mit weiteren arabischen Staaten an. Die Auslandsaufklärung baute ihre Positionen aus und erweiterte ihr Aufgabenspektrum. Es ging darum, Überraschungen auszuschließen, für die DDR und ihre Bündnispartner negative Entwicklungen zu verhindern und notwendige Vorsorge zu ermöglichen. Das war eine der Konsequenzen aus dem israelisch-arabischen Sechstagekrieg 1967.

Wir gewannen eine relativ große Zahl einheimischer Agenturen auf politisch-ideologischer Basis. Der Anteil von IM, die gegen Bezahlung oder andere Vergünstigungen für die DDR-Aufklärung tätig wurden, war äußerst gering. Eine wichtige Rolle spielte die Abschöpfung, die oft auf einer unausgesprochenen Übereinkunft fußte. So wurden uns bewusst geheime und interne Informationen übermittelt. Diese operativen Positionen waren stabil, und das meist über Jahrzehnte. Dabei wurden auch konspirative Elemente in der Arbeit eingesetzt.

Zunehmend Gewicht bekamen Aufdeckung und Bekämpfung von Maßnahmen gegnerischer Dienste gegen Auslandsvertretungen und Bürger der DDR. Diese reichten von Versuchen der Korrumpierung, Kompromittierung und Anwerbung von Auslandskadern zu Spionagezwecken und anderen Verratshandlungen bis zur Gewaltandrohung und Installation von Abhöreinrichtungen in Auslandsvertretungen.

Breiten Raum nahm die Arbeit in den Krisengebieten Naher und Mittler Osten, im südlichen Afrika und am Horn von Afrika sowie in Mittelamerika ein. Diese war vorrangig auf den Schutz der staatlichen Interessen der DDR und ihrer Bürger, die Unterstützung der durch Banden und konterrevolutionäre Gruppen bedrohten jungen Staaten, etwa Nicaragua und Mosambik, gerichtet. Wir engagierten uns bei diesen Bemühungen um friedliche Lösungen der inneren Konflikte.

Auf der Basis wachsender Erkenntnisse über die wirkliche Lage in diesen Ländern und Gebieten nahm die Qualität unserer Analysen und Auskünfte zu. Wir stellten diese der

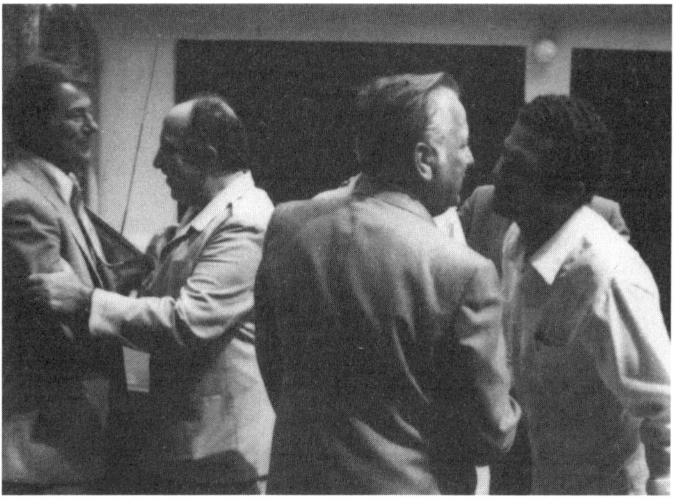

Bernd Fischer (l.) begrüßt Abu Ijad, Chef der PLO-Sicherheit, an der Spitze einer Palästinenser-Delegation in Berlin, 1983. Mit dem Rücken zur Kamera Oberst Harry Dahl, Leiter der HA XXII des MfS, zuständig für Terrorabwehr

DDR-Führung zur Verfügung. Auf dieser Grundlage wurde versucht, Einfluss zu nehmen auf Politiker anderer, auch westlicher Staaten, die bereit und in der Lage schienen, zur Konfliktentschärfung beizutragen. So konferierten israelische Parlamentarier mit PLO-Vertretern 1982, also zu einer Zeit, als offiziell solche Kontakte völlig unmöglich waren. Zu nennen sind an dieser Stelle auch die Gespräche offizieller Vertreter Äthiopiens und Eritreas 1977/78 und die Kontaktvermittlung zwischen Süd- und Nordjemen.

Solche Aktivitäten erhöhten das Ansehen der DDR auf der internationalen Bühne. Offizielle der UNO anerkannten und würdigten dieses stille Wirken der DDR ausdrücklich.[8]

Die HV A wurde zu Beginn der 70er Jahre beauftragt, im Rahmen ihrer Möglichkeiten in der Dritten Welt einen Beitrag zur Aufklärung terroristischer Aktivitäten und Gruppen zu leisten. 1970 Mitglieder der Volksfront zur Befreiung Palästinas (PFLP) Flugzeuge entführt, es gab die blutige Aktion des »Schwarzen September« während der Olympischen Spiele 1972 in München und ähnliche Anschläge. Nicht zuletzt mit unserer Einflussnahme entwickelte sich bei den Palästinensern im Laufe der Jahre ein anderes Verhältnis zum Terror, was letztlich bis zur Verleihung des Friedensnobelpreises 1994 an PLO-Chef Yassir Arafat führte.

Die Entstehung der Roten Armee Fraktion (RAF) in der Bundesrepublik und deren Verfolgung durch Bundesbehörden gefährdeten – als Nebeneffekt der Ermittlungen durch die dortigen Sicherheitsorgane – die Verbindungen der HV A in die Bundesrepublik und in Nachbarländer. Sie machten neue Überlegungen und Schritte erforderlich. Auf Grund der stabilen operativen Positionen der HV A in der Bundesrepublik konnten jedoch die verschärften Sicherungsmaßnahmen der BRD bei der operativen Reiseplanung des DDR-Nachrichtendienstes stets rechtzeitig berücksichtigt werden.

Im Umgang mit »Terroristen und ihre Handlungen« galt das Prinzip: »Derartige Aktivitäten vom Territorium der DDR aus schaffen politische Gefahren und beeinträchtigen unsere staatlichen Sicherheitsinteressen.«[9]

Die HV A agierte jedoch in der Terrorbekämpfung und Terrorprävention nie eigenständig und eigenmächtig. Wir ersuchten geeignete Verbindungen um Einflussnahme, um terroristische Anschläge und die Nutzung des DDR-Territoriums für diese Zwecke zu verhindern. Meist im Nachgang zusammengetragene Informationen über Terrorakte wurden nicht selbständig in der HV A ausgewertet, sondern weitergeleitet.

Wertvolle Beiträge gewannen wir über Verbindungen in der palästinensischen Widerstandsbewegung und in Südjemen. Die Kooperation mit der zuständigen Struktureinheit im MfS beinhaltete Informationsaufträge, Überprüfung von Sachverhalten und Personen, Übermittlung von Warnungen/Hinweisen an Residenten und Partner der Zusammenarbeit.

Als in Mosambik Anfang der 80er Jahre mehrere DDR-Bürger Opfer eines terroristischen Anschlages wurden, wies die Partei- und Staatsführung den Einsatz zusätzlicher Objektsicherungskräfte (OSK) zum Schutz von Einrichtungen und Bürgern der DDR in besonders gefährdeten Gebieten an. Den Residenten wurde dabei die operative Verantwortung übertragen. Verstärkt wurden – auch in Auswertung terroristischer Anschläge gegen westliche Botschaften – die Sicherungskräfte in einigen Auslandsvertretungen. Es wurden technische Sicherheitseinrichtungen installiert und Verhaltensweisen für Auslandskader »für besondere Situationen« erarbeitet.

In allen Fällen wurde jedoch darauf gedrängt, dass in erster Linie die zuständigen Sicherheitsorgane dieser Staaten selbst die Verantwortung für den Schutz der eingesetzten DDR-Bürger trugen. Das erwies sich als richtige Orientierung.

Bilanzierend ist ferner zu konstatieren, dass die Einbeziehung von DDR-Bürgern in tätliche Auseinandersetzungen im Lande vermieden werden konnte.

Nachdem Anfang der 70er Jahre mit der umfassenden völkerrechtlichen Anerkennung der DDR und der Aufnahme beider deutscher Staaten in die UNO wichtige Ziele erreicht waren, gewannen insbesondere im Nahen Osten, in Südostasien und Lateinamerika Fragen der Kontrolle der Krisenentwicklungen zur Verhinderung von Überraschungen für die DDR-Aufklärung stärker an Gewicht.

Im Mittelpunkt der Arbeit der Aufklärer der HV A stand jedoch unverändert die sich aus den Bündnisverpflichtungen im Warschauer Vertrag ergebende Aufklärung von Aktivitäten der USA, der BRD und der NATO. Große Aufmerksamkeit gewannen die Aktivitäten von CIA, BND und anderen Diensten im Nahen Osten und Südostasien, in Afrika und Lateinamerika. Dort registrierten wir vielfältige Aktivitäten gegen Einrichtungen und Bürger der DDR.

Der Schutz des DDR-Eigentums in Krisengebieten stellte ebenfalls eine wichtige Aufgabe dar. In Staaten wie Angola, Mosambik, Äthiopien oder Nicaragua umfasste das weit mehr als den überschaubaren Bereich der Botschaft und ihrer Einrichtungen.

Regional gab es Unterschiede in der Aufgabenstellung und auch im methodischen Herangehen sowie beim Personaleinsatz der legal abgedeckten Residenturen. Diese waren durch das unterschiedliche globalpolitische Gewicht und die historische Entwicklung der Staaten, von Traditionen und Formen der Gesellschaftsstrukturen usw. bestimmt.

In Indien, Indonesien, Burma und Kambodscha stand in den 60er Jahren wie überall vor den legalen Residenturen der HV A die Aufgabe, den Kampf für die diplomatische Anerkennung der DDR zu unterstützen, zu fördern und abzusichern. Dazu gehörte vor allem die Aufklärung des politischen und wirtschaftlichen Drucks, den die Regierung der BRD auf diese Staaten und wie dem wirksam zu begegnen war.

Die Unterstützung nationaler Befreiungsbewegung und der Bewegung der Nichtpaktgebundenen durch die DDR trug auch im süd- und südostasiatischen Raum Früchte. Man nahm das Engagement aufmerksam zur Kenntnis und registrierte zugleich die ablehnende Haltung der BRD.

Die Unterstützung der Befreiung des bis dahin portugiesisch beherrschten Goa durch die indische Armee 1961, die Anerkennung Kaschmirs als Bestandteil Indiens, die Sympathie für die herausragenden Rolle der indischen Führung in der Nichtpaktgebundenenbewegung durch die DDR fand ungeteilten Zuspruch. Die staatlichen Beziehungen der DDR zu diesen Ländern erfuhren in jenen Jahren eine qualitative Aufwertung. Es entwickelten sich die Handelsbeziehungen, man räumte der DDR Chiffrier und Funkrechte ein, gestattete die zollfreie Einfuhr und den Ausbau konsularischer Beziehungen, gewährte den DDR-Vertretern diplomatische Immunität usw. Das wiederum schuf günstige Voraussetzungen für die Gestaltung der Arbeit von legal abgedeckten Residenturen.

Deren Aufgabe bestand unter anderem darin, die negativen Auswirkungen des indisch-chinesischen Grenzkonfliktes 1962 auf die Beziehungen zu den sozialistischen Staaten zu untersuchen. Thema war auch die Aufklärung von Aktivitäten der USA, der BRD und anderer westlicher Staaten, die darauf abzielten, Indien zu einem politischen Kurswechsel zu veranlassen. Diese waren eingebunden in Bemühungen des Westens, die Nichtpaktgebundenenbewegung zu diskreditieren und die freundschaftlichen Beziehungen der süd- und südostasiatischen Staaten mit der Sowjetunion und anderen sozialistischen Ländern zu unterlaufen. Dazu gehörten insbesondere das Angebot eines »nuklearen Verteidigungsschildes« der USA an Indien sowie das Projekt eines »indisch-pakistanischen Verteidigungspaktes« unter Anlehnung an SEATO und CENTO.

In Krisen- und Kriegssituationen in der süd- und südostasiatischen Region war die politisch-operative Tätigkeit der legalen Residenturen darauf gerichtet, Informationen zur Wahrung der Sicherheitsinteressen der DDR und der sozialistischen Länder zu beschaffen. So sollten jähe Wendungen in der Zusammenarbeit mit den Ländern der Dritten Welt vermieden und, wenn möglich, zur friedlichen Beilegung von Konflikten beigetragen werden. Dies galt zum Beispiel für den indisch-pakistanischen Krieg 1965 im Kaschmir. Am Zustandekommen einer Friedensregelung auf der Taschkenter Konferenz im Januar 1966 hatte auch die HV A ihren Teil.

In gleichem Maße traf dies zu auf den indisch-pakistanischen Krieg 1971 und die Befreiung Ostpakistans. Die 1947 von Indien wegen ihrer muslimischen Bevölkerungsmehrheit abgespaltete Region Bengalen erlangte in dem sogenannten Bangladesh-Krieg ihre Unabhängigkeit. Die politische Unterstützung von Bangladesh durch die Sowjetunion und ihre Verbündeten war ein wichtiger Faktor bei der zügigen Beendigung der militärischen Handlungen. Die DDR erkannte Bangladesh 1972 – nach Indien und Bhutan – diplomatisch an und richtete unverzüglich ihre Botschaft in Dacca ein.

Im Juli 1971, vor dem Hintergrund der Krise in Ostpakistan und der prekären Situation der USA in Vietnam, besuchte der US-Sicherheitsberater Henry Kissinger Indien und Pakistan. »Überraschend« und »geheim« reiste er in die Volksrepublik China weiter. Damit wurde eine Annäherung und nachfolgende Zusammenarbeit zwischen Washington und Peking eingeleitet, was zwangsläufig Auswirkungen auf die Kräftekonstellation in Asien insgesamt und im globalen kalten Krieg hatte. De facto formierte sich mit den USA, China und Pakistan ein neuer strategischer Kräfteblock, dem die UdSSR und ihre Verbündeten sowie Indien gegenüberstanden. Die Informationsbeschaffung zu dieser strategischen Entwicklung der Kräftebalance und ihrer Rückwirkung auf die internationale Lage wurde nunmehr zur ständigen Aufgabe der legalen Residenturen in Süd- und Südostasien.

Der Militärputsch 1965 in Indonesien stellte die legale Residentur in Jakarta vor die komplizierte Aufgabe, die Interessen der DDR abzusichern, die Aktivitäten der USA, der BRD und anderer westlicher Staaten zur Unterstützung der Militärdiktatur Suharto aufzuklären und in enger Zusammenarbeit mit den Vertretungen anderer sozialistischer Länder unter Nutzung aller vorhandenen, wenn auch begrenzten Möglichkeiten, der brutalen Verfolgung der fortschrittlichen Kräfte im Lande entgegenzuwirken. Eine spezifische Aufgabe der Residentur in Jakarta bestand in der Informationsbeschaffung über die 1967 unter maßgeblicher Mitwirkung Indonesiens geschaffene ASEAN, insbesondere ihre politischen Entwicklungstendenzen und der Gestaltung ihres Einflusses im südostasiatischen Raum.

Vor allen legalen Residenturen in Süd- und Südostasien stand in den 60er und 70er Jahren die Aufgabe, Informationen über den Krieg der USA und ihrer Verbündeten in Vietnam und die Haltung der süd- und südostasiatischen Länder gegenüber diesem Aggressionskrieg in Indochina zu beschaffen. Insbesondere ging es darum, die Aktivitäten aufzuklären, mit denen Washington auf süd- und südostasiatische Staaten Druck ausübte.

So knüpften die USA an Getreidelieferungen an Indien bestimmte Forderungen. Delhi sollte seine kritische Haltung zum Krieg der USA in Vietnam aufgeben. Das gelang nicht. Auf einem Gipfeltreffen Indira Gandhis, Nassers (Ägypten) und Tito (Jugoslawien) 1966 in Delhi bekräftigten die drei Staatschefs ihre Ablehnung des Krieges und forderten eine politischen Lösung unter Teilnahme der südvietnamesischen Befreiungsfront.

Massiven Druck übten die USA ebenfalls auf die Suharto-Regierung aus mit dem Ziel, Indonesien auf ihre und die Seite ihrer südostasiatischen Verbündeten zu ziehen. Auch hier scheiterte sie. Die indonesischen Machthaber fürchteten, durch ein militärisches Engagement auf Seiten der USA in Vietnam ihr Ansehen in der Nichtpaktgebundenenbewegung und in der Dritten Welt völlig zu verlieren.

Die Region Indochina blieb auch nach Beendigung des Vietnamkrieges 1975 ein Schwerpunkt der politischen Aufklärung. In jenem Jahr übernahm Pol Pot die Macht in Kampuchea und errichtete das Terrorregime der Roten Khmer, das gegen das eigene Volk gerichtet war. Das Pol Pot-Regime verwies alle Auslandsvertretungen des Landes, so dass der Genozid in Kampuchea aus nachrichtendienstlicher Sicht nur noch von außen, von legalen Residenturen in anderen Ländern aus verfolgt werden konnte. Die Informationsbeschaffung über den

Sturz des Pol Pot-Regimes 1979 durch die Nationale Einheitsfront zur Rettung Kampucheas im Bündnis mit vietnamesischen Truppen und der darauf folgende chinesisch-vietnamesische Krieg wurden zu einer zentralen Aufgabe der politischen Aufklärung über diese Region hinaus.

Vor dem Hintergrund der Entwicklungen in Afghanistan wurde zeitweilig in die nachrichtendienstlichen Aktivitäten der HV A auch Pakistan einbezogen. In Afghanistan spitzten sich in der zweiten Hälfte des Jahres 1979 die inneren Auseinandersetzungen nicht nur zwischen Regierungskräften und Opposition, sondern auch zwischen den Gruppierungen Chalk und Parcham innerhalb der machttragenden Demokratischen Volkspartei Afghanistans (DVPA) zu. Im Dezember 1979 erfolgte der Einmarsch sowjetischer Truppen. Die direkte Einmischung der USA und anderer westlicher Staaten in Afghanistan wurde massiv verstärkt. Zu einem wesentlichen Teil erfolgte das über pakistanisches Territorium und mit Unterstützung durch die Streitkräfte und Geheimdienste Pakistans.

Wegen dieser Schlüsselstellung des Landes in den Auseinandersetzungen in und um Afghanistan richteten wir in der pakistanischen Hauptstadt Islamabad 1979 eine legal abgedeckte Residentur ein. Ihre Leitung wurde einem inoffiziellen Mitarbeiter übertragen, der über Funk die Verbindung zur Zentrale hielt. Die operative Aufgabenstellung dieser Residentur lautete: Informationsbeschaffung über die militärische Einmischung Pakistans, der USA und ihrer Partner und Verbündeten in Afghanistan, Rekrutierung und Ausbildung der Taliban auf pakistanischem Territorium, die westlichen Waffenlieferungen nach Afghanistan über Pakistan und die Rolle der pakistanischen Regierung, Armee und Geheimdienste dabei.

Wie in allen Bereichen und Operationsgebieten musste die HV A auch in Süd- und Südostasien beachten, dass die zur Verfügung stehenden Mittel und Kräfte begrenzt waren. Deshalb wurde wie in Pakistan auch an anderen Positionen nur zeitweilig mit verstärktem personellen Einsatz gearbeitet. Dieser wurde beendet, sobald es die Lage erlaubte oder die Aufgabenstellung verändert werden musste.

Nach der umfassenden völkerrechtlichen Anerkennung der DDR Anfang der 70er Jahre und der Aufnahme diplomatischer

Beziehungen zu den meisten Staaten auch in dieser Region konzentrierte sich die nachrichtendienstliche Tätigkeit der HV A seit Mitte der 70er Jahre auf Indien und Indonesien. Da die CIA besonders in Indien und Indonesien zahlreiche offensive, mitunter unverhüllte An- und Abwerbungsversuche bei DDR-Bürgern unternahm, wurde in diesen Residenturen zur Aufklärung der Zielstellung und Methodik der CIA auf die Entwicklung von Vorgängen der Gegenspionage, des Nachrichtenspiels und des Einsatzes von Doppelagenten eingegangen.

Ausgehend von den Erfahrungen in der Aufbauphase nach Gründung der Auslandsaufklärung und unter den Bedingungen der eingeschränkten völkerrechtlichen Anerkennung der DDR nutzte die HV A auch weiterhin die politisch-diplomatische Delegationstätigkeit, internationale Konferenzen und andere Gelegenheiten für operative Einsätze. Wie in Europa, z. B. im Kontext mit dem Helsinki-Prozess, boten in der Dritten Welt entsprechende Anlässe, etwa Tagungen der Bewegung der

Walter Ulbricht und Ägyptens Präsident Gamal Abdel Nasser in Kairo, 1965

Nichtpaktgebundenen, Solidaritätskonferenzen der Afroasiatischen Völkersolidaritätsorganisation (AAPSO) und ähnliches Gelegenheit. Sie wurden von uns nachrichtendienstlich genutzt. Das erfolgte auch zur Absicherung und Unterstützung der DDR-Vertreter und Delegationen. So gewannen wir Informationen und Kontakte. Es gab auch persönliche Treffs mit operativen Kräften vor Ort.

Analog wurden Reisen von Spitzenpolitikern der DDR unterstützt und genutzt, in erster Linie Reisen des Vorsitzenden des Staatsrates und Ersten bzw. Generalsekretärs des ZK der SED. Diese Möglichkeiten ergaben sich bereits mit Walter Ulbricht.

Mit dem sich ab Anfang der 1970er Jahre erweiternden internationalen Spielraum der DDR wurden solche Reisen unter Erich Honecker recht häufig und entsprechend genutzt. Eingesetzt wurden zumeist die verantwortlichen leitenden Mit-

Erich Honecker und das Staatsoberhaupt der VDR Jemen, Abdel Fattah Ismail, bei der Begrüßung in Aden, 1979

arbeiter der HV A – stellvertretende Abteilungsleiter und Referatsleiter der Abteilung III, auch Leiter operativer Abteilungen der HV A. In mehreren Fällen erwies sich auch die Teilnahme an den vorbereitenden Delegationsreisen als nützliche Möglichkeit für die Realisierung operativer Anliegen. Außerdem erwies sich das dann als günstig, um den Einsatz in der eigentlichen Staatsdelegation effektiver zu gestalten.

Die Aufgabe der im Rahmen solcher Delegationen eingesetzten Mitarbeiter bestand vorrangig darin, die politische Führung entsprechend ihren Funktionen differenziert schriftlich und mündlich aktuell zu informieren. Zu berichten war in erster Linie über Erkenntnisse zum Lande. Dazu gehörten auch Informationen, Meldungen und Nachrichten, die die Zentrale zur Unterstützung der Delegation übermittelte, damit diese den Repräsentanten in geeigneter Weise zugänglich machten. Andererseits war die Zentrale über den Verlauf und Ergebnisse des Aufenthaltes der Delegationen unter Sicherheits- und politischen Gesichtspunkten oder wegen eventueller Entscheidungen zu unterrichten.

Ein für die eingesetzten Mitarbeiter der HV A nicht unwesentlicher – sehr subjektiv bedingter – Umstand bestand darin, dass Minister Erich Mielke stets darauf drängte, persönlich so detailliert wie nur irgend möglich über die Delegationsaufenthalte, über Verhandlungsergebnisse, das Echo im Ausland und andere periphere Beobachtungen unterrichtet zu werden.

Zur Erledingung dieser Aufgaben nutzten die Beauftragten der HV A in der Delegationsbegleitung unterschiedliche Möglichkeiten. Gab es vor Ort eine legal abgedeckte Residentur, war das die in jeder Hinsicht günstigste Variante. Häufig waren operative Einzelverbindungen – vorrangig inoffizielle Mitarbeiter, aber auch Offiziere im besonderen Einsatz – sehr hilfreich. Mitunter wurden hauptamtliche oder inoffizielle Mitarbeiter, eventuell auch in Nachbarländern tätige, entsprechend legendiert zeitweilig im Aufenthaltsland der Delegation eingesetzt.

Praktisch in allen Ländern, wo solche Delegationen weilten, bestand die Möglichkeit, den jeweiligen Residenten der sowjetischen Aufklärung, in Afrika und Lateinamerika auch entsprechende kubanische Partner, zu kontaktieren. In der Regel hatten diese Konsultationspartner von ihrer Zentrale bereits die

Orientierung zur Unterstützung der Vertreter der DDR-Aufklärung in diesen Delegationen erhalten.

Das Zusammentreffen mit diesen Partnern erforderte meist aufwendige Vorkehrungen zur Wahrung der Konspiration.

Die Informationsbeschaffung der legal abgedeckten Residenturen der HV A in allen Regionen der Dritten Welt – im Nahen und Mittleren Osten wie in Süd- und Südostasien, in Lateinamerika und Afrika – erfuhr die mehrfach ausdrücklich erklärte Wertschätzung der Empfänger der dafür aufbereiteten Informationsergebnisse, der »Ausgangsinformationen« oder der umfassenderen »Auskünfte«.

Diese zur vertraulichen Unterrichtung der »Berechtigten« ausgefertigten Informationsmaterialien wurden entweder von der Auswertungsabteilung der HV A, der Abteilung VII, direkt bzw. durch die Zentrale Auswertungs- und Informationsgruppe (ZAIG) des MfS[10] auf der Basis entsprechender Zuarbeit der HVA-Abteilung VII[11] hergestellt. Sie wurden immer unter dem Gesichtspunkt des Schutzes der Quellen formuliert. Deshalb waren sie in jedem Fall vor der Aushändigung an die Empfänger den Leitern der Diensteinheiten der HV A, die die Informationen beschafft hatten, vorzulegen.

»Berechtigte« zur Kenntnisnahme dieser vertraulichen Informationen waren die für Außenpolitik verantwortlichen Politiker und Funktionäre der Partei- und Staatsführung, des Außenministeriums der DDR und andere Repräsentanten. Ausgewählte Ausgangsinformationen wurden nur dem Generalsekretär des ZK der SED und Vorsitzenden von Staats- und Nationalem Verteidigungsrat oder mit ihm nur wenigen Mitgliedern des Politbüros und Sekretären des ZK der SED zur Kenntnis gegeben.

In »Ausgangsinformationen«, periodischen Analysen und umfassenderen »Auskünften« wurden wesentliche Aufklärungsergebnisse – vielfach aus geheimen oder vertraulichen Dokumenten – ausgewertet, die zu wichtigen internationalen und regionalen Problemkomplexen fundierte Aussagen ermöglichten. Die Dritte Welt betreffende Themen nahmen beträchtlichen Raum ein. Bei den meisten umfassenden Analysen wurden regelmäßig die Staaten und Regionen der Dritten Welt behandelt und Informationen aus den Residenturen und Einsatzgruppen in Staaten der Dritten Welt und aus der Partnerarbeit mit Befreiungsbewegungen verarbeitet.

Oft recht umfangreiche Arbeiten, zum Teil in einem festen Zeitrhythmus, wurden zum Stand der Überwindung der Hallstein-Doktrin generell und in einzelnen Ländern bzw. Regionen sowie zur Bilanz des Vorgehens beider Seiten angefertigt. Die Aussagen zu diesen Themen, die in der Periode vor der Überwindung der Hallstein-Doktrin eine dominierende Position in der Informationsbeschaffung hatten, besaßen spezielles Gewicht. Es handelte sich zumeist um aussagekräftige Quelleninformationen aus Institutionen der Bundesrepublik und verschiedenen Ländern der Dritten Welt über die Sicht der bundesdeutschen Diplomatie und die Ergebnisse und Erfahrungen ihres Wirkens gegen die DDR, deren Einrichtungen und Bürger und gegen die diplomatische Anerkennung, die von weiteren Diensteinheiten der HV A – die sogenannte illegale Linie – direkt beschafft worden waren. Zusammen mit den Informationen der legal abgedeckten Residenturen aus den betreffenden Ländern der Dritten Welt entstand so ein sehr realistisches Bild, wodurch die Verantwortlichen, die zudem über Erkenntnisse von DDR-Vertretern vor Ort verfügten, recht präzise die nächsten Schritte konzipieren und den Einsatz von Kräften und Mitteln in den aussichtsreichsten Richtungen planen konnten. Das geschah erfolgreich etwa im Vorfeld der Aufnahme diplomatischer Beziehungen zu Kambodscha, Irak, Syrien, Ägypten, Südjemen und weiteren Staaten, mit denen schon bald die Aufnahme diplomatischer Beziehungen vereinbart werden konnte.

Periodisch wurden Aussagen erarbeitet zur Politik der NATO insgesamt und einzelner Mitglieder, voran die USA und die BRD, in bestimmten strategischen Richtungen bzw. Regionen wie Südostasien und Indochina, Naher und Mittlerer Osten, Nordafrika, südliches Afrika, Mittelamerika und Lateinamerika. Gleichermaßen wurden in solchen umfassenden, mehrseitigen Auskünften das Verhältnis von Staaten des Nahen und Mittleren Ostens zum Terrorismus sowie »die innen- und außenpolitische Entwicklung«[12] von Staaten behandelt, die für die DDR Schwerpunkte darstellten: Indien, Indonesien, Ägypten, Syrien, Irak sowie zu Brasilien und Mexiko.

Auch die Rüstungskooperation der Bundesrepublik mit Südafrika, mit Israel und – bis zum Sturz des Schah von Persien 1979 – auch mit dem Iran war Gegenstand solcher in bestimmten Abständen angefertigten Analysen. Zur Rüstungszusammenarbeit der BRD mit Israel, die ab 1962 im Ergebnis von Kreditfreigaben der USA für Israel zur Nutzung für Waffenkäufe in der Bundesrepublik intensiv entwickelt wurde, erarbeitete die HV A bis in das Jahr 1965, dem Zeitpunkt das Abbruchs der diplomatischen Beziehungen mit der Bundesrepublik durch die Mehrzahl der arabischen Staaten, einige solcher »Analysen«.

Ab Mitte der 70er Jahre gingen immer häufiger aus den Residenturen Informationen zu Entwicklungen im »politischen Islam« ein. Berichtet wurde über Entstehung und schnelle Wachstum von extremistischen islamistischen Gruppen und Organisationen in arabischen Ländern, in Pakistan und Indonesien, in anderen Ländern der islamischen Welt sowie in Teilen der Philippinen. Dieser Komplex war ebenfalls regelmäßig Gegenstand von umfassenden Analysen bzw. Auskünften.

In den 70er Jahren wurden die Anstrengungen der LAR und anderer operativer Kräfte verstärkt, um die Verbreitung nuklearer Waffen, bestehende Produktionspotenziale order entsprechende Pläne von Staaten der Dritten Welt aufzuklären, zu dokumentieren und in bestimmten Abständen in analytischen »Auskünften« auszuwerten. Zu jenem Zeitpunkt betraf das beispielsweise Südafrika, Israel, Irak, Iran, Indien, Pakistan, Brasilien und Argentinien, also Staaten, die meist den Nichtverbreitungsvertrag von 1967 und damit die Verpflichtung, keine nuklearen Waffen zu entwickeln, zu erwerben oder zu besitzen, nicht unterzeichnet hatten (und dies bis heute nicht getan haben).

Die im Ergebnis erarbeiteten Informationsmaterialien fußten auf der gesamten Breite des von den Quellen der HV A beschafften Informationsaufkommens. Die Analysen, z. T. unter der Bezeichnung »Auskunft« ausgefertigt, entstanden sowohl auf Anforderung aus der Partei- und Staatsführung oder auf Anregung aus der Abteilung für Internationale Verbindungen im ZK der SED und des Ministeriums für Auswärtige Angelegenheiten. Oft wurde die HV A auch selbst initiativ.

Wichtige Beiträge im Rahmen der nachrichtendienstlichen Tätigkeit in Asien, Afrika, Nah- und Mittelost und Lateinamerika wurden beispielsweise zu folgenden Problemkomplexen, Ereignissen, Entwicklungen erarbeitet und ausgewertet:

- Besuch des Staatsratsvorsitzenden Walter Ulbricht in Ägypten im Mai 1965 – Bewertungen in Ägypten selbst und in anderen arabischen Staaten sowie von Seiten der Mitgliedsländer der Bewegung der Nichtpaktgebundenen,
- Entwicklungen in Ägypten, Syrien und der palästinensischen Widerstandsbewegung nach dem Sechs-Tage-Krieg vom Juni 1967,
- Entwicklungen in Nigeria im Vorfeld und nach der Ausrufung des »unabhängigen Staates Biafra« 1966/1967,
- beginnend in den 60er Jahren Stand der Entwicklung und der abzusehenden Ergebnisse der Befreiungsbewegung im südlichen Afrika,
- Vorbereitung der Unabhängigkeit und Proklamation der neuen Republik Bangladesch in Ostpakistan 1971,
- Aufklärung von Vorbereitung und Ausführung des Umsturzes in Kairo durch den späteren ägyptischen Präsidenten Anwar el-Sadat im Mai 1971,
- zu Entwicklungen nach dem palästinensischen Terroranschlag in München während der Olympiade 1972,
- über Vorbereitung, Beginn und Verlauf des arabisch-israelischen Krieges im Oktober 1973,
- zu Beginn und Verlauf der unter der Ägide der USA nach 1973 betriebenen separaten Schritte zum Friedensschluss mit Israel durch Ägypten und später auch Jordanien,
- über Entwicklungen im Kontext des faschistischen Putsches von Pinochet gegen die Allende-Regierung in Chile 1973,
- zu Entwicklungen im Vorfeld und nach dem Sturz der argentinischen Präsidentin Isabel Peron durch eine Militärjunta 1976,
- zu Entwicklungen im Vorfeld des kriegerischen Konfliktes zwischen China und Vietnam 1979, während des Konfliktes und in der Folgezeit,
- zur Entwicklung in Irak nach der Machtergreifung der Baath-Partei 1968 und infolge der Übernahme der Alleinherrschaft durch Saddam Hussein 1979,

• zur Entwicklung in und um Iran im Vorfeld der »Islamischen Revolution« von 1979 und nach dem Sturz des Schahs,

• über die strategische Zusammenarbeit der USA mit Israel ab 1981 (neue Qualität: Priorität Israels als Bestandteil der Verteidigung der USA vor Konfliktlösung),

• von ständigen Aktivitäten der USA in Lateinamerika in den 1970er und 1980er Jahren gegen Kuba und Nicaragua und zur Verhinderung eines »zweiten Nicaragua«, z. B. forcierte Schritte gegen El Salvador, Grenada, gegen Kräfte, die wie in Uruguay, Argentinien und andere Staaten der Region versuchten, ihre Länder, aus der USA-Vormundschaft zu lösen,

• von Aktivitäten der USA gegen Iran nach der Errichtung einer »Islamischen Republik«, speziell im Zusammenhang mit den gescheiterten Versuchen, in Iran festgehaltene USA-Geiseln zu befreien,

• zu den Entwicklungen im libanesischen Bürgerkrieg ab 1975 und der israelischen Aggression gegen Libanon 1982,

• im Vorfeld des Falkland-Krieges 1982,

• zur Entwicklung in und um Grenada – vom Sieg der nationaldemokratischen Kräfte bis zur USA-Aggression 1983,

• Aktivitäten der aus Initiativen Kolumbiens, Mexikos und Venezuelas zur Beendigung der militärischen Konflikte in Mittelamerika hervorgegangenen Contadora-Gruppe ab 1983,

• zum iranisch-irakischer Krieg 1980-1988,

• zum »Iran-Contra-Skandal« der USA und Israels (1986) ,

• über die sandinistische Revolution in Nicaragua in der zweiten Hälfte der 70er Jahre,

• zu Umständen und Folgen der Ermordung des ägyptischen Präsidenten Anwar el-Sadat im Oktober 1981 sowie des Attentats auf die indische Ministerpräsidentin Indira Gandhi im Oktober 1984,

• zur Bombardierung der libyschen Städte Tripolis und Bengasi durch die USA 1986,

• zum Nahostkonflikt einschließlich der Friedensbemühungen und der gegensätzlichen Positionen der betroffenen Seiten und Kontrahenten des Kalten Krieges dazu,

• zur Entwicklung der palästinensischen Widerstandsbewegung, der in der PLO vereinigten Organisationen von Ende der 60er Jahre bis 1989.[13]

Nicht wenige dieser Themen enthielten Informationen, die sofort in die außenpolitische und außenwirtschaftliche Praxis einflossen. Sie fanden etwa in Orientierungen und Instruktionen der zuständigen Ministerien für die DDR-Auslandsvertretungen ihren Niederschlag. Auf ihrer Grundlage wurden ferner spezielle Aufgabenstellungen für die HV A abgeleitet, etwa für aktive Maßnahmen zur Unterstützung von Friedensinitiativen oder von Kräften, die sich für Ziele einsetzten, die mit den Grundprinzipien der sozialistischen Länder übereinstimmten.

Gesicherte Erkenntnisse über kriegerische Auseinandersetzungen, Umstürze und Putsche, die vorausgesagt werden und deren Folgen abgeschätzt werden konnten, bewirkten politische Maßnahmen und Sicherheitsvorkehrungen für DDR-Bürger wie auch für Bürger verbündeter und befreundeter Staaten. Sie konnten beizeiten aus den Krisenregionen evakuiert oder daran gehindert werden, in diese zu reisen. Einrichtungen der Auslandsvertretungen, etwa Schulen, wurden zeitweise geschlossen. Schutz und Sicherheit der in den Einsatzländern befindlichen Familienangehörigen und insbesondere der Kinder hatten eine hohe Priorität.

Im Jahresdurchschnitt hielten sich in der zweiten Hälfte der 70er und in den 80er Jahren mehr als 1.000 Kinder aus der DDR in Staaten der Dritten Welt auf. Wenn in Kriegs- und Krisenfällen Evakuierungen erforderlich wurden, leitete die LAR entsprechende Maßnahmen ein. Im Nahen und Mittleren Osten wie in Lateinamerika bewährten sich entsprechend vorbereitete Instruktionen.

Für die Informationsbeschaffung wie auch für die qualifizierte Auswertung wurde ein außerordentlich großer Aufwand betrieben. Bilanzierend muss aber konstatiert werden, dass dieser große Aufwand gerechtfertigt war. Bis auf wenige Ausnahmen, bei denen keine adäquate Wirkung erzielt wurde, lohnte sich der Einsatz.

Die legal abgedeckten Residenturen der HV A in der Dritten Welt und die für sie zuständige operative Diensteinheit, also die Abteilung III der HV A, wurde ihrer Verantwortung gerecht. Sie leistete ein Höchstmaß an Anstrengungen zur Gewährleistung der Sicherheit der DDR und ihrer Bündnispartner und erfüllte damit ihre Aufgabenstellung.

Eine wichtige Komponente der Arbeit der HV A in der Arbeitsrichtung Dritte Welt – und nicht nur dieser Richtung – bedeuteten die Direktkontakte von Mitarbeitern und Leitern der Zentrale, also der Hauptverwaltung, mit operativ interessanten Partnern. Das waren die Abschöpfverbindungen und Vertrauenskontakte auf internationaler wie nationaler Bühne.

Dazu wurden der geschäftliche und touristische Reiseverkehr, Konferenzen im außenpolitischen Kontext und generell im Rahmen der UNO und anderer internationaler Organisationen, internationale wissenschaftliche und kulturelle Tagungen usw. genutzt. Da auf Grund begrenzter Ressourcen und eingeschränkter Devisen alle Institutionen der DDR immer zu Sparsamkeit verpflichtet waren, entsprach die Nutzung solcher Möglichkeiten auch den generellen Handlungsprinzipien der DDR.

Gleichermaßen wurden Aufenthalte operativ interessanter Personen aus dem Ausland und Besuche von Partnern des Zusammenwirkens in der DDR genutzt.

In diesem Rahmen erfolgten beispielsweise nach 1962 Sondierungsgespräche und Beratungen mit Funktionären der algerischen Nationalen Befreiungsfront (FLN) und Kämpfern der algerischen Nationalen Befreiungsarmee (ALN). Verwundete des Befreiungskrieges wurden in der DDR medizinisch behandelt und nach der Genesung in Kureinrichtungen untergebracht. Entsprechend ihren Wünschen kehrten sie entweder zurück oder besuchten Bildungseinrichtungen in der DDR.

Dabei führten Vertreter der HV A Gespräche im Vorfeld der für 1965 in Algier geplanten Weltfestspiele der Jugend und Studenten. Wir formulierten Fragen nach der Sicherheit der DDR-Delegierten und diskutierten mögliche Provokationen und Aktivitäten westlicher Geheimdienste. Die Sondierungen brachten keine greifbaren Ergebnisse, hinzu kam ein Militärputsch im Juni 1965. Die Spiele mussten abgesagt werden. Die Kontakte wurden nicht weitergeführt.

Ein weiteres Beispiel von Aktivitäten der HV A mit ausländischen Partnern, die ausschließlich bei deren Aufenthalten in der DDR erfolgten, war die Verbindung zu ostnigerianischen Ibo-Vertretern, Vertrauten von Oberstleutnant Ojukwu. Dieser hatte 1967 die zumeist christlich bevölkerte Ostregion zur

Republik Biafra ausgerufen und damit die muslimische Zentralregierung herausgefordert. Die ölreiche Ibo-Region existierte drei Jahre als Republik Biafra. Die Ibo-Vertreter kauften in der DDR Textil- und Posamentenprodukte für die Herstellung von Fahnen und anderen Symboleffekten für ihren Staat. Unsere Erwartungen, dass es sich um eine Bewegung für die sozialen Interessen der ansässigen unterdrückten Urbevölkerung und gegen die großen westlichen Ölkonzerne und ihren nigerianischen Sachwalter ginge, erfüllten sich nicht. Die Kontakte wurden deshalb abgebrochen, ohne irgendwelche Verabredungen einzugehen.

Auch ein nicht unwesentlicher Teil der Verbindungen zu Teilorganisationen der PLO wurde bis in die 80er Jahre hinein vorrangig in der DDR gepflegt.

Es gab ferner interessante Verbindungen zu Einrichtungen aus Afghanistan und Libyen (*vor* der Einrichtung einer legal abgedeckten Residentur in Tripolis 1977) sowie zu Vertretern der Jemenitischen Arabischen Republik im Rahmen ihrer Militärbeziehungen zur DDR.

Angesichts der wenigen Auslandsvertretungen der DDR in den 60er Jahren erwies sich gleichfalls als wertvoll die Nutzung von Kapitänen und Offizieren der Schiffe der Deutschen Seereederei der DDR für die Verbindung zu Positionen in Nord- und Westafrika. Meist handelte es sich um einzelne Kontakte und um inoffizielle Mitarbeiter in Handelsunternehmen.

Es gehört zu den Aufgaben eines Nachrichtendienstes, die Führung seines Staates in außenpolitischen, außenwirtschaftspolitischen, Sicherheits- und anderen relevanten Fragen zu beraten. Er muss daran mitwirken, dass Entscheidungen zum Nutzen und nicht zum Schaden des Staates führen. In Bezug auf die Dritte Welt hat die Hauptverwaltung A diese Aufgabe ebenso wahrgenommen, wie etwa im Kontext des Helsinki-Prozesses in Europa, bei der Abrüstung oder der Entwicklung der Beziehungen zwischen der DDR und der BRD.

Das geschah sowohl *vor* der umfassenden völkerrechtlichen Anerkennung der DDR als auch danach.

Exemplarisch nenne ich hier die Einbeziehung der HV A:

• in die Vorbereitung der militärischen Unterstützung der Jemenitischen Arabischen Republik (JAR) 1965/66);

• bei der Klärung der Position der DDR zur Übernahme von Geschäften von DDR-Betriebe auf kommerzieller Ebene im Zusammenhang mit dem Versuch der Bildung eines Staates Biafra 1967/68;

• bei Vermittlungsbemühungen der DDR zwischen Äthiopien und Eritrea – in diesem Kontext Nutzung vieler operativer Verbindungen zum Sudan, zur VDR Jemen und zu Libyen sowie mit palästinensischen Organisationen (Fatah für ELF, PFLP für EPLF).

• Als es im iranisch-irakischen Krieg darum ging, auf Ersuchen der irakischen Seite um Lieferung von Einrichtungen der chemischen Industrie zu reagieren, wurde auf die Anfrage des Bereiches Kommerzielle Koordinierung (Leiter: Alexander Schalck-Golodkowski) seitens der HV A darauf gedrungen, davon Abstand zu nehmen, weil die gewünschten Industrieeinrichtungen sich auch zum Aufbau einer Giftgas-Produktion eigneten. Später wurde festgestellt, dass Unternehmen der BRD diese Lieferung übernommen hatten. In diesem Krieg nahm die HV A aktiv darauf Einfluss, dass beide Seiten nicht die von der DDR gewünschte Waffenhilfe erhielten.

Die Auslandsaufklärung konnte davon ausgehen, dass auf den Entscheidungsebenen unterhalb des Politbüro bzw. des Generalsekretärs Vorschläge und Empfehlungen der HV A berücksichtigt wurden. Sie fanden weitgehend Gehör. Walter Ulbricht reagierte auf die ihm übermittelte Informationen – sie liefen immer über Minister Mielke persönlich – immer mit großem Interesse, wie seine Rückfragen zeigten. Er beschäftigte sich mit Kuba, Ägypten, Jemen (JAR), Indien, Indonesien, Sudan und Syrien. Anfänglich verhielt sich Erich Honecker ebenso. Insbesondere in den 80er Jahren jedoch ließ er sich mehr von subjektiven Erwägungen und »Hinweisen« Günter Mittags und Joachim Hermanns leiten. Mitarbeiter der HV A, die in dieser Hinsicht persönliche Erfahrungen sammelten, gewannen den Eindruck, dass diese Neigung nach dem Tode von Werner Lamberz im März 1978 deutlich zunahm.

Das betraf wiederholt Entscheidungen über umstrittene Waffenlieferungen an Länder der Dritten Welt und die Ausrüstung von Befreiungsbewegungen. Werner Großmann schildert in seinen Erinnerungen ein gravierendes Beispiel für die unterschiedlichen Auffassungen im Zusammenhang mit einem äthiopischen Ersuchen um die Lieferung von Panzern[14].

Vergleichbare Beispiele gab es im Zusammenhang mit Entwicklungen und deren Bewertung im arabischen Raum und in Lateinamerika.

Zusammenarbeit mit Befreiungsbewegungen auf der Basis von legal abgedeckten Residenturen

In Nahost und in Lateinamerika bestand insofern eine Spezifik in der Arbeit der LAR, dass sich intensive Beziehungen zu Organisationen der Palästinensischen Befreiungsbewegung und der Sandinistischen Befreiungsfront Nicaraguas über mehrere legale Residenturen entwickelten, bevor staatliche Entscheidungen der DDR auf die Tagesordnung kamen. Auch deren Umsetzung erfolgte bei den palästinensischen Organisationen weiter über die Residenturen, im Fall der Sandinisten Nicaraguas seit 1979 zeit- und teilweise ebenfalls über die Residentur der HV A in Managua.

Bereits vor dem Sieg der Sandinisten gab es Kontaktinitiativen zur DDR-Aufklärung über LAR-Verbindungen in Lateinamerika. Die Führung der Demokratischen Front zur Befreiung Palästinas nahm zu uns Verbindung auf sowohl über unsere Residenturen in Beirut und Damaskus wie auch bei Besuchen in der DDR. In Berlin sprachen sie mit Mitabeitern der Abteilung III der HV A.

Auch in Südjemen und Sambia bestanden parallel zu den Verbindungen bei den Partnerdiensten über einige Jahre legal abgedeckte Residenturen der Aufklärung der DDR. Sowohl in der VDR Jemen als auch in Sambia standen die legal abgedeckten Residenturen in Verbindung mit Befreiungsbewegungen, die dort Stützpunkte unterhielten. In Sambia waren das in erster Linie die Bewegungen von Simbabwe und Namibia, in der VDR Jemen Befreiungsbewegungen aus der Golfregion (Bahrain, Oppositionsgruppen aus Saudi-Arabien und Irak).

Gegen Ende der 70er Jahre war die Einsatzgruppe in der VDRJ aus Mitarbeitern des MfS und des MdI relativ groß. Es gab Überschneidungen in der Tätigkeit operativer Strukturen, was keine negativen Folgen hatte. Aber mit wachsender Qualität der Partnerarbeit konnte die LAR personell reduziert werden. Später wurde sie ganz eingestellt.

Die Spezifik der Zusammenarbeit mit Befreiungsbewegungen am Beispiel der Palästinensischen Widerstandsbewegung

Das palästinensische Volk durchlebte nach der UNO-Resolution von November 1947 eine komplizierte und lange Periode der nationalen Besinnung. Die Entscheidung der UNO führte zur Teilung des britischen Mandatsgebietes Palästina in zwei Staatsgebiete. Die Gründung Israels 1948 wurde begleitet von einem Krieg gegen die Araber und der Vertreibung von mehr als 800.000 Palästinensern. In der Folge dieser »nationalen Katastrophe Palästinas«, wie sie vielfach von palästinensischen Führern bezeichnet wurde und wird, und die bis heute nachwirkt, fanden die Palästinenser erst in der zweiten Hälfte der 50er Jahre zu Organisationsformen des Kampfes für die nationale Selbstbestimmung, für die Rechte der Flüchtlinge und einen eigenen unabhängigen Staat. 1959 wurde in Kuwait die »Nationale Bewegung für die Befreiung Palästinas«, die Fatah[15], gegründet, deren Ziel ein »unabhängiger und souveräner Staat« war. Palästina sollte im bewaffneten Kampf befreit werden.[16]

Zu den Gründern der Fatah gehörten Yassir Arafat, Salah Khalaf (Abu Ijad) und Mahmud Abbas (Abu Mazen)[17]. 1964 entstand in Jerusalem eine Dachorganisation aller Palästinenser, in der sich mit der Fatah auch andere palästinensische Organisationen und Parteien vereinigten, den Beschluss fasste die erste Zusammenkunft eines Palästinensischen Nationalrates[18].

Initiator der Idee einer Organisation für alle Palästinenser war der ägyptische Präsident Gamal Abdel Nasser. 388 Delegierte aus Jordanien, Syrien, Libanon, Gaza, Katar, Kuwait, Irak und Ägypten gründeten die Palästinensische Befreiungsorganisation *Munazzamat at-tahrir al-filastiniya* (englisch *Palestine Liberation Organization,* PLO). Erster Vorsitzender der PLO wurde Ahmed Shukairi, der Vertreter Palästinas bei der Arabischen Liga, ein Bewunderer Nassers.

Jene erste Nationalratstagung verabschiedete die Palästinensische Nationalcharta. Sie war allerdings so abgefasst, dass sie den israelischen »Falken« Argumente gegen jede Verständigung mit den Palästinensern lieferte. Nach vergeblichen Bemühungen der Fatah und ihres militärischen Armes, der Al-Asifa, mit Guerilla-Aktionen gegen Israel die arabischen Staaten für die palästinensische Sache zu mobilisieren, brachte die arabische Niederlage im Sechstage-Krieg im Juni 1967 eine Wende.

Arafat wurde im Februar 1969 zum Vorsitzenden der bis dahin weitgehend wirkungslosen PLO gewählt. Mitglieder der Fatah bzw. Sympathisanten von Arafats »Hausorganisation« verfügten über die Majorität im Exekutivkomitee und besetzten die Schlüsselpositionen.

Innerhalb der PLO existierten neben der Fatah die Volksfront für die Befreiung Palästinas (englisch *Popular Front For Liberation of Palestine*, PFLP), die Demokratische Front für die Befreiung Palästinas (englisch *Democratic Front for the Liberation of Palestine,* DFLP)[19] und die von Syrien geschaffene und unterhaltene Organisation »Pioniere der Volksbefreiungskriege *As-Sai'ka* (kurz Sa'ika). Unter diesen bedeutenden Organisationen der PLO war die Fatah diejenige mit dem größten Einfluss in den Flüchtlingslagern, in denen mindestens eine Million Palästinenser lebten, und mit den zahlenmäßig stärksten und am besten ausgerüsteten militärischen Kräften.

Die Volksfront zur Befreiung Palästinas (PFLP) war im Dezember 1967 – unter Führung des palästinensischen Arztes George Habasch – durch Zusammenschluss mehrerer palästinensischer Organisationen entstanden. Ihren Kern bildete der palästinensische Flügel der *Arabischen Nationalistischen Bewegung* (englisch *Arab National Movement,* ANM). Diese verfolgte panarabische Ideen. Sie war in den 50er Jahren von Studenten in Libanon gegründet worden und verfügte über Zellen in mehreren arabischen Ländern. Habasch war bereits der Kopf dieser Bewegung und daher schon unter arabischen Intellektuellen bekannt. Der PFLP schlossen sich auch die von Nayef Hawatmeh geführte »Organisation der Jugend der Rache« und die »Palästinensische Befreiungsfront« (PLF) unter dem Offizier Ahmed Gibril an. Die PFLP orientierte zu jener Zeit auf die »Beseitigung des imperialistisch-zionistischen Staates Israel«

und die Bildung »eines demokratischen palästinensischen Staates«. Als Voraussetzung dafür sah sie die »Herstellung der arabischen Einheit auf revolutionärer Grundlage«[20].

1968 kam es zu Auseinandersetzungen darüber, ob auch Terror zur Durchsetzung der Ziele erlaubt sei. Anfang 1969 zerbrach daran die PFLP – in die PFLP unter George Habasch, in das PFLP-Generalkommando[21] (PFLP-GC) unter Ahmed Gibril und in die Demokratische Volksfront zur Befreiung Palästinas (PDFLP) unter Nayef Hawatmeh.

Die PDFLP wurde im Februar 1969 von der PLO als selbständige Organisation anerkannt. Die PDFLP (später reduzierte sie ihren Namen auf »Demokratische Front zur Befreiung Palästinas« – DFLP) sah in der Bildung einer revolutionären Partei unter Führung der palästinensischen Arbeiter die Kraft, die Palästinas Volk national und sozial zur Unabhängigkeit führen sollte. Auf dem Wege dahin sollte »eine antiimperialistische Einheitsfront aller progressiven arabischen Befreiungskräfte«[22] hergestellt werden. Neben diesen das Profil der PLO bestimmenden Organisationen gehörten ihr weitere kleinere palästinensische Organisationen bzw. für das Wirken im palästinensischen Rahmen von einzelnen arabischen Staaten geschaffene Gliederungen an. Diese können im Rahmen dieser Arbeit vernachlässigt werden, da sie in der Arbeit der Auslandsaufklärung der DDR als Partner des Zusammenwirkens keine Rolle spielten. Keine Zusammenarbeit gab es seitens der HV A mit der von den kommunistischen Parteien Syriens, Libanons und Jordaniens gegründeten Organisation »Al-Ansar« (Die Partisanen).

Die Palästinensische Befreiungsorganisation spielte nach diesen Prozessen der Erweiterung und der Neuformierung zunehmend eine aktivere und eigenständigere Rolle zur Wahrnehmung der palästinensischen Interessen im arabischen Raum und in der Welt. Sie wurde bald zu einem wichtigen Faktor des internationalen Geschehens. Nach einigen militärischen Erfolgen und einer Reihe militärischer und politischer Fehlschläge und Niederlagen wie im »Schwarzen September« 1970 (ein Anschlag auf den jordanischen König am 2. September führte zu bürgerkriegsähnlichen Auseinandersetzungen zwischen der jordanischen Armee und den PLO-Milizen, bei denen fast

5.000 Palästinenser starben) wurde das Jahr 1974 zum Jahr des Durchbruchs für die palästinensische Sache und für die Palästinensische Befreiungsorganisation. Auf dem vierten Gipfeltreffen der blockfreien Staaten in Algier war im September 1973 eine Resolution verabschiedet worden, in der die PLO als »einzige Vertreterin des palästinensischen Volkes« anerkannt wurde.[23] Die arabischen Länder vollzogen diese offizielle Anerkennung der PLO auf der Gipfelkonferenz der Mitgliedsstaaten der Arabischen Liga in Algier im November 1973 – mehr als neun Jahre nach ihrer Gründung! Im Februar 1974 erklärten die 36 auf der Konferenz von Lahore in Pakistan vertretenen islamischen Länder, dass »die palästinensische Befreiungsorganisation der einzige rechtmäßige Vertreter der palästinensischen Nation in ihrem gerechten Kampf ist«.[24]

Am 22. November 1974 anerkannte auch die UNO »die Palästinensische Befreiungsorganisation« als »die Vertretung des palästinensischen Volkes«, dessen Rechte in der Resolution in vollem Umfang aufgeführt wurden.[25] Auf dieser Vollversammlung luden die Vereinten Nationen die Palästinensische Befreiungsorganisation ein, an den Tagungen und der Arbeit der Vollversammlung als Beobachter teilzunehmen. Die PLO wurde auch eingeladen, »an den Tagungen und der Arbeit aller internationalen Konferenzen als Beobachter teilzunehmen, die unter Schirmherrschaft der Vollversammlung« und »anderer Organe der Vereinten Nationen einberufen werden«.[26]

Die operative Arbeitsrichtung *Palästinensische Widerstandsbewegung* (PWB) der Auslandsaufklärung der DDR wurde sowohl über die legal abgedeckten Residenturen in Ägypten, Syrien und Libanon als auch direkt durch Vertreter der Zentrale der HV A in der DDR wie auch während Dienstreisen in Aufenthaltsländer der Partner realisiert. Als 1982 die PLO-Führung Libanon verlassen musste, wurde die Verbindung zur Leitung der PLO-Sicherheit in Tunesien durch Vertreter der Zentrale über Dienstreisen bzw. bei Besuchen von PLO-Verantwortlichen in Berlin wahrgenommen.

Inhaltlich erfasste das Zusammenwirken mit den Palästinensern sowohl die Kernaufgaben der Nachrichtenbeschaffung wie auch die Arbeitsbereiche der Zusammenarbeit mit Partnerdiensten.

Westliche Medien, voran fast ausnahmslos die bundesdeutschen, versuchten und versuchen, die Beziehungen der DDR-Auslandsaufklärung zu Partnern in arabischen Staaten generell und speziell mit den palästinensischen Organisationen als »Unterstützung des internationalen Terrorismus« darzustellen und zu kriminalisieren. Das betraf insbesondere die PLO unter Yassir Arafat und die Volksfront für die Befreiung Palästinas (PFLP) von George Habasch. So wie die Beziehungen zu den Sicherheits- und Nachrichtendiensten afrikanischer und arabischer Staaten auf der Grundlage politischer Entscheidungen, staatlicher Verträge und Vereinbarungen zustande kamen, geschah dies auch bei der HV A in Bezug auf die PLO. »Wie unsere politische Führung waren auch wir in der HV A der Ansicht, dass die Palästinenser für ihre rechtmäßigen Interessen eintraten«[27], schrieb Markus Wolf 1997 in seinen Erinnerungen. Diese Zusammenarbeit entsprach den Prinzipien und Vorgaben, die – nicht zuletzt durch die Organisation der Vereinten Nationen – zur palästinensischen Frage und zur PLO in vielfacher Weise beschlossen und damit internationale sanktioniert worden waren.

Allein die angeführten Dokumente, wie sie in den Jahren 1973 und 1974 auf internationaler Bühne formuliert wurden, lassen an der Korrektheit unserer Beziehungen keinen Zweifel. Sie entsprachen überdies in jeder Hinsicht auch den innerhalb der Koalition des Warschauer Vertrages getroffenen Vereinbarungen.

Die Kontakte der legal abgedeckten Residentur der HV A in Kairo zur Palästinensischen Befreiungsorganisation, die zu jener Zeit ihren Hauptsitz in Kairo hatte, führten bald zu einer stabilen Verbindung zu Yassir Arafat und seinen Mitarbeitern. Resident und Angehörige der Residentur unterhielten seit Sommer 1969 Verbindung zur PLO- und zur Fatah-Vertretung in Kairo. Es gab persönliche Kontakte zu Arafat, zu Abu Ijad (alias Salah Khalaf), zu Abu Bassam, dem PLO-Verbindungsmann zu ägyptischen Regierungsstellen, sowie zum Generalsekretär der PFLP, George Habasch.

Der Botschafter der DDR in Ägypten, Martin Bierbach, erhielt im September 1969 vom ZK der SED bzw. dem Ministerium für Auswärtige Angelegenheiten den Auftrag, einen

Arbeitskontakt zur PLO-Führung und zu Yassir Arafat persönlich herzustellen. Diese Verbindung wurde vom Resident der HV A hergestellt. Seit jenem Zeitpunkt gab es einen direkten Draht der DDR-Führung zu Arafat.

Alle diese Schritte wie auch die sich entwickelnden Beziehungen zu Sicherheits- und Nachrichtendiensten arabischer Staaten und Organisationen wurden im Auftrag der DDR-Führung unternommen. Das traf auf den Nahen und Mittleren Osten gleichermaßen zu wie auf die entsprechenden Beziehungen mit Staaten und Organisationen in Asien, Afrika und Lateinamerika.

Die wegen ihres Charakters von den beteiligten Seiten vertraulich behandelten Kontakte mit der palästinensischen Seite waren zwischen 1969 und 1971 noch ohne konkreten Bezug zum DDR-Partner. Die HV A als Auslandsnachrichtendienst trat nicht namentlich in Erscheinung. Erst Ende 1972 wurde durch einen leitenden Mitarbeiter der HV A während eines Besuches von Arafat in Moskau die Verbindung offiziell: Wir traten als Nachrichtendienst der DDR, als Hauptverwaltung A, in Erscheinung. Das geschah im Zusammenhang mit den Vorgängen während der Olympischen Spiele in München im vorangegangenen Sommer.

Abu Ijad (links) bei einem Treffen mit Bernd Fischer in der DDR, 1983

Damit wurde jedoch keineswegs eine operative Verbindung zum Sicherheitsdienst (»Allgemeine Sicherheit«) der PLO unter Abu Ijad eingeleitet. Seitens der HV A gab es Vorbehalte, da er als verantwortlich galt für den »Schwarzen September« und damit unmittelbar für das blutige Attentat auf die israelische Mannschaft während der Olympischen Sommerspiele in München. Die HV A verurteilte das Münchener Attentat gegenüber Arafat und machte es zur Bedingung für die von der PLO gewünschte Zusammenarbeit, dass künftige Anschläge zu unterblieben. Auf Bitte Arafats erfolgte eine solche Intervention auch in Kairo: Der Resident dort trug dem Geheimdienstchef der PLO, Abu Ijad, unsere Haltung vor. Wir ließen keinen Zweifel an unserer Haltung: Wenn die terroristischen Handlungen nicht eingestellt werden würden, gäbe es keine Zusammenarbeit!

Den Wünschen der PLO-Führung nach Unterstützung durch das MfS bei der Ausbildung von Angehörigen der PLO auf speziellen Gebieten wurde erst nach mehr als fünf Jahren entsprochen. Trotz des Vertrauensverhältnisses zu Abu Ijad persönlich ging die HV A auf Ansinnen dieser Art nicht ein und wich mit unterschiedlichen Begründungen immer wieder aus. Das lag auch daran, dass der Charakter der Beziehungen der PLO-Sicherheit zu westlichen Geheimdiensten, speziell zum BND und zur CIA, wie überhaupt zum Westen überhaupt skeptisch beurteilt wurde, mithin auch die Intentionen in Bezug auf die HV A und die DDR mit kritischer Vorsicht zu bewerten waren. Es gab nach München auch Bedenken bezüglich des Charakters der Operationen von unter dem Dach der PLO-Sicherheit agierenden Kräften.

Diese Skepsis, so kann rückblickend bilanziert werden, ist zu keiner Zeit vollständig gewichen. Auch wenn zur Person Abu Ijad Vertrauen bestand, galt dies nicht für seine engere Umgebung – vielleicht teilweise zu Unrecht.

Zum Zeitpunkt des Beginns der operativen Zusammenarbeit bestand die Annahme, dass Aktionen mit terroristischem Charakter durch diese Organisation nicht mehr zu erwarten wären. Die Anschläge ab Mitte der 1970er Jahre, an denen Palästinenser beteiligt waren, gingen nicht von der PLO aus, sie hatten mit ihr und ihren Gliederungen nichts zu tun. Nach den terroristischen Akten zu Beginn der 70er Jahre hatte sich in der PLO ein Differenzierungsprozess vollzogen.

• Die Organisation von Wadi Haddad, die verantwortlich war für spektakuläre Flugzeugentführungen 1969 und 1970, schied aus der PFLP und aus der PLO aus. Sie wirkte weiter unter dem Namen *PFLP-Revolutionsrat* (PFLP-RC). Das Hauptquartier befand sich in Bagdad.

• Die Kräfte um Abu Nidal verließen die Fatah und nannten sich *Fatah Revolutionskommando* (Fatah-RC), damit gehörte sie ebenfalls nicht mehr der PLO an. Abu Nidals Gruppe operierte zeitweilig von Libyen aus und erhielte auch von dort Unterstützung. Später gab es aus der PLO-Sicherheit Hinweise, dass der israelische Auslandsgeheimdienst Mossad bei Abu Nidal Einflusspositionen, eventuell auch ihn selbst, gewonnen hatte. Die HV A hatte dazu keine eigenen Erkenntnisse.

Konzipierung und Realisierung der sich für die partnerschaftliche Zusammenarbeit mit der Zentralen PLO-Sicherheit ergebenden Schritte übertrug der Minister für Staatssicherheit der HV A. Das geschah gemäß Aufgabenprofil und unter Nutzung bestehender Verbindungen.

Bereits zuvor waren zu anderen Mitgliedsorganisationen der PLO – der Demokratischen Front und der Volksfront für die Befreiung Palästinas – Verbindung aufgenommen und Maßnahmen der Zusammenarbeit eingeleitet worden. Eines der wichtigsten Ziele der HV A bestand darin, darauf Einfluss zu nehmen, dass terroristische Aktionen unterblieben.

Das inhaltliche Niveau der Verbindungen mit der PFLP, persönlich zu George Habasch, aber auch mit Führungskräften der DFLP, besonders mit Yassir Abed Rabbo, war Mitte der 70er Jahre schon wesentlich höher als zunächst mit der PLO-Sicherheit.

Mit anderen palästinensischen Organisationen gab es keinerlei Beziehungen, mit den meisten auch keine Kontakte, und sofern doch, so wurden sie von der HV A nicht weiter verfolgt. Mit den Organisationen PFLP-RC, PFLP-SC, Fatah-RC (Abu Nidal), Palästinensische Befreiungsfront (PLF)[29] und Sa'ika gab es keinerlei Zusammenarbeit oder weiterführende Gespräche.

Die HV A unterstützte den durch Arafat persönlich übermittelten Vorschlag der PLO-Führung, volle diplomatische

Beziehungen mit der DDR aufzunehmen. Andere Staaten hatten bereits zuvor diesen Schritt getan und normale Beziehungen mit dem international anerkannten Repräsentanten des arabischen Volkes von Palästina hergestellt, wie es zu einem souveränen Staat üblich war. 1979 wurde in Berlin die Botschaft der Palästinensischen Befreiungsfront eröffnet[30]. Als Vertreter der PLO-Führung war Abu Ijad bei der Akkreditierung in Berlin zugegen.

Persönlich gute Beziehungen der in den Residenturen in Kairo, Beirut und Damaskus tätigen HV A-Offiziere mit Führungskräften der PLO-Sicherheit führten zu einem breiten politischen Informationsaustausch, der für uns hinsichtlich der Probleme im Nahen Osten wertvoll war. Auf diesem Wege erfuhren wir vor dem Herbst 1973, dass der ägyptische Präsident Sadat den Vorsitzenden des Exekutivkomitees der PLO, Yassir Arafat, von der »Absicht Ägyptens, Syriens und Jordaniens« unterrichtet hatte, »in absehbarer Zeit begrenzte militärische Auseinandersetzungen mit Israel« zu führen. Es sei ein Acht-Tage-Krieg geplant. Damit wurden die uns aus anderen Quellen in Ägypten und Syrien zugegangene Informationen zum bevorstehenden Krieg gegen Israel bestätigt.

Interessant war in diesem Zusammenhang, dass aus anderen Informationen zum gleichen Zeitpunkt hervorging, dass Arafat – trotz Zustimmung zur Absicht Ägyptens, Syriens und Jordanien – israelische Schläge gegen die Palästinenser im Südlibanon fürchtete. Er formulierte seine Sorge, dass dieser Krieg »gleichzeitig einen Vorwand zur Aufnahme direkter arabisch-israelischer Verhandlungen nach den Vorstellungen der USA zur Lösung des Nahostkonfliktes« liefern würde. Solche und ähnliche Äußerungen, bestätigten frühere Informationen als zutreffend, wonach Arafat – wie auch andere Führer der palästinensischen Organisationen – gegenüber Sadat und seiner Politik tiefes Misstrauen hegten. Sie fürchteten, dass Sadat bereit sein könnte, die palästinensischen Interessen zu verraten.

Dieser Verdacht war ebenso begründet wie die Informationen korrekt waren. Im Oktober 1973 begannen ägyptisch-syrischen Kampfhandlungen gegen Israel. Dieser vierte arabisch-israelische Krieg seit 1948 sollte als Jom-Kippur-Krieg in die Geschichte eingehen, benannt nach dem Tag seines Beginns.

Der 6. Oktober ist der höchste jüdische Feiertag Jom Kippur. Der Konflikt endete am 24. Oktober 1973 mit einem UN-Waffenstillstand und einer Niederlage der drei angreifenden arabischen Staaten. Syrien wurde vollständig aus den Golanhöhen verdrängt und in Ägypten stand die israelische Armee den Suezkanal erreicht. Auf arabischer Seite starben etwa 20.000 Soldaten, auf Seiten Israels mehr als 2.500.

Die Vertreter der HV A waren immer bemüht, von den Palästinensern Informationen über die Aktivitäten der USA und ihrer Verbündeten zu erhalten, über deren strategischen Pläne, ihre Waffensysteme und ihre geheimdienstlichen Aktivitäten. In diesem Kontext war die HV A über die Vorbereitung des Camp-David-Vertrages zwischen Israel und Ägypten, der 1979 von Sadat und Beginn in den USA unterzeichnet werden sollte, ausreichend im Bilde.

Wertvoll für die HV A waren die Kenntnisse der Palästinenser in allem, was mit dem Krisenherd Nahost zusammenhing. Durch Abu Ijads Dienst erhielt die HV A auch einen guten Einblick in die Geheimdienstaktivitäten von CIA, BND und anderen westlichen Diensten in diesem Raum, wie ihn die eigenen Kräfte vor Ort nie hätten gewinnen können.

Abu Ijad und seine engsten Mitstreiter Amin al-Hindi, Atef Bseissio und Abu Hischam schilderten ihre Erfahrungen mit bundesdeutschen Diensten, auf deren Einladung sie wiederholt in der Bundesrepublik weilten. Sie berichteten uns, wie der BND in Geschäftsräumen von Tarnfirmen Treffen mit ihnen organisiert hatten, während das Bundesamt für Verfassungsschutz sie in Wiesbaden, Köln und Meckenheim in Diensträumen wie auch in Gebäuden empfing, die offensichtlich immer solchen Begegnungen dienten. Das BfV organisierte auch Besichtigungen technischer Einrichtungen des Dienstes sowie des Bundeskriminalamtes. Die palästinensischen Partner erfuhren auch, inwieweit die BRD-Dienste über die DDR-Kontakte der Palästinenser informiert waren. Das und welche Fragen ihnen dazu gestellt worden waren, war auch für die HV A aufschlussreich.

Sehr schnell hatten sich die Palästinenser davon überzeugt, dass Israel für die DDR-Aufklärung kein Zielobjekt war. Folglich konnten sie keine Beteiligung an nachrichtendienstlichen

Aktivitäten gegen Israel und keine Informationen über Israel von der Hauptverwaltung A wie auch anderen Diensteinheiten des Ministeriums für Staatssicherheit der DDR erwarten. Keine operative oder vorgangsbezogene Zusammenarbeit gab es auch zu anderen Objekten oder Personen.

Hauptinhalt unserer Beziehungen war ein politischer Informationsaustausch auf hohem Niveau. Zu keiner Zeit gab es eine operative, auf nachrichtendienstliche Operationen oder Aktionen orientierte Zusammenarbeit mit palästinensischen Organisationen bzw. Diensten. Bei diesem Informationsaustausch war -soweit es sich um operatives bzw. internes Material handelte- der Quellenschutz von beiden Seiten immer gewährleistet. Als nützlich und aufschlussreich erwies sich der persönliche Meinungs- und Erfahrungsaustausch mit George Habasch und Abu Ijad über ihre Ansichten und Überlegungen zur internationalen Situation, auch zu ihrer Sicht auf die Entwicklung und Politik der DDR, der UdSSR und anderer sozialistischer Staaten, sowie über arabische Politiker. Diese Gespräche ermöglichten auch die Beobachtung der Entwicklung ihrer Ansichten über Israel und das Palästinaproblem und diese zu beeinflussen. Abu Ijad begann sich bereits Anfang der 70er Jahre von der Vorstellung zu lösen, das Israel beseitigt werden müsse. Er ging zu der realistischen Position einer Zwei-Staaten-Lösung über. Frieden und Wohlergehen des palästinensischen Volkes könne nicht gegen Israel, sondern nur mit Israel ermöglicht werden. Er war der erste palästinensische Führer, der sich für die Schaffung eines Staates »Palästina an der Seite des jüdischen Staates« einsetzte. Das war im Februar 1974.[31] Damals sprach er von »unseren gemeinsamen Zielen«[32], wenige Jahre später erklärte er, dass ein gerechter Frieden im Nahen Osten die Sicherheit Israels in gesicherten Grenzen einschließen müsse. Diese Auffassung entsprach der über Jahrzehnte vertretenen Linie der DDR und der sozialistischen Staaten, die auch von der HV A-Mitarbeiter verfolgt wurde.

George Habasch sah das anders. Er war erst in den 80er Jahren bereit, ein Nebeneinander beider Staaten in Erwägung zu ziehen. Er akzeptierte später auch Israels Existenzrecht und damit die neue palästinensische Konzeption für eine Verhandlungslösung mit Israel.

Die HV A half bei Ausbildung und Qualifizierung von Angehörigen der PLO/Fatah, der DFLP und der PLFP in der DDR. In den Lehrgängen wurden in recht großem Umfang politische und politökonomische Themen des Marxismus-Leninismus behandelt sowie Erkenntnisse über die Tätigkeit und Methoden westlicher Geheimdienste und Erfahrungen ihrer Bekämpfung vermittelt. Grundfragen der nachrichtendienstlichen Tätigkeit und der Abwehr waren gleichfalls Gegenstand von Lehrgängen. In geringem Umfang erfolgte auch eine Ausbildung im Personenschutz.

Die vom MfS gewährte Ausrüstungshilfe im militärischen Bereich war im Vergleich mit der Hilfe für die VDR Jemen, Angola oder Mosambik eher gering. Solidaritätsleistungen im Bereich militärischer Ausrüstungshilfe waren für die palästinensischen Organisationen Ausnahmen und betrafen vornehmlich die DFLP. Die Fatah und dadurch auch die Zentrale PLO-Sicherheit war zumeist in der Lage, ihren Bedarf in diesem Bereich auf kommerzieller Basis zu decken. Ermöglicht wurde das durch reiche Palästinenser aus aller Welt. Hinzu kamen finanzielle Zuwendungen durch arabischen Ölstaaten. Die PLO kaufte über den *Bereich Spezieller Außenhandel* (BSA) der DDR Handfeuerwaffen aus DDR-Produktion.

Solidarische Leistungen der Schutz- und Sicherheitsorgane der DDR beschränkten sich im im Wesentlichen auf leichte Handfeuerwaffen wie MPi und Schnellfeuergewehre. Schwerere panzerbrechende Waffen wurden in kleinen Mengen an die DFLP während des Bürgerkrieges in Libanon geliefert.

Diese Organisationen übernahmen in Beirut zeitweilig – in eigener Initiative und unabhängig von der Waffenhilfe – auch Aufgaben des äußeren Schutzes von DDR-Objekten. Wie anderen Befreiungsbewegungen auch halfen wir der PLO, PFLP und DFLP auf medizinischem Gebiet. Kranke und Verwundete wurden in Einrichtungen des MfS und des MdI behandelt. George Habasch wurden im Zusammenhang mit seiner medizinischen Betreuung nach einem Schlaganfall auch Wohn- und Arbeitsmöglichkeiten bereitgestellt. Er hatte in Dresden eine kleine Wohnung und ein Büro.

Während des Bürgerkrieges in Libanon zu Beginn der 80er Jahre bewährte sich die Zusammenarbeit. Der blutige Konflikt eskalierte 1982 mit der israelischen Aggression. Während des Bombardements von Beirut hatte Moskau zeitweilig keine Verbindung zu seiner Botschaft und den KGB-Mitarbeitern. Hingegen verfügten die HV A-Offiziere über Funkverbindungen, und über Berlin wurde auch Moskau informiert.

Um die Archive der PLO zu sichern, wurden Spezialisten aus Berlin entsandt. Hier bewährte sich die Arbeit der LAR der HV A wie bereits 1973 und in den Folgejahren bei der Rettung von Chilenen vor dem Zugriff der Pinochet-Schergen.

Solidaritätslieferungen aus der DDR in jener Kriegszeit gingen verstärkt an die palästinensischen Organisationen und an Syrien, sie wurden mit Flugzeugen der INTERFLUG und der Nationalen Volksarmee transportiert. Die Flugzeugbesatzungen wurden von Verantwortlichen der HV A über die konkreten Lagebedingungen ins Bild gesetzt. Zu einem wesentlichen Teil stützten sie sich auf die von der palästinensischen Seite übermittelten Erkenntnisse und Hinweise.

Die Arbeitsrichtung *Palästinensische Widerstandsbewegung* nahm im Wirken der HV A im Nahen und Mittleren Osten einen beträchtlichen Raum ein. Der relativ große Umfang ergab sich aus der Komplexität der Problemstellungen in diesem Raum und der Tatsache – was ja zu eben dieser Komplexität gehörte –, dass es drei weitgehend eigenständige Organisationen mit sehr vielen gleichen, aber auch mit sehr unterschiedlichen speziellen Interessen und internationalen Kontakten bei den Palästinensern gab, zu denen die HV A Beziehungen unterhielt. Wegen des Arbeitsumfanges und der Vielfalt der Aufgaben, die sich über sehr viele Bereiche erstreckten, die auch in der Partnerarbeit mit anderen Diensten und Bewegungen in Regie der Bereich C und D der Abteilung III anfielen, wurde in den 80er Jahren neben dem Nahostreferat der Abteilung III/B ein gesondertes Referat mit einem Personalbestand von bis zu drei Mitarbeitern gebildet.

Rückblickend kann gesagt werden, dass in der Partnerarbeit mit palästinensischen Organisationen die der HV A auf diesem Feld gestellten Aufgaben erfüllt wurden. Das bezieht sich auf die gewonnenen Informationen und die dadurch mögliche Unterstützung der Politik und Außenwirtschaft der DDR. Nützlich waren beispielsweise die stabilen Verbindungen zu

Verantwortlichen des palästinensischen Widerstandes für die Vermittlungsbemühungen im Konflikt Äthiopien-Eritrea. In ähnlicher Weise konnte die DDR Befreiungsbewegungen in der Dritten Welt wirken. Erinnert sei an den Iran im Zusammenhang mit der »Islamischen Revolution«, an Nicaragua vor der Eroberung der Macht durch die Sandinisten 1979 und Namibia im Prozess der Befreiung.

Unsere Hilfe und Unterstützung für die palästinensische Seite war aktuell gewiss nützlich. Der unverändert ungelöste arabisch-israelische Konflikt verhinderte aber eine größere Wirkung. Einen unabhängigen Staat für die Palästinenser gibt es so wenig wie damals. Wesentliche Teile des Territoriums der Palästinenser sind seit über 40 Jahren von Israel okkupiert. Ich will hier nicht Ursachen dieses kritischen Zustandes analysieren. Doch festzuhalten bleibt: Es war ein wichtiges Anliegen der HV A, an einer Lösung mitzuwirken, die für das palästinensische Volk und den Staat Israel eine friedliche und gemeinsame Zukunft bedeutet hätte. Dem galt hauptsächlich die dafür aufgewandte Arbeit.

Eine Vielzahl der Partner der HV A sollten Opfer von Terroranschlägen werden, darunter Abu Ijad und seine engsten Mitstreiter. Sie starben sowohl im Ergebnis »gezielter Tötungen« durch israelische Dienste als auch bei Attentaten durch Landsleute, die von Gegnern des palästinensischen Widerstands gedungen worden waren.

Zusammenwirken der legal abgedeckten Residenturen mit Organisationen und Vertretern anderer Dienste in den Einsatzländern in Afrika und Arabien

In afrikanischen und arabischen Staaten, in denen Befreiungsbewegungen Vertretungen unterhielten, bestanden seit den 60er Jahren Kontakte. Zumeist gab es sie in Ägypten – die LAR in Kairo und Alexandria – und in Tansania (Daressalam). Es entwickelten sich auch Verbindungen mit der Befreiungsfront Bahrains, dem südafrikanischen Nationalkongress (ANC), der südwestafrikanischen Volksorganisation SWAPO (Namibia), mit Angolas Volksbefreiungsfront (MPLA), der Befreiungsfront von Mocambique (FRELIMO), der POLISARIO der Westsahara (Kontakte in Algier und Tripolis). Sie erwiesen sich auch während der Vermittlungsbemühungen im Konflikt Äthiopien-Eritrea als sehr nützlich.

Nach der äthiopischen Revolution von 1974 wurde in den eritreischen Befreiungsbewegungen wie in Äthiopien ernsthaft erwogen, auf antiimperialistischer Grundlage einen gemeinsamen demokratischen Staat aufzubauen. Das entsprach den Vorstellungen der UdSSR und ihrer Verbündeten, insbesondere der DDR, die zu beiden Seiten gute Beziehungen pflegte. Aber die bestimmenden Kräfte der Äthiopier wie der Eritreer vertraten letztlich dem entgegen stehende nationalistische Positionen.

Werner Lamberz, Mitglied des Politbüros und Sekretär des ZK der SED, setzte in der Parteiführung der SED eine Initiative zur Vermittlung der DDR durch. Unter seiner Leitung führte eine Gruppe Mitarbeiter des ZK der SED, des DDR-Außenministeriums und der HV A des MfS zwei- und mehrseitige Gespräche mit allen Konfliktparteien. Ermöglicht wurde das hauptsächlich durch Verbindungen von LAR der HV A in

Werner Lamberz (links) und Horst Jänicke (Mitte) werden in Addis Abeba begrüßt, 1977

Ägypten und Sudan zu eritreischen Organisationen. Dadurch konnten die vier wichtigsten Organisationen – Eritreische Befreiungsfront (ELF), Eritreische Volksbefreiungsfront (EPLF), ELF-Revolutionsrat (ELF-RC) und ELF-Volksbefreiungsfront (ELF-PLF) – in die Friedensbemühungen eingebunden werden. Die Gespräche fanden 1977/78 in der DDR, in Äthiopien sowie in arabischen und afrikanischen Staaten statt.

Die Gespräche mit den führenden Vertretern der eritreischen Organisationen erfolgten mit Zustimmung der äthiopischen Führung und durch Präsident Mengistu Haile Mariam persönlich.

Darüber hinaus gab es Gespräche und Abstimmungen mit den Führungen der VDR Jemen und Libyens sowie – maßgeblich unter Nutzung der Verbindungen der HV A – in die Führungen und zu den Sicherheitsapparaten der palästinensischen Organisationen (Fatah, Volksfront und Demokratische Front für die Befreiung Palästinas).

Im Februar und März 1978 fanden von der SED vermittelte Gespräche zwischen Vertretern des Provisorischen Militärischen Verwaltungsrates Äthiopiens und Vertretern der Eritreische Volksbefreiungsfront statt. Sie sollten der Vorbereitung eines multilateralen Treffens der am Eritrea-Konflikt beteiligten Parteien dienen. Über Verbindungen der HV A zur Volksfront für die Befreiung Palästinas war es zuvor gelungen, den Vorsitzenden der Eritreische Volksbefreiungsfront, Isajas Aforki, zur zur Reise in die DDR zu bewegen.[33] Im Juni 1978 fand in Berlin das dritte Treffen zwischen dem Provisorischen Militärischen Verwaltungsrat Äthiopiens und der Eritreische Volksbefreiungsfront statt. Vorbereitet durch die HV A und mit palästinensischer Unterstützung war auch eine Delegation der ELF-RC zu Konsultationen nach Berlin gekommen. Die Vertreter des Revolutionsrates nahmen nicht an der Konferenz teil. Dieses Treffen bestätigte erneut, wie zerstritten die Bewegungen Eritreas waren. Nicht zu übersehen waren die Hegemoniebestrebungen der Eritreische Volksbefreiungsfront, die die militärisch stärkste Organisation darstellte. Die Vertreter des Provisorischen Militärischen Verwaltungsrates Äthiopiens forderten kategorisch die bedingungslose Anerkennung ihres Programms der nationaldemokratischen Revolution, was die Gegenseite ablehnte. Ihr Verhandlungsführer Berhanu Bayeh, der später Außenminister Äthiopiens wurde, machte daraufhin deutlich, das Teile der äthiopischen Führung das Eritrea-Problem militärisch lösen wollten.

Die Konferenz scheiterte. Sie sollte die letzte sein. Eine Fortsetzung der DDR-Initiative bekam auch deshalb keine Chance, weil sich die UdSSR heraushielt. Wegen des sowjetischen Afghanistan-Engagements waren für Moskau andere Konflikte zweitrangig und damit lästig geworden.

Bereits mit Aufnahme von Kontakten der DDR zu Libanon in Gestalt von Handelsbeziehungen in den 50er Jahren kam es zu Beziehungen zur dortigen Sozialistischen Fortschrittspartei. Ihr Führer Kamal Jumblat, einer der profiliertesten demokratischen Politiker Libanons, gehörte zu jenen arabischen Politikern, die sich für normale Beziehungen mit der DDR einsetzten. Als Minister war Jumblat in verschiedenen libanesischen Regierungen tätig, er war in den 60er Jahren auch ein Aktivist der Freundschaftsgesellschaft Libanon-DDR und unterhielt lebhafte Kontakte zum Soldaritätskomitee der DDR. Während des Bürgerkriegs 1975 und danach galt er als ein verlässlicher Verbündeter der PLO und als Gegner der syrischen Einmischung. PLO-Vorsitzender Arafat zollte ihm wiederholt hohe Anerkennung. Als Konsultationspartner erwies er sich auch für die legal abgedeckte Residentur der HV A an der Botschaft in Beirut als sehr wertvolle Verbindung. 1977 wurde Jumblat Opfer eines Attentats, das prosyrischen Kräften zugeschrieben wurde. Sein Sohn folgte ihm sowohl als Fürst der Drusen wie auch an die Spitze der Fortschrittspartei und der von ihr geführten Nationalen Kampffront. Mit Walid Jumblat wurde die Zusammenarbeit vertieft. Er ergriff mehrfach die Initiative zu vertraulichen Beratungen mit dem Residenten der HV A. Er folgte auch einer Einladung durch die Zentrale in Berlin und kam zu Informationsgesprächen in der DDR. Über palästinensische Verbindungen wurde Ausrüstungshilfe für die Einheiten seiner Partei im Bürgerkrieg geleistet.

Legal abgedeckte Residenturen der HV A an Botschaften und anderen Vertretungen der DDR in Lateinamerika, insbesondere in Nicaragua, knüpften Verbindungen zu im Exil tätigen progressiven Organisationen und Einzelpersonen aus Chile nach dem Putsch Pinochets 1973 oder Grenadas nach 1983. Einzelne Unterstützungsmaßnahmen, meist Hilfe in persönlichen Notsituationen oder für Reisen in die DDR, ergaben sich aus Weisungen aus Berlin.

Operativ interessante und beiderseitig nützliche Kontakte gab es durch die Residentur der HV A in Nicaragua (Managua) zu Vertretern der New-Jewel-Partei von Grenada. Diese volksverbundene nationalrevolutionäre Partei hatte unter ihrem Führer Maurice Bishop 1979 die Macht gegen ein korruptes, von den USA unterhaltenes Regime errungen und soziale Reformen eingeleitet. 1983 wurde die Regierung durch die US-Armee gestürzt. Die zuvor von Vertretern der HV A begonnenen Gespräche mit der Bishop-Regierung über eine partnerschaftliche Zusammenarbeit auf dem Gebiet der Schutz- und Sicherheitsorgane wurden durch die Invasion der US-Truppen beendet, ehe sie die Phase der Planung verlassen hatten.

Die Residenturen der HV A in den meisten Staaten der Dritten Welt arbeiteten mit den Residenturen der Ersten Hauptverwaltung des KGB der UdSSR zusammen. Davon profitierten beide Seiten. Es fanden regelmäßig, meist wöchentlich, Konsultationen vor Ort statt, oft wurden die Berichte an die Zentralen zur Lagebewertungen abgestimmt. Erkenntnisse und Informationen, die bei den Kontakten mit Verbindungsoffizieren bei den Diensten des Gastlandes gewonnen worden waren, wurden ebenfalls ausgetauscht. Jedoch gab es keine Angaben zu den Quellen oder Personen, mit denen die Dienste jeweils agenturisch bzw. vertraulich zusammenarbeiteten, ihre Namen wurden nicht preisgegeben.

Inhaltlich wurde auch arbeitsteilig vorgegangen, speziell in der Zusammenarbeit mit Befreiungsbewegungen und beim Einsatz der in die LAR eingebundenen Verbindungsoffiziere zu Partnerdiensten. Zeitweise und punktuell gab es auch Verbindungen zu Residenten oder Mitarbeitern von Residenturen der CSSR, Kubas, Bulgariens und Ungarns. Das unterlag Einzelentscheidungen. Die Verbindung zu Vertretern der kubanischen Aufklärung in Äthiopien und Angola sowie in Nicaragua war auf Ministerebene vereinbart worden.

Bei einer Anfang 1959 erfolgten Strukturveränderung in der HV A wurde in der Abteilung 3 (später Abteilung III) auch ein Referat für die Länder der Dritten Welt/Legale Residenturen gebildet. Aus diesem ging bald ein Referat für Asien (Süd- und Südostasien) und ein Referat für Afrika/Nahost hervor. Ende der 60 Jahre wurden daraus Referate für Süd-Südostasien, China/Indochina, Naher und Mittlerer Osten (NMO). Sie wurden in einem Stellvertreterbereich B der Abteilung III zusammengefasst. Die Referate für Afrika und Lateinamerika wurden zum Stellvertreterbereich C.

Aus dem Referat Afrika (und damit aus dem Bereich C) wurde später der Stellvertreterbereich D – Zusammenarbeit mit Partnerdiensten – herausgelöst und neu formiert.

Das Referat Naher und Mittlerer Osten wurde Mitte der 80 Jahre aufgeteilt in ein Nahost-Referat – vornehmlich befasst mit der Palästinensischen Widerstandsbewegung und Fragen des Nahost-Konflikts – und in ein Referat für alle Mitgliedsländer der Arabischen Liga, Iran und Afghanistan.

In Afghanistan unterhielt die HV A zu keiner Zeit eine Residentur. Auf sowjetisches Drängen wurde Ende 1979 lediglich ein Verbindungsoffizier stationiert.

Die operative Methodik der Arbeit der LAR entsprach in den meisten Operationsgebieten der HV A den »klassischen« Methoden nachrichtendienstlicher Arbeit – Werbung und allmähliche Einbeziehung und Nutzung von Quellen, Abschöpfung und vertrauliche Nutzung diverser legaler Kontakte. Allerdings wurde die klassische Methodik des quellen- oder objektbezogenen Werbereinsatzes zumeist insofern modifiziert, dass Anbahnung des Kontaktes mit Zielpersonen und die Werbung durch im Land tätige OibE oder inoffizielle Mitarbeitern erfolgten. In nicht wenigen Fällen wurde der Einsatz von operativen Mitabeitern als OibE oder von inoffiziellen Mitarbeitern, die über die erforderlichen Voraussetzungen verfügten, in entsprechenden Positionen im jeweiligen Land organisiert. Das konnte im Rahmen der üblichen mehrjährigen Einsatzfristen oder auch für einen begrenzten Zeitraum, zumeist abhängig vom Erfolg der Werbung bzw. Anbahnung, erfolgen.

Ein nicht zu unterschätzender Umstand dabei war, dass in der Regel die Familien der eingesetzten OibE und IM einbezogen waren. Die Ehepartner reisten im Fall der längerfristigen Einsätze mit in das Einsatzland. Ihnen konnte in den meisten Fällen auch eine berufliche Tätigkeit entsprechend ihrer Qualifikation ermöglicht werden. Auch die Kinder mussten mit, solange sie im schulpflichtigen Alter waren[34] und es Bildungseinrichtungen der DDR oder anderer sozialistischer Staaten vor Ort gab.

An der Absicherung war eine große Zahl belastbarer Vertrauenspositionen und Verbindungen mit Verantwortlichen und insbesondere für Kaderfragen[35] zuständigen Leitern und Mitarbeitern in Ministerien und anderen Einrichtungen nötig: Außenhandelsunternehmen, Hochschulen, Universitäten, Akademie-Institute, Parteien und gesellschaftlichen Organisationen usw.. Diese »Nutzung legaler Positionen« setzte ein stabiles Vertrauensverhältnis der damit beauftragten Leiter und Mitarbeiter der HV A zu diesen Partnern voraus. Geheimhaltung und Vertraulichkeit dieser Verbindungen und – unter diesem Aspekt – die Sicherheit der eingesetzten OibE bzw. IM wurden gewährleistet. Für die Partner ergaben sich daraus in keinem Fall materielle Vorteile oder andere persönliche Vorzüge.

Methodisch konnte in solcherart organisierten Vorgängen auf den Einsatz von Kurieren und Instrukteuren zur Führung der Quellen verzichtet werden. Auch diese Vorgehensweise entsprach dem von der Notwendigkeit der Bedingungen der DDR diktierten Bestreben nach größtmöglicher Sparsamkeit: Kosten wie für Instrukteur- und Kurierreisen entfielen. Die eingesetzten und damit legalisierten Einsatzkräfte erfüllten in jedem Fall – wie alle im Rahmen der LAR tätigen OibE und IM uneingeschränkt, ihre Aufgaben. Es konnte im Verlaufe der Jahre zunehmend besser gesichert werden, dass Kader mit entsprechenden Qualifikationen und mit Fremdsprachenkenntnissen zur Verfügung standen.

Die Erfüllung der nachrichtendienstlichen Aufgaben bei gleichzeitiger uneingeschränkter Wahrnehmung der offiziellen Funktionen stellte hohe Anforderungen und belastete die Gesundheit, weil in den meisten Einsatzländern tropische oder subtropische Bedingungen herrschten.

Die MS »Neubrandenburg« aus Rostock im Hafen von Valparaiso nach dem Putsch. An Bord befanden sich vorbereitete Verstecke zum Ausschleusen von gefährdeten Chilen, 1973

In den 60er Jahren wurden auch Schiffslinien der Deutschen Seereederei für das Verbindungswesen erschlossen. Die auf DDR-Schiffen fahrenden IM wurden als Kuriere genutzt, und DDR-Bürger, die bei ihrer Tätigkeit für die DDR-Aufklärung in Schwierigkeit geraten waren, konnten sich durch Flucht auf DDR-Schiffe der Festnahme entziehen. Verdienste in dieser Hinsicht erwarben sich Kapitäne, Offiziere und Mannschaften der DDR-Handelsschiffe an verschiedenen Schauplätzen. So in Ghana nach dem Sturz von Kwame Nkrumah 1966 oder nach dem faschistischen Putsch in Chile 1973.

In der Phase der eingeschränkten völkerrechtlichen Anerkennung der DDR und des Beginns der Einrichtung legal abgedeckter Residenturen bestand die Hauptmethode der Beschaffung vertraulicher Informationen zunächst darin, dass in offizieller Funktion im jeweiligen Land tätige inoffizielle Mitarbeiter dafür geeignete, entsprechend interessante Partner abschöpften.

Die Informationsbeschaffung – auch in den späteren Perioden – erfolgte von den Quellen und Kontakten vorrangig mündlich, aber auch in schriftlicher Berichtsform und durch Übergabe von Dokumenten. Im wissenschaftlich-technischen Bereich, in der militär- und rüstungstechnischen Aufklärung gelang es nicht selten, Muster und Proben zu beschaffen, deren Übermittlung an die Zentrale zuweilen beträchtliche Probleme bereiteten. Wenn es um größere Geräte ging, auch Exemplare von militärischer Technik, mussten ebenfalls Möglichkeiten des Seetransports genutzt werden, die nicht immer durch eigene Schiffe der DDR abgesichert werden konnten. Dann übernahmen zumeist sowjetische oder kubanische Schiffe die Aufgabe.

In Länder in Nahost und in Lateinamerika, in denen auch die Zusammenarbeit mit Befreiungsbewegungen durch die LAR organisiert war, wurden Konspiration und Sicherheit der Quellenarbeit durch Arbeitsteilung und getrennten Kräfteeinsatz von operativen Mitarbeitern, d. h. Offiziere im besonderen Einsatz, und inoffiziellen Mitarbeitern gewährleistet. Bedingt durch personelle Unterbesetzung, begrenzte finanzielle und materielle Mittel kam es zeitweilig auch zu kombiniertem Einsatz einzelner Mitarbeiter (nicht von IM), was Risiken für Konspiration und Quellenschutz bedeutete. Eine Gefährdung von Quellen durch solche Bedingungen konnte immer vermieden werden.

Anmerkungen

4 Vgl. hierzu: Werner Großmann: Bonn im Blick. Die DDR-Aufklärung aus der Sicht ihres letzten Chefs, Berlin 2007, S. 146f.; Heinz Geyer: Zeitzeichen. 40 Jahre in Spionageabwehr und Aufklärung, Berlin 2007, S. 49ff.; Markus Wolf: Spionagechef im geheimen Krieg, Düsseldorf und München 1997, S. 361ff.

5 Heute: Staatliche Universität für internationale Beziehungen (IMO) des Außenministeriums der Russischen Föderation

6 Beschluss der Arbeitsgruppe Sicherheit des Zentralen Runden Tisches über die Auflösung der Hauptverwaltung A vom 23. Februar 1990

7 »Streiflichter zur Geschichte der Russischen Auslandsaufklärung«, 6 Bände, Moskau 1996-2006, Band 6, S. 93-104

8 Vgl. hierzu Ausführungen von S. Zachmann in Bock/Muth/Schwiesau (Hrsg.): Alternative deutsche Außenpolitik? DDR-Außenpolitik im Rückspiegel (II). Berlin 2006, S. 142f.

9 Z. B. durch die von der HA XXII (Terrorabwehr) erarbeitete, für alle Diensteinheiten des MfS verbindliche Dienstanweisung vom Mai 1979, Zitiert in: Markus Wolf, Markus: Spionagechef ...«, a. a. O., S. 382

10 Die ZAIG war eine dem Minister für Staatssicherheit direkt unterstellte Diensteinheit mit den Hauptaufgaben der Auswertung der Informationen aller Bereiche des MfS, der Informierung der Diensteinheiten und der Kontrolle der Dienstorganisation u. a.

11 Das waren in der Regel die inhaltlich fertig formulierten Informationstexte von Auskünften, Analysen usw.

12 So der sich wiederholende Titel solcher Auskünfte über Jahrzehnte

13 Mir liegen dazu keine Belege in Form der im Zentralarchiv 1990 (in Regie der Auflösungsbehörde des MfS/AfNS der DDR) eingelagerten Originalinformationen bzw. ihrer Kopien vor. Die Themen konnten ausschließlich aus dem Gedächtnis unter Konsultation ehemaliger Kollegen erfasst und auf korrekte Wiedergabe überprüft werden.

14 Werner Großmann: Bonn im Blick, a. a. O., S. 149

15 Das Wort »Fatah« wird aus den rückwärts zu lesenden Anfangsbuchstaben des Namens der Bewegung in Arabisch, »Harakat at-Tahrir al-Falastin«, gebildet.

16 Siehe Amnon Kapeliuk: Yassir Arafat. Die Biographie, Heidelberg 2005, S. 54

17 der heutige palästinensische Präsident

18 28. Mai bis 2. Juni 1964

19 Später wurde der Name auf »Demokratische Front« verkürzt

20 In Anführung gesetzte Formulierungen sind wörtliche Wiedergaben aus PFLP-Dokumenten der 60er und 70er Jahre.

21 Die PFLP-GC zerfiel in die PFLP- GC/A (Gibril) und die PFLP-GC/B unter Ahmed Za'arur. Sowohl Gibril als auch Za'arur waren Offiziere der Palästinensischen Befreiungsarmee, die 1964 als militärischer Arm der PLO geschaffen worden war.

22 siehe Fußnote 6

23 Kapeliuk: Arafat ..., a. a. O., S. 147

24 Mardek/Hempel/Gloede: Der Nahostkonflikt – Gefahr für den Weltfrieden. Dokumente von der Jahrhundertwende bis zur Gegenwart, Berlin 1987

25 Resolution 3236 (XXIX) der UN-Vollversammlung vom 22. November 1974, zitiert nach Mardek/Hempel/Gloede: Der Nahostkonflikt ..., a. a. O., S. 121f.

26 ebenda

27 Markus Wolf: Spionagechef im geheimen Krieg, München 1997, S. 379

28 Aus heutiger Kenntnis (2008) ist davon auszugehen, dass Abu Ijad persönlich keine Verantwortung für die Münchner Aktion trug. Sie war Anlass für Veränderungen in dem Dienst, die solche »Eigenmächtigkeiten« mit unvorhergesehenen Folgen ausschließen sollten

29 Organisation von Abu Abbas (Mohammed Saidan Abbas), ursprünglich auch in der Fatah. Auf das Konto von Abu Abbas' Gruppe gingen die Entführung des italienischen Kreuzfahrtschiffes »Achille Lauro« und die dabei verübten Verbrechen

30 Die Vertretung der PLO in der Bundesrepublik als »Generaldelegation« hat bis heute keinen diplomatischen Status

31 Abu Ijad: Heimat oder Tod. Der Freiheitskampf der Palästinenser, Düsseldorf- Wien 1979, S. 10

32 So wiederholt mir gegenüber in persönlichen Gesprächen

33 Aforki ist heute Präsident von Eritrea

34 In einer größeren Zahl der Länder, auch der Dritten Welt, gab es Schulen, die vom Volksbildungsministerium und dem Ministerium für Auswärtige Angelegenheiten der DDR eingerichtet und unterhalten wurden. In einigen Schwerpunktländern (Ägypten, Indien) gab es DDR-Schulen bis einschließlich 6. Klasse. Die meisten Schulen boten Unterricht nur bis zur 4. Klasse

35 Synonym für Personalfragen

Zusammenarbeit mit Partnerdiensten

Unter den Bedingungen eingeschränkter internationaler Anerkennung der DDR

Ende der 50er/Anfang der 60er Jahre erlangte die Mehrzahl der einstigen Kolonien in Afrika staatliche Selbständigkeit. Allerdings dauerte die Abhängigkeit von den Kolonialmächten fort. Die Souveränität blieb unter diesen Umständen eingeschränkt. Neben diesen jungen Nationalstaaten, wie man sie nannte, blieben die portugiesischen Kolonien sowie Südrhodesien (heute Simbabwe) und Südwestafrika (heute Namibia) unter britischer und südafrikanischer Vormundschaft. In Südafrika existierte an rassistisches Apartheid-Regime. Dagegen kämpfte der Afrikanische Nationalkongress (ANC) im Bündnis mit der Kommunistischen Partei und den Gewerkschaften. In jenen geknechteten Ländern formierten sich in der Illegalität Befreiungsbewegungen, die Stützpunkten in befreiten Ländern unterhielten, etwa in Tansania oder Sambia. In Sudan hatten mehrere eritreische Befreiungsbewegungen ihren Sitz.

In den arabischen Ländern – Südjemen und Westsahara ausgenommen – war die Staatenbildung nahezu abgeschlossen. Im Nahen Osten wehrten sich die Palästinenser – organisiert in der 1964 gegründeten Palästinensischen Befreiungsorganisation (PLO) und deren Gruppierungen – gegen ihre Vertreibung aus ihren Territorien durch Israel, sie rangen um staatliche Identität. Dieser Kampf dauert bekanntlich noch immer an.

Die um ihre Unabhängigkeit und nationale Selbstbestimmung kämpfenden Parteien und Befreiungsbewegungen suchten weltweit Verbündete. Die potentesten Partner fanden sie in der Sowjetunion und in der VR China. Auch die DDR sollte zu einem wichtigen Partner für die antikolonialen und nationalen Bewegungen werden. Die Verbindung wurde zunächst und vor allem über das Solidaritätskomitee der DDR realisiert. Es handelte im Auftrag der Abteilung für Internationale Beziehungen des Zentralkomitees der SED.

Zunehmend wurde die Partei- und Staatsführung auch mit Anfragen konfrontiert, beim Aufbau von Sicherheitsorganen in »national befreiten Staaten mit sozialistischer Orientierung« zu helfen. Für die Realisierung solcher Anfragen wurde das MfS verantwortlich gemacht.

So wurden im Laufe der Jahre eine Reihe bilateraler Vereinbarungen und Verträge geschlossen, die – das lag in der Natur der Sache – geheim gehalten wurden. Das führte naturgemäß bei Außenstehenden mitunter zu aberwitzigen Interpretationen. Diese werden seit dem Ende der DDR besonders stark ideologisch aufgeladen und zweckdienlich in der politischen Auseinandersetzung eingesetzt. Sie gehören zur Strategie der Delegitimierung der DDR und zur Kriminalisierung staatlicher Organe, insbesondere des Ministeriums für Staatssicherheit. Wider besseren Wissens – denn es gibt dafür nicht den Anflug eines Beleges – wird beispielsweise behauptet, das MfS habe im Ausland nicht nur »Killerkommandos« eingesetzt, sondern auch Terroristen ausgebildet. Das ist so unwahr wie es gelogen ist, dass Mitarbeiter des MfS an militärischen oder inneren Auseinandersetzungen in Drittstaaten aktiv beteiligt gewesen wären. Nirgendwo war wir an Machtkämpfen, Vernehmungen, Folterungen oder anderen Gesetzesverletzungen beteiligt oder darin verwickelt.

Da auch in Staaten, in denen Terroristen geschult, gefoltert und Menschenrechte massiv verletzt wurden, die ablehnende Haltung der DDR bekannt war, wurden Mitarbeiter des MfS bzw. Staatsbürger der DDR in dieser Hinsicht generell abgeschottet. Die Kontakte der Volksdemokratischen Republik Jemen zur Roten Armee Fraktion (RAF) und anderen terroristischen Gruppen beispielsweise wurden vor uns geheim gehalten.

Bei diesen Verbindungen standen Aufwand und Nutzen mitunter in keinem angemessenem Verhältnis. Sie wurden überdies von Stammesfehden und Rivalitäten der politischen Akteure belastet und bisweilen überlagert. Überdies wurden die materiellen Möglichkeiten und Potenzen der DDR oft maßlos überschätzt, was wiederum zu Enttäuschungen führte. Auf der anderen Seite mussten Mitarbeiter und Leiter in HV A und MfS lernen, mit der ihnen fremden Mentalität und Denkweise umzugehen. Auch das war oft Quelle von Missverständnissen und Irritationen. Gleichwohl kann befriedigend festgestellt werden, dass es nirgendwo zu gravierenden Konflikten kam, die die Beziehungen nachhaltig belastet ode rgar beschädigt hätten.

Bis 1964 waren HV A und MfS von derartigen Fragen noch ausgenommen. Es hatte bis dato nur eine Maßnahme gegeben. Im Auftrag der Partei- und Staatsführung war Verbindung mit zur kongolesischen Nationalbewegung MNC (*Movement National Congolaise*) aufgenommen worden. Diese musste abgebrochen werden, nachdem der kongolesische Ministerpräsident Patrice Lumumba im Januar 1961 ermordet worden war.

1964 erfolgte die Aufnahme diplomatischer Beziehungen zwischen der DDR und Sansibar. Es entwickelten sich auch zu Ghana unter Präsident Kwame Nkrumah gute zwischenstaatliche Beziehungen. Das Ministerium für Staatssicherheit sowie die Ministerien für Nationale Verteidigung (MfNV) und für Inneres (MdI) der DDR wurden in Unterstützungsmaßnahmen für diese Länder einbezogen.

Auch andere afrikanische Staaten wandten sich an Berlin. Dort wurde je nach Stand und Charakter der Beziehungen zur DDR entschieden. In keinem Fall ging die Initiatvie von der DDR oder einer ihrer Institutionen aus.

Anfragen dieser Art wurden stets in der politischen Führung des Landes beraten und entschieden. Dann gingen sie an den Minister, in unserem Falle an Erich Mielke. Dieser leitete den Auftrag an die zuständige Diensteinheit, die Hauptverwaltung Aufklärung weiter. Sie wurde verantwortlich gemacht für die inhaltliche Konzeption und deren Realisierung. Mit der konkreten Umsetzung in der HV A wurde die Abteilung III beauftragt. Sie war für die Absicherung unserer Vertretungen im nichtsozialistischen Ausland und die legal abgedeckten Residenturen zuständig.

Die HV A übernahm damit die Federführung in den Beziehungen zu Partnern in den jungen Nationalstaaten und Befreiungsbewegungen. Sie gestaltete die Zusammenarbeit mit den Sicherheitsorganen und den zuständigen Politikern und Beauftragten in diesen Ländern und Bewegungen im Namen des

MfS. Und innerhalb des MfS stimmte sie mit involvierten Diensteinheiten Maßnahmen ab. Sofern diese eine bestimmte Dimension überschritten, erfolgte Abstimmung mit der Abteilung Internationale Verbindungen (IV) im ZK der SED, dem Außenministerium oder anderen staatlichen Institutionen.

Ingesamt lässt sich feststellen, dass das MfS insbesondere bei der Unterstützung junger Nationalstaaten und Befreiungsbewegungen ein wesentliches Element der internationalen Beziehungen der SED und der Außenpolitik der DDR darstellte.

Erstmals, wie bereits erwähnt, wurde eine solche Zusammenarbeit mit Sansibar praktiziert.

Sansibar und die benachbarte Insel Pemba waren seit 1890 britisches Protektorat und wurden im Dezember 1963 in die Unabhängigkeit entlassen. Im Januar 1964 stürzten nationale Kräfte der Jugendliga der Afro-Shirazi-Partei das reaktionäre Sultansregime. Abeid Amani Karume wurde als Präsident und Sansibar zur Volksrepublik ausgerufen. Die DDR gehörte zu jenen Staaten, die noch im Januar 1964 diese Republik anerkannten und diplomatische Beziehungen zu ihr aufnahmen. Mit der Eröffnung einer Botschaft wurde die Hallstein-Doktrin, nämlich der Alleinvertretungsanspruch der BRD, sichtbar durchbrochen. Es war die erste DDR-Botschaft auf dem afrikanischen Kontinent.

In Gesprächen mit Präsident Karume wurde die Bitte formuliert, die DDR möge beim Aufbau von Polizei- und Sicherheitsorganen Unterstützung gewähren. Man dachte an Ausbildung, Beratung und Lieferung von Ausrüstungen. Minister Mielke schickte HV A-Chef Markus Wolf und den Leiter der Bezirksverwaltung Dresden des MfS, Oberst Rolf Markert, einen erfahrenen Abwehrspezialisten, nach Sansibar. Nach den vor Ort geführten Beratungen wurde die Ausbildung von Leitern und Mitarbeitern eines Sicherheitsorgans in Sansibar vereinbart. Dazu wurden DDR-Berater für die Arbeit vor Ort entsandt. Ferner wurde Hilfe beim Ausbau des Küstenschutzes zugesichert, der Teil des Sicherheitsorgans war und die Seegrenzen kontrollierte. Dabei ging es besonders um die Bekämpfung des Nelkenschmuggels nach Kenia.

Erster leitender Berater für das Sicherheitsorgan wurde Oberst Markert auf der Hauptinsel Unguja (»Sansibar«), später wurde ein zweiter Mann auf der Insel Pemba eingesetzt. Die vom MfS vorgeschlagenen Maßnahmen wurden von der DDR-Führung bestätigt. Die Koordinierung aller Schritte der Ministerien für Staatssicherheit, des Innern und für Nationale Verteidigung erfolgte durch die Hauptverwaltung A.

Zu den frühen Erfahrungen gehörte auch das Unterstützungsersuchen aus Jemen. Im Südwesten der Arabischen Halbinsel hatten patriotische Offiziere im September 1962 die Monarchie der jemenitischen Imame gestürzt und im Norden des Landes die Arabische Republik Jemen proklamiert. Damit waren die Voraussetzungen geschaffen worden, die Jahrhunderte währende feudale Herrschaft zu beenden und progressive Veränderungen in der jemenitischen Gesellschaft einzuleiten. Das Land gehörte bis 1918 Osmanischen Reich, die Imame herrschten weitaus länger. Bis 1962 wurden dort Sklaven gehalten und gehandelt. Trotz Umsturz behielten feudale Kräfte ihren bedeutenden Einfluss in den Stämmen. Zudem flossen Millionen aus dem nicht weniger rückständigen und feudalen Saudi-Arabien in die Taschen dieser Stammesfürsten, während insbesondere Ägypten die »Republikaner« in ihrem Kampf mit den »Royalisten« unterstützten. 1967 wurde General Abdallah as-Sallal[36], der fünf Jahre zuvor die Monarchie beendet hatte, selber gestürzt. Es folgten Regierungswechsel und Attentate und innenpolitische Konflikte.

Im Südjemen um Aden, unverändert Großbritanniens Kronkolonie, hatte sich die 1963 gegründete Nationale Befreiungsfront (NLF) erhoben, woraufhin die Besatzungsmacht zunächst den Ausnahmezustand verhängte, anschließend Verhandlungen aufnahm und schließlich seine Truppen zurückzog. 1967 rief die NLF die Demokratische Volksrepublik Jemen aus. Diese verfolgte eine sozialistische Orientierung. Auch hier kam es in der Folgezeit zu innenpolitischen Auseinandersetzungen und zu Grenzkonflikten mit Nordjemen. Parallel dazu fanden bilaterale Verhandlungen zur Bildung einer politischen Union. Diese kam letztlich dadurch zustande, dass im Januar 1990 die beiden Präsidenten die Öffnung ihrer Grenze erklärten. Die Jemenitische Arabische Republik und die Demokratische Volksrepublik Jemen schlossen sich zur Repu-

Blick auf Sanaa, die Hauptstadt der Jemenitischen Arabischen Republik (Nordjemen)

blik Jemen zusammen. Der erste gesamtjemenitische Präsident wurde Ali Abdullah Salih, der seit 1978 die Republik Jemen regierte.

Die DDR hatte im Januar 1964 in Sanaa im Nordjemen (bzw. Jemenitische Arabische Republik) ein Generalkonsulat[37] eröffnet. Sie unterstützte die JAR insbesondere bei der Ausbildung von Fachkadern auf dem Gebiet des Gesundheitswesens und durch die Lieferung von Post- und Fernmeldeausrüstungen.

Die Beziehungen der DDR zu (Nord-)Jemen waren älteren Datums. Bereits 1954 hatte es eine zwischenstaatliche Vereinbarung über medizinische Hilfeleistungen gegeben. 1958 eröffnete die DDR in der Hauptstadt Sanaa eine Handelsvertretung mit konsularischen Vollmachten. Es folgten Vereinbarungen über Ausbildungshilfe für jemenitische Facharbeiter und medizinisches Fachpersonal. 1959 vereinbarte die DDR mit jemenitischen Partnern Lieferung und Installation von Stadtbeleuchtungsanlagen in Sanaa und den Ausbau des Telefonnetzes.

1965 – drei Jahre nach der Revolution – wandte sich Ministerpräsident und Oberbefehlshaber der Streitkräfte der Jemenitischen Arabischen Republik, Generalleutnant Hassan al-Amri[38], auf Anregung Ägyptens an die Regierung der DDR. Er bat um Unterstützung auf militärischem Gebiet. Nach Konsultationen mit Moskau und Kairo entschied der Nationale Verteidigungsrat der DDR eine ernsthafte Prüfung der jemenitischen Wünsche. Eine Delegation der Ministerien für Nationale Verteidigung und der Staatssicherheit wurde entsandt. Sie wurde von General Kurt Lange, Stellvertretender Chef des Militärbezirkes V, geleitet. Ihr gehörten ein leitender Mitarbeiter der Arbeitsgruppe des Ministers und ein landeskundlich qualifizierter Mitarbeiter der Abteilung III der HV A des MfS an.

Die politisch-inhaltliche und organisatorische Vorbereitung der Reise lag bei der HV A, die fachliche Vorbereitung beim Ministerium für Nationale Verteidigung. Die Federführung hatte Oberst Horst Jänicke, Leiter der Abteilung III der HV A, der praktisch als Stellvertreter des Leiters der HV A für den Arbeitsbereich des Auslands außerhalb der Bundesrepublik und die legal abgedeckten Residenturen fungierte. In die Vorbereitung schaltete sich Generalleutnant Markus Wolf ein, der Chef der HV A.

Nach dieser Reise wurden Maßnahmen zur Unterstützung der Arabischen Republik Jemen vereinbart. Diese wurden ausschließlich vom Verteidigungs- und vom Auenministerium realisiert. Das MfS bzw. die HV A waren bis zum Beginn der Kontakte mit Südjemen nicht mehr in jemenitische Angelegenheiten einbezogen.

Aden, Hauptstadt der Demokratischen Volksrepublik (Südjemen)

Ghana, das sich faktisch bereits im 19. Jahrhundert die Briten unterworfen hatten, wurde 1874 zur britischen Kronkolonie erklärt. Eine 1947 formierte sich unter Kwame Nkrumah eine Nationalbewegung, die in zehn Jahren zwar eine nationale Unabhängigkeit errang, doch die Verbindungen zur Kolonialmacht Großbritannien blieben auch nach 1957 noch bestehen. 1960 wurde die Republik Ghana proklamiert. Präsident Kwame Nkrumah hatte sich die Absicht auf die Fahnen geschrieben, afrikanischen Staaten und Befreiungsbewegungen zu einen und geschlossen gegen den Neokolonialismus zu kämpfen. Zur Verwirklichung dieser antiimperialistischen Politik installierte er ein (nichtstaatliches) »Büro für Afrikanische Angelegenheiten«. Die DDR entsprach der Bitte Kwame Nkrumahs, Beratung und technische Hilfe für das Büro zu leisten. Die HV A entsandte 1964 Jürgen Rogalla (später als Oberst Leiter der Abteilung XI der HV A [Bearbeitungslinie USA]) und den Funker Herbert Kranz (später Oberstleutnant und leitender Mitarbeiter des Staatlichen Funkbetriebsdienstes der DDR).

1966 stürzten Militärs Präsident Nkrumah, das war auch das Ende des »Büros für Afrikanische Angelegenheiten«. Ungeachtet seines diplomatischen Schutzes wurde Jürgen Rogalla

Der Stellvertreter des Ministers, Bruno Beater, zu Besuch bei den Sicherheitsorganen Kubas, 1970

festgenommen und von CIA und BND zu erpressen versucht. Material hatten ihnen ein Verräter geliefert: Günter Männel, der sich dem BND angedient hatte und, wie der *Spiegel* bereits am 20. November 1963 schrieb, »heute als Schützling des amerikanischen Geheimdienstes CIA unter falschem Namen irgendwo in den USA lebt und früher unter dem Decknamen Günther Lange als Oberleutnant in der Hauptverwaltung Aufklärung (Abteilung III, Referat USA, England, NATO) von Walter Ulbrichts Ministerium für Staatssicherheit Dienst tat«.

Jürgen Rogalla blieb standhaft, eine in Aussicht gestellte lukrative Zusammenarbeit mit den westlichen Diensten lehnte er konsequent ab. Internationale diplomatische Bemühungen führten schließlich zum Erfolg – Rogalla kam nach Hause.

Herbert Kranz hatte sich einer Festnahme entziehen können und war ausgeschleust worden.

Bis Ende der 60er Jahre blieb die Zusammenarbeit mit Sicherheitsorganen anderer Länder auf Sansibar begrenzt. Verbindungsoffiziere der HV A hatten lediglich noch Kontakte zu Sicherheitsorganen Kubas und Ägyptens. Ihre Aufgaben beschränkten sich auf den Austausch von Informationen, die politisch oder operativ von Interesse waren, sowie auf die Übermittlung von Wünschen dieser Dienste an die Zentrale in der DDR.

Die Beziehungen mit den kubanischen Partnern erreichten bereits Anfang der 70er Jahre ein hohes Niveau. Ihrem Charakter nach unterschieden sie sich von denen mit anderen Partnern in der Dritten Welt. Diese Verbindung war Teil der Beziehungen beider Staaten, die von gleichen politischen Zielen bestimmt wurden.

Die Beziehungen mit Partnern in Ägypten auf der Ebene der Geheim- und Sicherheitsdienste waren stabil. Allerdings erfüllten sie kaum die Erwartungen. Was zunächst mit Euphorie begann, führte bald zur Ernüchterung. Die ägyptischen Partner hatten sich erhofft, für die Auseinandersetzung mit den israelischen Diensten Potenzen der DDR erschließen zu können. Als sie erfuhren, dass die DDR-Aufklärung nicht gegen Israel arbeite, war die Enttäuschung groß. Für die HV A war die Ausbeute ebenfalls mager. Die von den Ägyptern gelieferten Informationen über Aktivitäten der BRD und der NATO-Länder und deren Dienste hatten nur wenig Substanz. Das meiste beschränkte sich auf Erkenntnisse über die politische Entwicklung im Land.

Auf diesem Wege wurde beizeiten die politische Kurskorrektur nach dem Tod von Präsident Nasser 1970 signalisiert. Sein Nachfolger Sadat vermochte es gegenüber allen Seiten, seine eigentlichen politischen Absichten zu verschleiern. So hatte er zunächst alle Regierungsmitglieder, die als pro-sowjetisch galten, aus dem Kabinett verdrängt, aber am 27. Mai 1971 einen Freundschafts- und Bündnisvertrag mit der Sowjetunion geschlossen.

Durch vertrauliche Äußerungen der ägyptischen Partner erlangten wir Erkenntnisse, die große Aufmerksamkeit und Wertschätzung in Moskau fanden. In Berlin hatten viele Funktionäre und leitende Mitarbeiter im Staatsapparat Schwierigkeiten im Umgang mit den Informationen, die die Kairoer Residentur lieferte, weil die Beziehungen zu Ägypten sich seit den 50er Jahren kontinuierlich entwickelt hatten.

Insofern überraschte es uns kaum, als am 8. Juli 1972 Sadat alle sowjetischen Experten ausweisen ließ. Vorgeschobener Anlass war das Ausbleiben sowjetischer Waffenlieferungen. Binnen einer Woche mussten 15.000 Sowjetbürger Ägypten verlassen. Sadat setzte auf Washington, war aber im Oktoberkrieg 1973 gezwungen, aus Moskau dringend Hilfe anzufordern. Dessen ungeachtet stellte er danach alle Weichen für das Zusammengehen mit dem Westen.

Wenngleich nach der Aufnahme diplomatischer Beziehungen mit Sansibar 1964 es bis 1969 noch nicht zu einer de-jure-Anerkennung der DDR und zur Herstellung voller diplomatischer Beziehungen mit Ländern der Dritten Welt kam, nahm die Akzeptanz der DDR im Laufe der Zeit spürbar zu. Wegen ihrer antiimperialistischen und antikolonialen Haltung wurde sie dort sehr geschätzt. Dem stand die Hallstein-Doktrin und der Alleinvertretungsanspruch der BRD jedoch spürbar entgegen. Dies führte sogar dazu, dass bei Bildung des Staates Tansania im April 1964 – ein Zusammenschluss des vormaligen Königreiches Tanganjika (Tan) und Sansibars (San) – die bestehenden völkerrechtlichen Beziehungen zwischen Sansibar und der DDR nicht übernommen wurden. Nach langen Verhandlungen stimmte Tansanias Präsident Julius Nyerere dem Kompromiss zu, die Botschaft der DDR in Sansibar durch ein Generalkonsulat in Daressalam und ein Konsulat in Sansibar zu ersetzen. Zwar gab es nun zwei DDR-Vertretungen in der Vereinigte Republik Tansania, aber die diplomatischen Beziehungen bewegten sich zunächst auf einer anderen, niedrigeren Ebene.

Partnerarbeit unter den Bedingungen erweiterter diplomatischer Anerkennung der DDR

Mitte 1969 wurden mit Kambodscha und Irak diplomatische Beziehungen aufgenommen. Im Juli 1969 folgte zeitgleich mit Ägypten die Volksdemokratischen Republik Jemen (Südjemen).

In der im November 1967 proklamierten Volksrepublik Jemen (ab November 1970 Volksdemokratische Republik Jemen) wurden seit Juni 1969 »Schritte der Korrektur« begonnen worden. Die neuen Führungskräfte entmachteten rigoros restaurative Kräfte, die zu einer prowestlichen Orientierung tendierten. Für das Land wurde ein konsequent antiimperialistischer Entwicklungsweg eingeleitet. Unmittelbar nach der Aufnahme diplomatischer Beziehungen begann auf jemenitische Initiative eine umfangreiche und alle gesellschaftlichen Bereiche erfassende Zusammenarbeit mit der DDR. In das partnerschaftliche Zusammenwirken des MfS mit den jemenitischen Sicherheitsorganen wurde auch das Ministerium des Innern einbezogen.

Die VDR Jemen wurde bald jener Staat in der Dritten Welt, dem die DDR binnen 20 Jahren die umfangreichste Hilfe auf diesem Gebiet gewährte. Auch Länder wie Angola, Mosambik, Äthiopien und Nicaragua erhielten Unterstützung im vergleichbaren Umfang, wobei sich diese Hilfe auf kürzere Zeiträume verteilte.

Die Zusammenarbeit mit Jemen umfasste das gesamte Spektrum der Polizei- und Sicherheitsorgane. Dafür bildete der im November 1979 geschlossenen Vertrag über Freundschaft und Zusammenarbeit zwischen der DDR und der VDR Jemen die Basis. Dieser erfasste praktisch alle Gebiete der staatlichen

Werner Prosetzky, Leiter der Abt. III der HV A, später, als Generalmajor Stellvertretender Leiter der Auslandsaufklärung der DDR, in Aden 1970

Tätigkeit und fixierte das Zusammenwirken mit allen gesellschaftlichen Organisationen. Doch die Partnerschaft der Schutz- und Sicherheitsorgane ragte dabei heraus.

Mit keinem Staat in der arabischen Welt kam es auch nur annähernd zu einer derartigen qualifizierten Kooperation. Sie erstreckte sich von der Ausbildungs- und Ausrüstungshilfe bis zum Training einheimischer Fachkräfte aller Felder der Abwehr- und Sicherungstätigkeit. Eingeschlossen war auch der Einsatz operativ-technischer und anderer materieller Mittel. Die Beratergruppe aus Angehörigen des Ministeriums für Staatssicherheit und des Ministeriums des Innern war zahlenmäßig eine der größten, die die DDR entsandte. In ihr waren Angehörige aller an der Partnerarbeit beteiligten Diensteinheiten und Arbeitsbereiche des MfS und des MdI eingebunden. Hinzu kamen befristet eingesetzte Gruppen von Technikern und Nachrichtenspezialisten. Einbezogen waren auch Trainer und Übungsleiter der Sportvereinigung Dynamo.[39] Medizinische Fachkräfte für die jemenitischen Partnerorgane wurden in der DDR und durch Ärzte und Sanitätspersonal des MfS und des MdI in Jemen ausgebildet.

Fast zeitgleich mit der Umwälzung in Südjemen vollzog sich auch im Sudan ein gesellschaftlicher Umbruch. Am 25. Juni 1969 übernahm im größten afrikanischen Staat (über 2,5 Millionen Quadratkilometer), der seit 1956 formal unabhängig war, ein »Revolutionärer Kommandorat« unter General Gaafar Mohamed Numeri die Macht und rief die Demokratische Republik Sudan aus. Obwohl alle Parteien – darunter auch die kommunistische, die im nationalen und sozialen Befreiungskampf eine wichtige Rolle gespielt hatte – verboten wurden, hatten Funktionäre dieser Partei im »Revolutionären Kommandorat« beträchtlichen Einfluss.

Wie die Volksrepublik Jemen fragte auch Sudan in der DDR an, beim Aufbau der Sicherheitsorgane behilflich zu sein. Auch hier wurden Berater entsandt, Lehrgänge für sudanesischen Mitarbeiter abgehalten und Ausrüstungen geliefert. In der sich entwickelnden vertrauensvollen Zusammenarbeit gestattete die sudanesische Führung, einen westdeutschen Fremdenlegionär zu vernehmen. Es handelte sich um den Münchner Rolf Steiner (1933-1979), der mit 17 in die französische Fremdenlegion gegangen, in Indochina und Algerien gekämpft hatte, 1967 in Biafra und später im Südsudan eingesetzt worden war. Dort firmierte er als »militärischer Berater« sogenannter christlicher Rebellen, die als Separatisten gegen die Zentralmacht vorgingen. Steiner, das nur nebenbei, sollte 1971 als erster weißer Söldner und Geheimdienstler in Afrika zum Tode verurteilt werden, wurde anschließend jedoch zu 20 Jahren Haft begnadigt und nach drei Jahren von der Bundesregierung »freigekämpft« und in die BRD geholt. Steiner glich dem Typus »Kongo-Müller«, den die DDR-Dokumentaristen Heynowski und Scheumann 1966 mit einem international Aufsehen erregenden Film »Der lachende Mann« der Weltöffentlichkeit zeigten.

1971 kam es im Zuge innerer Auseinandersetzungen zu Verfolgung, Verhaftung und Ermordung kommunistischer Aktivisten und anderer Repräsentanten der demokratischen Kräfte, die auch für enge Beziehungen mit der DDR und den anderen sozialistischen Staaten eingetreten waren. Vorwand war ein vermeintlicher Putschversuch gegen Numeri. Die erfolgreich gestarteten Beziehungen zwischen den Polizei- und Sicherheitsorganen der DDR und Sudans wurden von sudanesischer Seite abgebrochen.

Im Süden Afrikas hatte Großbritannien nach mehreren blutigen Kriegen mit der Bildung der »Südafrikanischen Union« (1910) seine Kolonialherrschaft in Südafrika ausgebaut und gefestigt. Die vier autonomen britischen Kolonien Kapland, Natal, Transvaal und Oranjefreistaat wurden als britisches Dominion in dieser Union zusammengeschlossen. Zwei Jahre später, 1912, konstituierte sich der Afrikanische Nationalkongress (African National Congress – ANC). Er verstand sich als Kampforganisation der Afrikaner gegen Rassendiskriminierung und zur Überwindung der Kolonialherrschaft. In den 50er Jahren verschärfte das von weißen Siedlern installierte rassistische Regime Diskriminierung und Unterdrückung der afrikanischen Bevölkerung. 1960 wurde der ANC verboten.

1961 beschloss die in der Illegalität wie im Exil wirkende Führung des ANC die Bildung einer militärischen Organisation (Umkhonto we Sizwe – Speer der Nation). Mit seiner Führung wurde Nelson Mandela beauftragt. Er und der ANC wurden von Funktionären und Mitgliedern der Kommunistischen Partei Südafrikas[40] (Joe Slowo, Walter Sisulu) unterstützt. Unter Nutzung ihrer internationalen Verbindungen wandten sich die Vertreter der seit 1950 verbotenen KP mit dem Ersuchen an befreundete kommunistische und sozialistische Parteien, den Kampf des ANC zu unterstützen.

Die DDR und die SED kamen dieser Bitte nach. Neben der politisch-diplomatischen Hilfe wurde auch materielle geleistet. So wurden Angehörige des ANC auch militärisch ausgebildet. Auf Beschluss der Parteiführung übernahm die HV A in Abstimmung mit der Abteilung Internationale Verbindungen (IV) des ZK der SED diese Aufgabe.

Als die ANC-Führung feststellte, dass es den südafrikanischen Polizei- und Abwehrorganen gelungen war, Agenten und Spitzel in den ANC einzuschleusen, wurde die Führung der SED gebeten, auch Hilfe beim Aufbau eines Sicherheitsapparates des ANC zu leisten. Auch diesem Ansinnen wurde entsprochen. Zunächst fanden Konsultationen zwischen Beauftragten des ANC und der HV A statt. Ende der 70er Jahre wurden Lehrgänge für Mitarbeiter des ANC-Sicherheitsapparates begonnen. Diese Lehrgänge behandelten politische Themen und Erfahrungen aus der illegalen Tätigkeit der deutschen Arbeiterbewegung im Kampf gegen die faschistischen Polizei- und Abwehrorgane. Schwerpunkte waren jedoch die Vermittlung von Regeln der konspirativen Arbeit und die operativen Bearbeitung von Hinweisen und Methoden zur Überprüfung von Personen. Die Ausbildungs- und Ausrüstungshilfe wurde seit Beginn der 80er Jahre intensiviert.

Analog dem ANC in Südafrika hatte sich 1958 in Namibia die South West African Peoples Organisation (SWAPO) formiert. Seit Ende der 60er Jahre kämpfte sie auch militärisch um nationale Unabhängigkeit. Ende der 70er Jahre erfolgten auf Wunsch der SWAPO-Führung erste Konsultationen zur Sicherheitsarbeit. In der Folgezeit wurden einige Lehrgänge in der DDR durchgeführt. Dabei wurden Mitarbeiter der künftigen Sicherheitsorgane des angestrebten Staates ausgebildet.

Namibia, abgeleitet von der Wüste Namib, die den größten Teil des Landes ausmacht, wurde Ende des 19. Jahrhunderts deutsche Kolonie (»Deutsch-Südwestafrika«), während des Ersten Weltkrieges von Großbritannien besetzt, 1920 vom Völkerbund als Mandatsgebiet der Südafrikanischen Union zur »Verwaltung« unterstellt. Die koloniale Vormundschaft sollte erst am 21. März 1990 enden.

Neben der SWAPO kämpfte auch die South West African National Union (SWANU) um nationale Unabhängigkeit. Auch zu ihr unterhielt die HV A seit 1960 Beziehungen. Die Führer beider Bewegungen besuchten die DDR. 1960 kam Fanuel Jariretundu (SWANU) und 1962 Sam Nujoma (SWAPO) nach Berlin. Nach Nujomas Besuch wurde die Verbindung zur SWAPO intensiviert. Grund dafür war auch die Tatsache, dass sich die SWANU-Führung zunehmend auf China orientierte. Das tangierte wiederum die Beziehungen der UdSSR, die seit der Moskauer Beratung 1958 mit Peking um die Führung der internationalen kommunistischen und Arbeiterbewegung rang. Dieser Konflikt veranlasste die Führungsmacht des Warschauer Vertrages, ihre Verbündeten aufzufordern, ihrem Beispiel zu folgen. Das zwang die SED und die

DDR dazu, ihre Beziehungen zu Peking einzufrieren und auch deren Gesprächs- und Kontaktpartner gleichsam in Sippenhaft zu nehmen. Dies traf auch die SWANU.

Die DDR konzentrierte sich auf die SWAPO und sollte deren wichtigster osteuropäischer Partner werden.

Die Verbindung lief ab Ende der 70er über Luanda. Das benachbarte Angola war nach der »Nelkenrevolution« in Portugal 1975 unabhängig geworden, die Befreiungsbewegung MPLA stellte die Regierung. Durch die Beziehungen mit den Sicherheitsorganen in Angola erfolgten die Konsultationen mit Vertretern der SWAPO auch in Luanda.

Umfang und Niveau der Unterstützung sowie der Ausbildungs- und Beratungshilfe erreichten ein ähnlich hohes Niveau wie beim ANC. Wir schulten in der Abwehrarbeit, Grundlagen der nachrichtendienstlichen Aufklärung sowie im Personenschutz. In beträchtlichem Maße wurden leichte Waffen und Munition sowie Fahrzeuge und Uniformen geliefert, ab 1979 auch schwerere Waffen. Die Lieferungen erfolgte über das Ministerium für Nationale Verteidigung und das Ministerium des Innern der DDR.

Die militärische Ausbildungs- und Ausrüstungshilfe wurde nach 1977 verstärkt, nach einem Besuch Nujomas. SWAPO-Militärs erklärten 1989, in der Phase der Vorbereitung der Proklamation der Unabhängigkeit, dass die DDR einer ihrer Hauptlieferanten von Waffen, Ausrüstungen und Versorgungsgütern sei. Sie wäre auch der wichtigste Partner bei der Ausbildung des Militärs sowie der Schutz- und Sicherheitsorgane.

Im Falle Namibias und der SWAPO wirkten nachweislich zwei Momente. Zum einen die prinzipielle und klare Haltung der DDR zu nationalen Befreiungsbewegungen, zum anderen die Haltung der BRD zu reaktionären Regimes. Bonn unterstützte sehr lange das Apartheid-Regime in Südafrika und verhielt sich gegenüber der südwestafrikanischen Befreiungsbewegung ablehnend bis feindselig.

Für die Zeit nach der Erlangung der Unabhängigkeit Namibias war auf Bitte der SWAPO-Führung 1989 ein Verbindungsoffizier des MfS bestimmt und für seinen Einsatz vorbereitet worden. Das Verbindungswesen mit Funker und Chiffreurs stand für den Einsatz bereit. Dieses Projekt wurde nicht mehr realisiert, da mit der Auflösung der HV A ab Februar 1990 die gesamte Tätigkeit im Ausland eingestellt werden musste.

Das Territorium der heutigen Republik Simbabwe – fast identisch mit dem 1835 gegründeten vorkolonialen Matabele-Königreich – wurde gegen Ende des 19. Jahrhunderts von Großbritannien besetzt. Unter der Bezeichnung Südrhodesien[41] wurde es 1922 eine von den weißen Siedlern selbst verwaltete britische Siedlungskolonie. 1930 wurde das Land willkürlich und zugunsten der weißen Siedler in schwarze und weiße Siedlungsgebiete aufgeteilt. Der sich sporadisch erhebende Widerstand der afrikanischen Bevölkerung nahm fortan zu. 1950 gründete Joshua Nkomo die National Democratic Party (NDP), die für eine völlige Unabhängigkeit des Landes kämpfte.

Nach einem Interregnum einer von den Briten geschaffenen Föderation – bestehend aus Rhodesien und Njassaland – unterwarf sich schließlich 1965 eine weiße Minderheitsregierung das Land und erklärte sich für unabhängig. Dieses Staat unter Ian Smith, einer der damals wirtschaftlich höchstentwickelten afrikanischen Länder, rief sich 1970 als »Republik Südrhodesien« aus. Diese wurde nur von Südafrika, dem anderen Apartheidstaat, anerkannt.

Der schwarze Widerstand formierte sich in der verbotenen Nachfolgeorganisation der NDP, der von Joshua Nkomo geführten Zimbabwe African Peoples Union (ZAPU) und der Zimbabwe African National Union (ZANU) unter Robert Mugabe. Da die Kontakte zu Nkomo älteren Datums waren, entwickelten sich diese auch rascher. Im März 1977 empfing Erich Honecker Joshua Nkomo in Berlin. In den Folgejahren hielt die HV A Lehrgänge für ZAPU-Kader ab.

Aus den Parlamentswahlen im März 1980 ging die ZANU als Sieger hervor. Deren Führer Robert Mugabe brach die Kontakte zur DDR ab. Auch die zur ZAPU wurden von uns eingestellt.

Mitte der 80er Jahre lud man über diplomatische Kanäle das MfS ein, eine Delegation nach Simbabwe zu entsenden, um über eine mögliche Zusammenarbeit mit dem Staatssicherheitsministerium dort zu verhandeln. Mosambikanische Partner des MfS hatten im Vorfeld wiederholt bedauert, dass die DDR keine Verbindung zum Sicherheitsbereich Simbabwes habe. Hintergrund für ihre Intervention: Mosambik versprach sich von einem entsprechenden Engagement der DDR eine stärkere Unterstützung bei der Bekämpfung der Resistência Nacional Moçambicana. Die Renamo war eine antikommunistische Terrororganisation, die in Mosambik operierte und das Nachbarland als Rückzugsraum nutzte.

1986 reiste eine MfS-Abordnung nach Simbabwe. Sie wurde vom Stellvertretenden HV A-Chef, Generalleutnant Horst Jänicke, geleitet. Das Treffen blieb ohne jedes Ergebnis.

Nach einer hochrangigen Begrüßung fanden die Gespräche auf unterer Ebene statt. Sie sollten laut Vorgabe der simbabwischen Seite der »Auslotung der Gebiete und Felder für eine Zusammenarbeit mit dem MfS und seine Unterstützung für die simbabwischen Sicherheitsorgane« dienen. Doch erstens waren Gesprächspartner nicht entscheidungsberechtigt, und zweitens gab es auf simbabwischer Seite keinerlei Verhandlungskonzept. Es war jedenfalls nicht ersichtlich, was man überhaupt wollte. Der DDR-Delegation wurde am Ende eine schriftliche Konkretisierung der Wünsche in Aussicht gestellt, die jedoch nie erfolgte. Zustandekommen, Ablauf und ausbleibenden Folgen dieser Mission legten die Vermutung nahe, dass man in Simbabwe dem Drängen Mosambiks auf ein solches Treffen nachgekommen war, ohne daran selbst interessiert gewesen zu sein. Es besaß vermutlich lediglich Alibicharakter.

Zu den Organen der Republik Kuba entwickelten sich sukzessive umfassende Beziehungen. Insofern nahmen sie in Lateinamerika eine besondere Stellung ein. Aufgrund der Bindungen an die sozialistischen Staaten Europas war der Karibik-Staat spätestens seit Beginn der 70er Jahre nicht mehr Operationsgebiet der Auslandsaufklärung der DDR. Für die legal abgedeckte Residentur in Havanna hatte sich die damit verbundene Aufgabenstellung der LAR erübrigt.

Aus den Beziehungen mit Sansibar und der VDRJ wurde die Erfahrung abgeleitet, dass in den Neuaufbau der Organe alle

Gebiete der Sicherheits- und Nachrichtenarbeit einzubeziehen waren. Das Ministerium für Staatssicherheit organisierte dafür umfangreiche Maßnahmen. Sie reichten vom Einsatz von Verbindungsoffizieren, Beratern, Lektoren und Spezialisten über den Informationsaustausch, Konsultationen, Lehrgänge und Ausbildungskurse in der DDR oder vor Ort bis zur Lieferung von Ausrüstungen und Einrichtungen für den technischen und materiellen Bedarf. Mitunter wurden sogar Baumaßnahmen unterstützt. Es gab Ausbildungs- und Qualifizierungsmaßnahmen für Kader an Hoch- und Fachschulen in der DDR. Im Notfalle wurden Kranke und Verwundete zur Behandlung in die DDR gebracht. Die medizinische Versorgung von Kadern und Führungsmitgliedern aus den Partnerdiensten erfolgte in Einrichtungen des Ministeriums für Staatssicherheit, der Nationalen Volksarmee und des Ministeriums des Innern. Im

Die DDR-Botschaft in in der Jemenitischen Arabischen Republik (Nordjemen), 1965

Laufe der Jahre erwarben sich das zentrale Krankenhaus der Deutschen Volkspolizei in Berlin-Mitte, das Krankenhaus des Ministeriums für Staatssicherheit in Berlin-Buch und das Zentrallazarett der Nationalen Volksarmee in Bad Saarow einen guten Ruf in vielen Staaten der Dritten Welt.

Einbezogen waren auch das Regierungskrankenhaus sowie Spezialkliniken wie das Zentrum für Diabetes in Karlsburg und Kureinrichtungen in Bad Elster und Bad Liebenstein. Finanziert wurde dies aus Spendenmitteln des Solidaritätskomitees, also mit Spenden der DDR-Bevölkerung, sowie aus dem Staatshaushalt

Partnerarbeit in der Phase der umfassenden völkerrechtlichen Anerkennung der DDR

Der Grundlagenvertrag zwischen der DDR und der BRD 1972 und die Aufnahme beider deutscher Staaten in die UNO 1973 brachten international die volle völkerrechtliche Anerkennung der DDR und damit eine neue Qualität in den zwischenstaatlichen Beziehungen. Sowohl Grundlagenvertrag als auch internationale Anerkennung der DDR waren Folge der Entspannungspolitik der beiden Großmächte und Resultat der prinzipienfesten und strategischen Politik der Ulbricht-Führung. Jahrzehntelang hatte sie der Hallstein-Doktrin erfolgreich getrotzt und diese zum Scheitern gebracht. Die SED-Führung unter Honecker erntete, was andere gesät hatten.

Die neue Lage führte dazu, dass eine Reihe weiterer Staaten der Dritten Welt eine Zusammenarbeit auch mit den Schutz- und Sicherheitsorganen der DDR anzustrebte und um Unterstützung bat. Die Wünsche waren unterschiedlich, bezogen sich aber vorwiegend auf Ausbildungen und materielle bzw. technische Unterstützung. Auch hinsichtlich Umfang und Charakter unterschieden sie sich. Das reichte von punktueller Hilfe bis zu komplexer Unterstützung beim Aufbau des Sicherheitsapparates wie etwa in Sansibar/Tansania, VDR Jemen, Mosambik, Angola und Nicaragua.

Ab 1977 gehörte auch Äthiopien in diesen Kreis. Im Unterschied zu anderen afrikanischen Staaten, die sich aus kolonialer

Abhängigkeit befreit hatten und zu denen die DDR partnerschaftliche Beziehungen unterhielt, hatte Äthiopien eine abweichende Geschichte. Das Land hatte sich allen Versuchen einer kolonialen Unterwerfung erfolgreich widersetzt. Und ungeachtet der engen Zusammenarbeit auch im militärischen und Sicherheitsbereich mit dem Westen unterhielt Äthiopiens Kaiser Haile Selassie mit sozialistischen Staaten normale, vernünftige Beziehungen. 1973 tauschten das Kaiserreich und die DDR Botschafter aus.

Der Vielvölkerstaat mit etwa 80 Millionen Menschen, elfmal so groß wie die DDR, erlebte in jenem Jahr eine Dürrekatastrophe und war Opfer der Ölkrise. Das führte zu Massendemonstrationen und Revolten in der Armee. Am 12. September 1974 wurde der Kaiser gestürzt. An seine Stelle trat ein Provisorischer Militärischer Verwaltungsrat (PMVR) mit dem Major Mengistu Haile Mariam an der Spitze. Der Rat schuf die Monarchie an und leitete gesellschaftliche Umwälzungsprozesse ein. 1975 wurde das Land zur sozialistischen Volksrepublik erklärt.

Dieser revolutionäre Umbruch rief naturgemäß die Kräfte der inneren Reaktion auf den Plan, die von außen unterstützt wurden. Im Februar 1977 wurde ein Staatsstreich vereitelt. Im Juli marschierten somalische Truppen ins Land. Dieser sogenannte Ogadenkrieg, der zwei Jahre dauern sollte, war der Versuch des von den USA unterstützten Regimes von Siad Barre, ein »Groß-Somalia« herzustellen.

Bis zu diesem Zeitpunkt gab es trotz staatlicher Zusammenarbeit mit der DDR auf dem Gebiet der Schutz- und Sicherheitsorgane keine Verbindungen, obgleich Äthiopien diesbezüglich Wünsche hatte. Auf diese war deshalb nicht reagiert worden, weil erstens die Sowjetunion einschließlich KGB dort bereits umfassend präsent war, und zweitens war Berlin vorsichtig: In der Vergangenheit hatten die Sicherheitsorgane Äthiopiens eng mit westlichen Geheimdiensten kooperiert. Sie waren von diesen ausgebildet und ausgerüstet worden. Es gab Hinweise, dass die äthiopischen Dienste nach wie vor mit offiziell akkreditierten Residenten imperialistischer Geheimdienste kooperierten. Wir gingen von konspirativen Verbindungen aus und waren vorsichtig.

Anfang 1977 besuchte der ZK-Sekretär Werner Lamberz Äthiopien. Dem bis dahin höchsten Vertreter der SED-Führung, der zu Gesprächen nach Addis Abeba gekommen war, wurde der Wunsch nach Unterstützung für die Sicherheitsorgane und die Polizei vorgetragen. Im Februar 1977 flogen Verantwortliche der HV A und des MdI nach Äthiopien und konferierten mit Mitgliedern des Provisorischen Militärischen Verwaltungsrates. Als vordringlich bezeichnete die äthiopische Seite die Unterstützung bei der fachlichen Schulung und politischen Ausbildung von Mitarbeitern. Darüber hinaus wurden Konsultationen zu Strukturen und Aufgaben der Organe erbeten. Andere Wünsche galten der Lieferung technischer Ausrüstungen für die Staatssicherheits- und für die Polizeiarbeit.

Noch 1977 fanden erste Lehrgänge in der DDR und in Äthiopien für Leiter und Mitarbeiter in Grundfragen der Sicherheitsarbeit statt. Zudem wurden technische Geräte, speziell Fototechnik, übergeben.

Das MfS setzte – in Abstimmung mit der äthiopischen Seite – zur Realisierung dieser Maßnahmen in Addis Abeba einen Verbindungsoffizier ein.

Diese erste umfangreichere Unterstützung wurde im Zusammenhang mit dem Überfall Somalias gewährt. Deren Soldaten waren 300 km tief in äthiopisches Territorium vorgedrungen. Mit großen Anstrengungen konnten die Äthiopier die Invasoren und Okkupanten zurücktreiben. Auf Initiative von Werner Lamberz wurde eine Luftbrücke eingerichtet. Die DDR lieferte zunächst leichte Waffen und Munition sowie medizinischen Hilfsmittel aus Beständen des Ministeriums für Staatssicherheit.

In der zweiten Hälfte 1977 wurde unser Verbindungsoffizier durch eine Operativgruppe aus Mitarbeitern des MfS und des MdI ersetzt. Diese bildeten aus und vermittelten in persönlichen Gesprächen Erfahrungen auf einzelnen Linien der operativen Arbeit. Offiziell firmierte sie als »Arbeitsgruppe des Ministerrates«.

Die in Äthiopien eingesetzten Mitarbeiter des MfS waren nicht als ständige »Berater« aktiv, sondern wurden ad hoc als »Konsultanten« von der äthiopischen Seite angefordert.

Bei seiner Afrika-Reise 1979 besucht Erich Honecker auch Äthiopien und enthüllt in Addis Abeba mit Mengistu Haile Mariam den Sockel für das erste Marx-Denkmal in Afrika

Nach dem offiziellen Besuch Mengistu Haile Mariams in der DDR 1978, dem Gegenbesuch einer DDR-Delegation unter Erich Honecker in Äthiopien und dem Abschluss eines Vertrages über Freundschaft und Zusammenarbeit zwischen der DDR und Äthiopien im November 1979 entwickelte sich die Zusammenarbeit auf breiter Basis. Es entstand ein ganzes Vertragssystem. Dazu gehörte auch die Partnerschaft des MfS und des MdI der DDR mit den entsprechenden äthiopischen Organen, was dem ausdrücklichen Wunsch des Vorsitzenden des Provisorischen Militärischen Verwaltungsrates Mengistu Haile Mariam entsprach. Die Beziehungen nahmen in der Folgezeit an Umfang zu.

Im Dezember 1979 wurde in Äthiopien das Ministerium für Staatssicherheit unter Minister Tesfaye gegründet. Wir lieferten Einrichtungen, Ausrüstungen, Sportgeräte, medizinische Ausrüstungen und Medikamente für das neue Ministerium. Es gab auch eine umfangreiche Lieferung von Nachrichtentechnik, mit der 1984 der Gründungskongress der Arbeiterpartei Äthiopiens abgesichert wurde. Für die Ausbildung wurde auch eine Schule nötig. Die DDR half bei der Planung und stellte Bau- und andere Materialien bereit.

Entsprechend dem erreichten Stand und dem Charakter der Beziehungen wurde 1987 mit dem MfS Äthiopiens eine Grundsatzvereinbarung getroffen, aus der befristete Maßnahmen abgeleitet wurde. Durch Festlegung von Minister Mielke führte die Verhandlungen zu Inhalt und Abschluss des Vertrages die Abteilung X des MfS.

Außer mit dem KfS der UdSSR und dem MfS der DDR unterhielt das MfS Äthiopiens Beziehungen mit den Sicherheitsorganen Kubas und der CSSR. Beide Organe waren mit Vertretern in Addis Abeba präsent. Zu ihnen unterhielten die DDR-Vertreter sowohl dienstliche als auch persönliche Kontakte.

Die Zusammenarbeit der DDR mit den Schutz- und Sicherheitsorganen Äthiopiens war und ist besonders häufig Gegenstand von Unterstellungen und Verleumdungen. Damalige Äußerungen Mengistu Haile Mariams und anderer äthiopischer Führungsmitgliedern, die die Solidarität der DDR würdigten, werden absichtlich falsch gedeutet. Man nimmt sie als Beleg für militärische Einsätze der DDR an der Seite der Äthiopier.[42] Vermeintliche »Augenzeugen« bestätigen, dass »Berater aus der DDR-Staatssicherheit« in Äthiopien an »Mord, Morddrohung, psychischer und physischer Folter« beteiligt gewesen sein sollen.[43]

DDR-Experten wären auch an Übergriffen gegen christliche Würdenträger in Äthiopien beteiligt gewesen. Das ist ebenfalls unwahr. Wie wir heute wissen, hat es diese und auch andere Verbrechen durch Äthiopier gegeben. Doch sie wurden vor den DDR-Beratern geheim gehalten. Dass wir davon keine Kenntnis hatten, geschweige denn darin involviert waren, haben wir 1990 gegenüber besorgten Verantwortlichen der EKD in Berlin nachweisen können. Weder in Äthiopien noch in irgendeinem anderen Land haben DDR-Bürger – ob als Angehörige der Sicherheitsorgane oder in anderer Funktion – an militärischen Aktionen, Folgerungen oder Menschenrechtsverletzungen teilgenommen.

In diesem Kontext humanitärer Hilfeleistungen ist der Beitrag der DDR in der internationalen Aktion zu sehen, als 1984/85 in Äthiopien eine Dürre eine unvorstellbare Hungerkatastrophe auslöste. Nach Schätzungen fielen ihr etwa eine Millionen Menschen zum Opfer. Die DDR half mit Transport-

Lebensmitteltransport mit einer IL-18 der Interflug mit Flugkapitän Klaus Breiler während der Dürre in Äthiopien, 1984

flugzeugen der Interflug und der NVA. Ausführlich wurde erstmals darüber 2007 im Buch des Flugkapitäns Klaus Breiler »Das große Buch der Interflug« (Das Neue Berlin) berichtet.

Und: Ausdruck des intensiven Friedens-Engagements der DDR war auch die von Werner Lamberz entwickelte Initiative zur Vermittlung im Äthiopien-Eritrea-Konflikt. Sie scheiterte an der nationalistischen, chauvinistischen Haltung eines Teiles der äthiopischen Führung. Diese Kräfte standen ganz offensichtlich nicht auf den Positionen der nationaldemokratischen Revolution, wie sie von Mengistu Haile Mariam und seinen – offensichtlich viel zu wenigen – Getreuen vertreten wurden. In den informierten Teilen der äthiopischen Bevölkerung, die allerdings keine Mehrheit darstellte, fand die Politik Mengistus hingegen Zustimmung.

Während seines Staatsbesuches in der DDR im Mai 1989 kam es in Addis Abeba zu einem Putschversuch, der rasch niedergeschlagen werden konnte. Doch zwei Jahre später vertrieb ihn die »innere Opposition« mit Waffengewalt aus dem Amt. Mengistu hatte insofern nicht ganz unrecht, wenn er Gorbatschow und das von ihm verordnete Ende der sowjetischen Unterstützung für die Demokratische Volksrepublik Äthiopien für deren Zusammenbruch verantwortlich machte.

Intensive und umfassende Partnerbeziehungen unterhielten die Schutz- und Sicherheitsorgane einschließlich der Nationalen Volksarmee zu den entsprechenden Organen der Volksrepublik Angola. In der portugiesischen Kolonie hatte sich 1956 die Movimento Popular de Libertacao de Angola (MPLA) formiert, die sich den Kampf um die nationale Befreiung auf ihre Fahnen geschrieben hatte. Mehrere bewaffnete Aufstände wurden blutig niedergeschlagen. Nach der Nelkenrevolution in Portugal 1974 schloss Lissabon mit der Führung der MPLA eine Vereinbarung über die Unabhängigkeit, im November 1975 wurde die Volksrepublik Angola ausgerufen.

Neben der MPLA gab es noch zwei weitere Befreiungsbewegungen, die Uniao para a Indepencia Total de Angola (UNITA) und Frente Nacional de Libertacao de Angola (FNLA). Diese wurden vom Westen und von Südafrika protegiert und gegen die MPLA in Stellung gebracht, da sich diese sozialistisch orientierte. FNLA und UNITA wurden militärisch insbesondere von den USA, von der früheren Kolonalmacht Portugal und vom benachbarten Apartheidregime militärisch unterstützt. Sie stürzten das Land in einen blutigen Bürgerkrieg, der bis 1994 etwa eine Millionen Menschen kosten sollte. Hunderttausende flüchteten außer Landes.

Mit umfangreicher sowjetischer und kubanischer militärischer Hilfe und solidarischer Unterstützung durch weitere sozialistische und afrikanische Staaten konnte die Volksrepublik Angola Anfang 1979 eine Aggression Südafrikas stoppen.

Die DDR unterhielt schon vor der Unabhängigkeit Angolas intensive Kontakte zur MPLA. Das Solidaritätskomitee der DDR begann unmittelbar nach Gründung der Organisation diese solidarisch zu unterstützen. Das MfS, also die HV A, engagierte sich in gleicher Weise wie beim südafrikanischen ANC und bei der mosambikanischen FRELIMO. Nach Erlangung der Unabhängigkeit wurde diese Hilfe für die junge Republik ausgebaut. Die DDR stand zur MPLA und ihrem Präsidenten Agosthino Neto auch 1974, als die UdSSR nach der portugiesischen Nelkenrevolution zur Zurückhaltung riet. Moskau fürchtete eine Veränderung des Kräfteverhältnisses in der Auseinandersetzung zwischen den angolanischen Bewegungen zugunsten der von den USA gestützten Kräfte. Als die

Würfel gefallen waren, leistete die Sowjetunion umfassende Militärhilfe. Die DDR lieferte 1975/76 Solidaritätsgüter im Wert von 117 Millionen Mark, ein beträchtlicher Teil davon bestand aus Waffen und Munition. Solch eine »große Summe hat nie wieder ein afrikanischer Staat von der DDR (als Solidarität) erhalten, selbst nicht auf dem Höhepunkt der Entwicklung in Mosambik«[44]. Der Hauptteil der Waffenhilfe kam aus dem Ministerium für Nationale Verteidigung, das MfS war daran nur marginal beteiligt.

Die Zusammenarbeit mit den Staatssicherheits- und Aufklärungsorganen der Volksrepublik Angola wurde systematisch ausgebaut. Das erfolgte in Abstimmung mit den Partnern in der UdSSR und in Kuba.

Im Februar 1979 besuchte auf seiner Afrika-Reise Erich Honecker auch Angola. Der Staatsbesuch gab der Zusammenarbeit einen weiteren Schub, die vertraglichen Grundlagen wurden ausgebaut. In diesem Rahmen kam im September 1982 der Minister für Staatsicherheit Angolas in der DDR.

Neben Kuba mit seinem besonderen Status konzentrierte sich die Hilfe der DDR seit 1979 insbesondere auf Nicaragua. Die Verbindung zur Sandinistischen Nationalen Befreiungsfront (FSNL) war, wie bereits berichtet, jedoch älteren Datums. Es entwickelten sich umfassende Partnerbeziehungen zwischen MfS, MdI und NVA und den analogen Einrichtungen in Nicaragua.

1979, im Jahr der Etablierung der Volksmacht durch die Sandinisten, verfügten inzwischen die Hauptverwaltung A und andere Diensteinheiten des Ministeriums für Staatssicherheit, des Ministeriums des Innern und andere Einrichtungen der DDR über umfangreiche Kenntnisse in der Partnerarbeit mit der Dritten Welt. Es gab in dieser Tätigkeit erprobte Spezialisten und sprachlich qualifizierte Kader – wenngleich niemals ausreichend –, es standen in der DDR Ausbildungseinrichtungen und geschultes Personal mit entsprechenden Erfahrungen zur Verfügung. Es waren bewährte Wege, Formen und Methoden des Zusammenwirkens der Organe und Einrichtungen in der DDR und ihrer Partner bekannt. Und wir konnten Erfahrungen unserer Partner in Kuba und in der Sowjetunion in dieser Hinsicht nutzen. Von alldem profitierten unsere nicaraguanischen Partner.

Auf Bitte der sandinistischen Führung berieten Spezialisten aus den entsprechenden Diensteinheiten des MfS, vornehmlich der Hauptabteilung XVIII, bei der Realisierung der Währungsreform in Nicaragua. Das hatten wir bereits auch in Mosambik besorgt. Gemeinsam mit Mitarbeitern der Staatsbank der DDR unterstützen wir die Vorbereitung aller Maßnahmen, um einen Geldumtausch schlagartig vollziehen zu können. Nicht zum ersten Male lieferte die DDR auch nach Nicaragua dafür auch die materiellen Voraussetzungen, insbesondere die Druckstöcke für die neuen Banknoten. Der von den Contras in Nicaragua angestrebten Destabilisierung konnte dadurch mindestens zeitweise erfolgreich widerstanden werden.

Unterstützung leisteten wir auch beim Aufbau eines Systems der Grenzkontrolle. Mitarbeiter der dafür zuständigen Hauptabteilung VI des MfS halfen längerfristig vor Ort. Sie unterwiesen einheimische Kräfte. Beobachter meinten, dass die Grenzkontrolle auf dem Flughafen von Managua der Kontrolle auf dem Zentralflughafen Berlin-Schönefeld sehr ähnlich war. Was nur Außenstehende überraschte.

Vielfältige Ausbildungs- und Ausrüstungshilfe gewährten die im MfS für die Absicherung des Staatsapparates und gesellschaftlicher Bereiche zuständige Diensteinheit, die Hauptabteilung XX (HA XX), für das Archivwesen, die selbständige Abteilung XII, und die für die operativ-technische Sicherstellung, der selbständiger Sektor OTS.

Angehörige dieser Hauptabteilungen und selbständiger Abteilungen arbeiteten als Berater in den entsprechenden nicaraguanischen Bereichen. Sie unterrichteten die Kader vor Ort in diesen Arbeitsrichtungen und halfen, dass diese Kader Geräte und Technik beherrschen lernten.

Die DDR errichtete Ausbildungsstätten, Personalunterkünfte, Dienststellen und Sanitätseinrichtungen, sie half auch bei anderen Baumaßnahmen der im Aufbau befindlichen Schutz- und Sicherheitsorgane in den vorstehend genannten Ländern.

Dabei spielten das Wachregiment »Feliks Dzierzynski« des Ministeriums für Staatssicherheit sowie die für Bauwesen zuständige Diensteinheit des MfS keine unbedeutende Rolle. Gemeinsam mit den für Nachrichten und Kommunikation im MfS zuständigen Diensteinheiten unterstützte das Wachregiment den Aufbau des Nachrichten- und Verbindungswesens von Partnerdiensten.

Führungskräfte und Ausbilder des Wachregiments waren zudem an der Ausbildung und an der Organisation des Trainings von Angehörigen der Partnerdienste und Befreiungsorganisationen in waffentechnischen und militärfachlichen Bereichen beteiligt.

Bei einigen Ländern und Befreiungsorganisationen beschränkten sich die Beziehungen und die von der DDR gewährte Unterstützung auf einzelne Linien. Vorwiegend konzentrierte sich diese auf Ausbildung und technische Hilfe, mitunter auf spezifische Hilfsmaßnahmen, etwa in Chile unter Allende und davor, also bis 1973, in Sambia oder in der Volksrepublik Kongo (Brazzaville). Sambia und Kongo unterstützten Befreiungsbewegungen, etwa die von Simbabwe. Und weil diese Stützpunkte in Sambia unterhielten, und die DDR-Organe partnerschaftliche Beziehungen zu ihnen unterhielten, gab es folgerichtig auch Kontakte zu den Gastländern

Die Unterstützung durch entsprechende Dienste oder Einrichtungen in jenen Staaten konzentrierte sich auf die Ausbildung in der operativen Arbeit sowie in die Einweisung der gelieferten technischen Ausrüstung. Das waren insbesondere Geräte und Materialien auf den Gebieten der Fototechnik. Diese wurden an alle Staaten geliefert, mit denen im Bereich der Sicherheitsorgane partnerschaftlich kooperiert wurde. In Sambia halfen wir beim Aufbau eines Grenzkontrollsystems sowie der Funkaufklärung.

Mit der 1973 gebildeten Befreiungsfront der von Marokko besetzten ehemaligen spanischen Kolonie Westsahara, der *Volksfront für die Befreiung von Saguia el Hamra und Rio Oro* (Frente Popular para la Liberacion de Sagia el Hamra y Rio de Oro – POLISARIO), kam es – trotz beiderseitigen Interesses – zu keinen längerfristigen Beziehungen. Es blieb bei ersten Kontakten, die keine Fortsetzung fanden.

Die POLISARIO war in den früheren 70er Jahren im Kampf gegen die spanische Kolonialmacht gegründet worden. Als Spanien 1975, nach dem Sturz des Franco-Regimes, die Kolonie aufgab, besetzten Marokko und Mauretanien das an Bodenschätzen reiche, 273.000 Quadratkilometer große Territorium, das von allenfalls 70.000 Menschen, mehrheitlich Nomaden, bevölkert wurde. Mit dem Madrider Vertrag vom 14. November 1975 wurde die Westsahara schließlich willkürlich aufgeteilt – das Königreich Marokko erhielt den nördlichen, die islamische Republik Mauretanien den südlichen Teil zugeschlagen. Diese aber zeigte sich damit überfordert und gab 1979 diese Zone an Marokko ab.

Die Frente Polisario reklamiert jedoch für die Westsahara das Recht auf Selbstständigkeit und kämpfte zunächst gegen die spanische, danach gegen die marokkanische Besetzung.

1977 reiste eine SED-Delegation unter Leitung von Werner Lamberz durch einige arabische Länder. Dabei konferierte er in Algerien auch mit der in Tindouf im äußersten Westen der algerischen Sahara residierenden Exilregierung der POLISARIO. Diese Gespräche wurden 1978 fortgesetzt. Dabei wurden auch Fragen einer möglichen Kooperation im Bereich der Sicherheitsorgane erörtert. Diese Gespräche erfolgten auf Emp-

Algier: Entladen von Solidaritätsgütern aus der DDR, 1984

fehlung Libyens und des südafrikanischen ANC, fanden aber keine Fortsetzung. Einmal bestand auf algerischer Seite kein Interesse an einer Mittlerfunktion; vermutlich wollte sich Algier nicht zu sehr exponieren. Zum anderen mussten wir ernüchtert feststellen, dass unsere eigenen Potenzen begrenzt waren. Unsere gegenüber Äthiopien, Südjemen, Angola, Mosambik dem ANC und der SWAPO eingegangenen Verpflichtungen erforderten bereits große Anstrengungen, weshalb das Engagement in einer weiteren afrikanischen Region uns überfordert hätte.

Und dann gab es ja auch noch den Nahen und Mittleren Osten. Allerdings war aus den wiederholten Kontakten zu den Sicherheits- und Geheimdiensten einiger arabischer Länder, namentlich zu Syrien und Irak, keine Zusammenarbeit geworden. Und das, obgleich die DDR zum Irak ziemlich umfassende und vielseitige Beziehungen unterhielt.

Die gelegentlichen Vorstöße dieser Dienste, etwa des Sicherheitsdienstes der Baath-Partei, erfolgten spontan und führten nicht zu einer kontinuierlichen Verbindung. Das Haupthindernis für ein Engagement der DDR-Organe bei Geheim- und Sicherheitsdiensten dieser arabischen Staaten war deren fehlende Vertrauenswürdigkeit. Diese Dienste standen immer auch in Verbindung mit westlichen Diensten, vorrangig mit der CIA und dem BND.

Entscheidend allerdings war für uns, dass zum Instrumentarium dieser Dienste bekanntermaßen auch Mord und Folter gehörten, und dass sie vor Terroranschlägen nicht zurückschreckten. Diese inhumanen Handlungen lehnte die DDR, lehnte das MfS prinzipiell ab. Bei diesem brutalen Vorgehen sparten sie keine Gruppe aus. Wie sollten wir mit einem Dienst »partnerschaftlich« zusammenarbeiten, der unsere potenziellen Verbündeten wie etwa die Kommunisten verfolgte?[45]

Maßstab unserer Kontakte mit Diensten in arabischen Ländern war, dass diese nicht den fundamentalen Prinzipien der DDR-Außenpolitik, zu der antiimperialistische Solidarität und Verbundenheit mit sozialistischen und kommunistischen Kräften gehörte, widersprachen. Zudem wollten wir uns in den inneren Konflikten dieser Staaten nicht instrumentalisieren lassen. Das ist weitgehend gelungen, wenngleich das in Einzelfällen eine Gratwanderung war.

Es trifft zu, das mitunter ökonomische Interessen mit den politischen Prinzipien kollidierten. In aller Regel setzten sich – im Interesse eigener Glaubwürdigkeit – die politischen Grundsätze durch. Das galt auch für die gelegentlichen Kontakte zu Staaten wie Libyen. Auf rein kommerzieller Basis wurden Personenschützer in Libyen und in der DDR ausgebildet und entsprechende Technik geliefert. Diese Unterstützung war zeitlich begrenzt und führte zu keinen Folgemaßnahmen.

Mitte der 60er Jahre sondierte die HV A in Syrien, als dort nationaldemokratische, antiimperialistische Reformen eingeleitet wurden und die Beziehungen mit den sozialistischen Ländern, darunter auch mit der DDR, einen Aufschwung nahmen. Es kam jedoch zu keinen Verträgen oder anderweitigen Vereinbarungen zur Zusammenarbeit mit der HV A. So blieb es bis zum Ende der DDR.

Das Ministerium des Innern der DDR unterhielt infolge dieser Entwicklung mit Syriens Innenministerium Beziehungen, die eine hohe Wertschätzung durch die syrischen Partner erfuhren. Ministerpräsident Yussuf Zuayyin hatte sich 1966 mit einem entsprechenden Ersuchen an die DDR gewandt. Mit einigen zeitlichen Unterbrechungen entwickelte sich eine Zusammenarbeit im Bereich der Schutz- und Verkehrspolizei sowie der Feuerwehr. In begrenztem Umfang wurde Ausrüstungshilfe geleistet. Materiell-technische Unterstützung erfolgte aber nur aus Beständen der Deutschen Volkspolizei. Ausbildungs- und Qualifizierungsmaßnahmen fanden sowohl in der DDR als auch vor Ort statt – streng begrenzt auf die rein polizeilichen Bereiche, die nicht dem Repressionsapparat zuzurechnen waren.

Wie auch in anderen Ländern wurden bestimmte Zweige prinzipiell von einer Zusammenarbeit ausgenommen. Das galt beispielsweise für den Strafvollzug. Angehörige des MdI der DDR übernahmen vor Ort keinerlei Führungsfunktionen, eine Beteiligung an operativen Maßnahmen war allen Angehörigen von DDR-Organen in Syrien wie auch in allen Drittstaaten verboten.

Beträchtliche Hilfe wurde Syrien auf medizinischem Gebiet – Krankenbehandlungen und Lieferung medizinischer Ausrüstungen – gewährt. Alle Maßnahmen der Zusammenarbeit waren auch hier grundsätzlich durch die zuständigen Minister beider Seiten zu bestätigen.

Die Hauptverwaltung Aufklärung des MfS bot dabei flankierende Unterstützung, insbesondere durch Beratung auf der Grundlage der nachrichtensdienstlich beschafften Informationen.

Meist wurden die DDR und die zuständigen Organe aktiv, wenn bereits deren Partner Kontakte und Verbindungen zu Befreiungsbewegungen und entstehenden Schutz- und Sicherheitsorganen geknüpft hatten. Das heißt die HV A oder das MdI operierten nicht eigenständig, sondern stets in Absprache mit den analogen Einrichtungen der Sowjetunion und anderer sozialistischer Staaten. In Lateinamerika, auch in Afrika, stützten wir uns auf die Verbindungen Kubas. Bei unserem Vorgehen nutzten wir auch deren Erfahrungen.

Ein multinationales Engagement der sozialistischen Staaten bei Staaten und der Befreiungsbewegungen in der Dritten Welt lag im Interesse aller sozialistischen Sicherheitsorgane und wurde sowohl durch ihre Zentralen wie auch in den jeweiligen Ländern selbst angeregt. Es konnten die Erfahrungen aller genutzt und die mit der personellen und materiellen Unterstützung verbundenen Belastungen verteilt werden. Zwischen den Zentralen gab es Konsultationen. Das erhöhte die Effizienz, weil man vermied, zweimal das Gleiche zu liefern oder zu recherchieren. Bilaterale und multilaterale Konsultationen wurden bewährten sich, sie fanden regelmäßig statt.

Das MfS der DDR konzentrierte sich bei der materiellen und technischen Unterstützung auf das Verbindungswesen (Nachrichtenübermittlung), die Funkaufklärung und -abwehr und anderen mit Technik verbundene Bereichen (Grenzkontrollen, Fotografie, Aufzeichnungsverfahren). Dabei gab es eine Arbeitsteilung zwischen dem MfS und dem kubanischen Sicherheitsorgan in Angola und Nicaragua.

Projekte wurden bisweilen gemeinsam realisiert. Als das Sicherheitsorgan der VDR Jemen eine Schule brauchte, übernahm der sowjetische Partner den Rohbau, die DDR stellte die Ausrüstung und deren Installation. Beide Partner stellten auch

Jemenitische junge Männer

die Lektoren, weil die jemenitische Seite noch nicht über entsprechend qualifiziertes Personal verfügte.

Auch in den Partnerländern entwickelte sich eine kontinuierliche Zusammenarbeit sowie ein regelmäßiger Informations- und Erfahrungsaustausch zwischen den Verbindungsoffizieren bzw. den Leitern und Mitarbeitern der Einsatzgruppen. Diese Kooperation fand ihren Niederschlag auch in Treffen mit Ehepartnern außerhalb des Dienstes.

Die Spezifik der Zusammenarbeit mit Partnerdiensten, dargestellt Beispiel von Mosambik

Die in Federführung der HV A realisierte Zusammenarbeit der Schutz- und Sicherheitsorgane der DDR mit ihren Partnern in Mosambik widerspiegelt die Spezifik dieser Tätigkeit in ihrer Vielfalt. Sie erfolgte zu einem Zeitpunkt, als die durchgängige völkerrechtliche Anerkennung der DDR erreicht war. Die Partnerbeziehungen mit einigen Ländern der Dritten Welt, zu denen neben Mosambik auch die VDR Jemen, Angola, Äthiopien und Nicaragua zu zählen sind, hatte umfassenden Charakter erreicht.

Das war bei der Mehrheit der Partner, mit denen auf diesem Gebiet zusammengearbeitet wurde, keineswegs so. Der personelle und materielle Einsatz lag erheblich darunter.

Die Staaten, mit denen wie im Fall von Mosambik eine breite und viele Bereiche umfassende Zusammenarbeit auf diesem Sektor der Schutz- und Sicherheitsorgane erfolgte, strebten nach unserer Einschätzung eine gesellschaftliche Entwicklung mit sozialistischer Orientierung an.

Wir waren uns der Komplikationen, jähen Wendungen und schleichenden Veränderungen durchaus bewusst und beobachteten auch diese sehr genau. Wir sahen die Differenz von Anspruch und Wirklichkeit, den Konflikt zwischen subjektivem Wollen und materiellem Können. Wir registrierten aufmerksam das Wirken der Verantwortlichen in Bewegungen und Staaten, ihre charakterlichen Stärken und Schwächen. Und nicht zuletzt zogen wir den Druck ins Kalkül, der von Seiten des Westens auf diesen Ländern und ihren Beziehungen zu den sozialistischen Staaten lastete. Diese Staaten waren in den globalen Kalten Krieg eingebunden. Sie waren in den weltumspannenden Konflikt zwischen dem Imperialismus und dem Sozialismus objektiv eingebunden. Sie waren gezwungen, sich zu entscheiden. Und wenn sie sich für die sozialistischen Staaten entschieden, wozu sie naturgemäß neigten, um sich aus kolonialer und neokolonialer Unterdrückung und Bevormundung zu befreien, dann bekamen sie die ganze Wucht der Reaktion zu spüren. Das tradierte Spektrum des Klassenkampfs kam zur Anwendung: Aufbau und Unterstützung einer nationalen Opposition, was in der Regel zum Bürgerkrieg führte, um anschließend Frieden stiften, sich dann politisch festsetzen und die inneren politischen Verhältnisse verändern zu können; Unterstützung von Putschen, Liquidierung missliebiger politischer Führer bis hin zu militärischen Interventionen, ökonomischer Druck, politische Sanktionen in internationalen Gremien … Kurz: all das, womit man verlorenen gegangenen Einfluss zurückgewinnen wollte. Zunehmend brachte man dabei auch die Menschenrechte ins Gespräch, die verteidigt werden müssten, oder um die Abwendung von »humanitären Katastrophen«

und dergleichen mehr. Bei Lichte betrachtet ging es jedoch immer um strategische Optionen, um Bodenschätze und Naturreichtümer, mit denen sich verdienen ließ. Denn wenn tatsächlich menschliche Katastrophen in Regionen stattfanden, in denen es weder Öl noch sonst etwas von Wert für den kapitalistischen Markt gab, interessierte man sich weder in den USA noch in Westeuropa für solche Vorgänge.

Unser Engagement hingegen galt einer progressiven Entwicklung. Wir übten Solidarität beim Aufbau einer sozial gerechten Gesellschaft in national befreiten Staaten. Und perspektivisch ging es, natürlich, um die weltweite Zurückdrängung und letztlich der Überwindung der Ausbeutergesellschaft, des Imperialismus. Bei der Veränderung und Befriedigung der Welt brauchten wir überall Verbündete.

Auch wenn nicht allen Beteiligen klar war, dass dies ein langer, von Rückschlägen begleiteter Weg war: Die meisten waren mit dem nötigen Idealismus dabei, auch wenn oft Illusionen mitschwangen.

In Mosambik, seit dem 16. Jahrhundert portugiesische Kolonie, endete mit dem Sturz des präfaschistischen Caetano-Regimes in Lissabon der mehrjährige Unabhängigkeitskampf der FRELIMO. Die DDR hatte die Frente da Libertação de Moçambique seit ihrer Gründung 1962 unterstützt. In der Phase des Übergangs – 1974 endete die 500-jährige Kolonialherrschaft offiziell, am 25. Juni 1975 sollte die Republik Mosambik proklamiert werden – ersuchte die FRELIMO die DDR, Kader militärisch, polizeilich und geheimdienstlich auszubilden und sie auf die Übernahme ihrer künftigen Staatsaufgaben vorzubereiten. Im Dezember 1974 hatte eine hochkarätige Abordnung der FRELIMO mit Samora Machel an der Spitze in Berlin darüber gesproche.

Bereits im Februar 1975 entsandte die Partei- und Staatsführung der DDR Experten nach Mosambik, darunter auch Mitarbeiter des MfS. Sie schaute sich mehrere Wochen intensiv im Land um. (*Siehe dazu in der Anlage Bericht Herbert Graf.*)

Im Ergebnis dieser Reise und nach Auswertung mit Samora Machel im benachbarten Tansania, der Operationsbasis der FRELIMO seit 1962, ergingen konkrete Bitten an Berlin. Auch die Vorbereitung und Absicherung der Unabhängigkeitsfeier wurde erörtert. Diesen Wünschen wurde entsprochen. Entscheidungen dazu traf der Generalsekretär des ZK der SED persönlich. Durch die Ministerien für Staatssicherheit und des Innern der DDR, die Nationale Volksarmee und die Zollverwaltung der DDR wurden in kürzester Frist und unter beträchtlichen Anstrengungen in dreimonatigen Lehrgängen 250 FRELIMO-Angehörige in der DDR für ihre künftige Tätigkeit in den neu zu bildenden Organen Mosambiks ausgebildet.

Bis Juni 1975 wurden leitende Mitarbeiter der Abwehr für die konzeptionelle Beratung nach Mosambik entsandt und Nachrichtenmittel geliefert. Auch das Ministerium des Innern und – wenngleich in etwas geringerem Umfang – die NVA trugen dazu ihren Teil bei.

Die mosambikanischen Partner erwiesen sich mehrheitlich als erfahrene Führungskader und Kämpfer der Sicherheitsabteilung der FRELIMO. Sie leisteten eine aufopferungsvolle Arbeit. Die beteiligten Offiziere des MfS – darunter nicht wenige mit Erfahrungen aus anderen Einsatzländern – erlebten eine im hohen Maße politisch erfahrene, straff organisierte, diszipliniert und homogen auftretende FRELIMO-Führung. Ihre ethnische Zusammensetzung[46] erwies sich generell als günstig. Hatte aber jedoch auch Nachteile, weil dort auch unterschiedliche Auffassungen über das weitere Vorgehen wurzelten. Die

HV A-Chef Markus Wolf und Oberst Siegfried Fiedler (r.) von der Abt. III (Afrika-Referat) in Mosambik

Differenzenen bezüglich der revolutionären Entwicklung waren auch in der Sicherheitsabteilung der FRELIMO und später im mosambikanischen Sicherheitsorgan erkennbar.

In Mosambik verschlechterte sich nach der Erringung der Unabhängigkeit des Landes die wirtschaftliche Lage dramatisch. Mit dem massenhaften Exodus der Portugiesen flossen auch enorme materielle Werte ab. Vor allem brachen die Produktion der ohnehin schwach entwickelten Industrie und die für die Versorgung und den Export bedeutsame Landwirtschaft zusammen. Darüber berichtet sehr anschaulich und detailliert Herbert Graf, der langjährige persönliche Mitarbeiter Walter Ulbrichts in seinen Erinnerungen (»Mein Leben. Mein Chef Ulbricht. Meine Sicht der Dinge, edition ost, 2008). Graf gehörte jener im Frühjahr 1975 durch Mosambik reisenden Studiendelegation an, er war später immer wieder in Mosambik und Berater von Präsident Machel, der von Südafrika ermordet werden sollte, indem man 1986 die Regierungsmaschine zum Absturz brachte.

Nachdem die VR Mosambik 1976 die Grenze zum rassistischen Smith-Regime in Südrhodesien geschlossen und den simbabwischen Befreiungsbewegungen Operationsmöglichkeiten eingeräumt hatte, nahm auch der militärische Druck zu. Die Überfälle des rhodesischen Militärs häuften sich, der rhodesischen Geheimdienst CIO bildete die Guerillabewegung Resistência Nacional Moçambicana (RENAMO). Die antkommunistische Terrororganisation aus Söldnern des ehemaligen portugiesischen Regimes und Überläufern verwickelte die junge Staatsmacht in einen dauernden Abwehrkampf und ließ Mosambik nicht zur Ruhe kommen. Selbst als die Smith-Regierung stürzte und sich Simbabwe als unabhängiger Staat konstituierte, hatte das Morden kein Ende: Die RENAMO zog nach Südafrika, um mit Hilfe des Apartheidregimes ihre militärischen Aktionen gegen Mosambik fortsetzen zu können. Diese zielte auf Destabilisierung. Seit 1983 konzentrierte sich die RENAMO auf die Zerstörung der sozial-ökonomischen Infrastruktur. Was auch nicht überraschen konnte: Die FRELIMO hatte auf ihrem III. Kongress 1977 eine sozialistische Entwicklungsrichtung für das Land beschlossen.

In diesem innen- und außenpolitischen Spannungsfeld entwickelte sich die solidarische Zusammenarbeit des MfS mit dem Partnerorgan der Volksrepublik. Es musste zur erfolgreichen Abwehr der Feindtätigkeit ausgebildet werden.

Am 11. Oktober 1975 hatte die Regierung das Gesetz 21/75 über die Gründung eines revolutionären Sicherheitsorgans (SNASP) erlassen. Die leitenden Positionen wurden mit erfahrenen FRELIMO-Kadern aus der Sicherheitsabteilung besetzt. Die Masse der neuen Mitarbeiter wurde zunächst aus Patrioten, die in der Illegalität ihre Verbundenheit mit der FRELIMO bewiesen hatten, hauptsächlich jedoch aus örtlichen Sympathisanten der FRELIMO, rekrutiert.

Das MfS der DDR realisierte in den 15 Jahren der Zusammenarbeit mit dem Partnerorgan hauptsächlich Ausbildungsaufgaben. Dies geschah zunächst auf Bitte, dann auf der Basis von vertraglichen Vereinbarungen mit dem Staatssicherheitsorgan SNASP. Nach Basislehrgängen, die anfänglich in der DDR durchgeführt wurden, ab 1976 von langfristig in Mosambik eingesetzten Lektoren der Hochschule des MfS geleitet wurden, erfolgte der Einsatz der Lehrgangsteilnehmer in der Zentrale oder in kleinen Provinzverwaltungen auf den verschiedenen Linien des Organs.

Wegen der sich rasch entwickelnden Feindtätigkeit wurden Spezialehrgänge abgehalten. Das betraf die Spionageabwehr, das Eindringen in feindliche Zentren, die Sicherung des grenzüberschreitenden Verkehrs, den Personenschutz usw. Entweder fanden diese Kurse in der DDR statt, oder es wurden Offiziere der entsprechenden Abwehrlinien des MfS befristet nach Mosambik entsandt.

Das MfS beriet die FRELIMO-Führung und die Leitung des SNASP beim Aufbau des Organs. Dies geschah auf hoher Ebene durch den Austausch von Delegationen in beide Richtungen oder bei Besuchen leitender Offiziere des MfS in Mosambik. Dabei erfolgte ein intensiver Informations- und Gedankenaustausch über die Feindtätigkeit und deren Bekämpfung. Allerdings war den Beteiligten bewusst, dass die Erfahrungen der DDR und des MfS nicht auf die Bedingungen Mosambiks übertragbar waren. Ausgehend von den konkreten Erscheinungsformen mussten für die operative Arbeit eigene Methoden und Mittel gefunden werden. Wir selbst konnten allenfalls über unsere Praxis berichten und Schlüsse vermitteln. Mit dieser Maßgabe gewährten wir den Partnern Einblick in die Arbeit von Diensteinheiten des MfS in der DDR.

Die Leitung des mosambikanischen Partnerorgans schlug eine klare Aufgabenverteilung zwischen den sie unterstützenden Sicherheitsorganen sozialistischer Staaten vor. Sie legten fest, wer sie wo beraten sollte. Dies betraf insbesondere die Arbeitsteilung mit den sowjetischen und den kubanischen Organen. Das MfS bekam in diesem Kontext 1981 die Aufgabe vertraglich zugewiesen, beratend bei der Spionageabwehr und der Sicherung der Wirtschaft langfristig tätig zu werden.

Diese Organe übernahmen jeweils auch die Durchführung von Speziallehrgängen ausgewählter Mitarbeiter auf den entsprechend vereinbarten Linien, die in Mosambik stattfanden.

Das MfS wurde – entgegen verbreiteten Falschmeldungen – nicht auf der Linie des Untersuchungsorgans tätig. Es gab keine Berater und keine Beratung auf diesem Gebiet. Die HA IX, die im MfS dafür zuständig war, wurde zu keiner Zeit in die Zusammenarbeit mit dem mosambikanischen Organ einbezogen. Darum kann das MfS auch nicht für die dort registrierten Übergriffe haftbar gemacht werden. Der Chef des mosambikanischen Untersuchungsorgans hat nachweislich die Gesetze des Landes verletzt, er entzog sich durch Flucht nach Südafrika seiner Strafe. Er diente sich dort dem Apartheid-Regime an und wurde von dessen Geheimdienst BOSS eingestellt.

Auf Bitte der Staatsführung Mosambiks beriet eine MfS-Expertengruppe und erfahrene Mitarbeiter der Staatsbank der DDR im ersten Halbjahr 1980 eine Währungsreform. Die DDR lieferte neue Banknoten, die am 16. Juni 1980 ausgegeben wurden und die bis dahin gültige Kolonialwährung ablöste. Sie verschaffte dem Land etwas Luft im Kampf gegen die Folgen der auch auf monetärem Gebiet geführten Destabilisierungspolitik ihrer Feinde.

Eine andere Bitte betraf den Aufbau einer Wacheinheit zum Schutz der Repräsentanten Mosambiks. Baufachleute des MfS und Offiziere des Wachregiments übernahmen die Projektierungs- und Bauarbeiten, die Ausbildung und Beratung der

Führungskader der Wacheinheit. Das MfS lieferte auch die Bauelemente und die die Ausrüstung der Einheit, die sich meist in der Praxis bewährten. Mitunter mussten jedoch auch negative Erfahrungen gemacht werden: So litten die in der DDR ausgebildeten Spürhunde unter dem Klima. Entweder verloren sie ihre besonderen Fähigkeiten oder gar das Leben. Die extreme Hitze vertrugen die Deutschen Schäferhunde nicht.

Der stets langfristig eingesetzte Verbindungsoffizier des MfS hielt Kontakt zur Leitung des Partnerorgans. Er war auch für die Leitung und Koordinierung aller vor Ort tätigen MfS-Offiziere verantwortlich, die in die Zusammenarbeit mit dem SNASP eingebunden waren. Er koordinierte auch die Zusammenarbeit mit den beim SNASP eingesetzten Verbindungsoffizieren anderer sozialistischer Sicherheitsorgane und des Leiters der beim mosambikanischen Minister des Inneren eingesetzten Berater- und Lektorengruppe des MdI der DDR.

Struktur und Organisation der auf das Zusammenwirken mit den Partnerdiensten ausgerichteten Arbeit in der HV A und im MfS

Bei Beginn der internationalen Zusammenarbeit (Sansibar 1964) konzentrierte sich diese auf die Abteilung III der HV A, und dort speziell auf das Afrika-Referat. Im Laufe der Jahre nahm der Umfang der Arbeit zu, da weitere Länder hinzukamen. Es mussten neue Planstellen geschaffen und das Referat personell verstärkt werden.

Aus dem »Afrika-Referat« wuchs eine eigenständige Arbeitsgruppe heraus, die bis 1990 von Oberst Siegfried Friedler[48] geleitet wurde. Das war der Stellvertreterbereich D in der Abteilung III der HV A. Diese war verantwortlich für Verbindung und Pflege der Kontakte mit den Partnerorganen, die Anleitung der in den Ländern im Einsatz befindlichen Mitarbeiter sowie für Planung und Realisierung der politischen und operativen Maßnahmen einschließlich der Ermittlung und Erfassung von notwendiger materieller Unterstützung. Sie war überdies zuständig für die Arbeitsverbindungen innerhalb des MfS mit verschiedenen Diensteinheiten, die personell oder materiell in die Zusammenarbeit einbezogen waren oder einbezogen werden sollten, für die materielle Absicherung der im Einsatz befindlichen Gruppen und Mitarbeiter des MfS und die Bereitstellung von Mitteln und Objekten in der DDR.

Insgesamt wurden durch den Bereich D bzw. die Abteilung III der HV A Beziehungen zu Sicherheitsorganen in 14 Ländern und mit acht nationalen Befreiungsbewegungen betreut. Im Bereich D waren maximal 12 Mitarbeiter und in den Bereich B und C der gleichen Abteilung jeweils zwei bis drei Mitarbeiter für diesen Arbeitsbereich tätig.

Die Verantwortung für alle politischen und operativen Aufgaben einschließlich des Austausches von Informationen lag also im Bereich D der Abteilung III. Ausgenommen war die Arbeitsrichtung PLO (Bereich B) und die Verbindung zu den nicaraguanischen Sandinisten (Bereich C der Abteilung III).

In die sicherstellenden Maßnahmen wurden verschiedene Diensteinheiten des MfS einbezogen, die für die betroffenen Sachgebiete entsprechend ihrer eigenen Aufgabenstellung verantwortlich waren. Auswahl und Versetzung von Leitern und Mitarbeitern unterschiedlicher Diensteinheiten des MfS zur HV A, die als Verbindungsoffiziere, als Leiter von Einsatzgruppen, als Berater oder Spezialisten eingesetzt werden sollten, erfolgte durch die Hauptabteilung Kader und Schulung des MfS. Und das in allen Zweigen des Ministeriums für Staatssicherheit einschließlich der Bezirksverwaltungen und Kreisdienststellen. Solche Versetzungen hinterließen oft Lücken, die schwer nur zu schließen waren, weshalb sich die Begeisterung bei den zuständigen Leitern oft in Grenzen hielt.

Die für einen Einsatz vorgesehenen Kader absolvierten eine mehrmonatige bis einjährige Sprachausbildung. Diese erfolgte an der Fremdsprachenschule des MfS, und zwar in Regie der Abteilung X des MfS. Diese wurde in den 80er Jahren aus nahe liegenden Gründen der Schule der HV A zugeordnet. Es war auch möglich, individuelle Kurse zu belegen. Ferner gab es eine einführende Schulung durch Lehrkräfte des Instituts für Internationale Beziehungen an der Hochschule des MfS sowie eine politischen und operative Einarbeitung durch die Mitarbeiter des Bereiche D der Abteilung III.

Die politische und operative Vorbereitung betraf auch Dolmetscher, die im Interesse qualifizierter Gesprächsführung und zur Erledigung schriftlicher Arbeiten unverzichtbar waren. Die Dolmetscher wurden zumeist von der HV A selbst, die eigens ein »Referat Dolmetscher« hatte, bereitgestellt, für Spanisch (Kuba, Nicaragua) auch durch die Abteilung X des MfS.

Die Abteilung X, zuständig für internationale Verbindungen, die zu jenen Diensteinheiten gehörte, welche direkt dem Minister für Staatssicherheit unterstanden, wurde nicht in die Partnerbeziehungen in der Dritten Welt einbezogen. Diese Abteilung war zuständig für die offiziellen Beziehungen zu Staatssicherheitsorganen anderer sozialistischer Staaten, für die Mitwirkung an staatlichen Abkommen und Verträgen mit entsprechender Relevanz, für Protokoll und Sprachmittlerdienste. Erst Ende der 70er Jahre entschied der Minister für Staatssicherheit, dass diese Abteilung X bei Bedarf in die Partnerbeziehungen in der Dritten Welt einbezogen werden konnte.

Das betraf Mosambik, Angola und Nicaragua. Dort erfüllte die Abteilung X Aufgaben des Verbindungswesens für die Beratergruppen bzw. Partnerdienste. Sie leistete logistische Unterstützung und organisierte die Frachtbeförderung von Technik und Baumaterial (Luft- und Seefracht), übernahm Flugbuchungen und auch Transporte und Unterbringung im Zusammenhang mit Krankenbehandlungen sowie die Organisation von Kur- und Urlaubsaufenthalten von Angehörigen der Partnerorgane in der DDR. Die Abteilung X leistete auch Unterstützung bei der Gestaltung der vertraglichen Beziehungen mit den Partnerorganen.

Langfristige Einsätze von Einsatzkräften aus der DDR dauerten in der Regel drei bis vier Jahre. Zeitweise waren mehr als sechzig Mitarbeiter in den verschiedenen Ländern im mehrjährigen Einsatz.

Einen ständigen Schwerpunkt in der Unterstützung der Partnerdienste bildete die Ausbildung und Qualifizierung ihrer Mitarbeiter in Lehrgängen. Die Ausbildung betraf politische Themen des Marxismus und der internationalen Lage, es wurden Erkenntnisse über Tätigkeit westlicher Geheimdienste vermittelt und über die operative Sicherung wichtiger Objekte und von Staatsgeheimnissen. Unterrichtet wurden Grundsätze und Methoden der konspirativen Arbeit, der Werbung und des

Einsatzes von Agenturen, die Bearbeitung von Hinweisen auf gegnerische Tätigkeit in operativen Vorgängen und die Erarbeitung von Beweismaterial. Spezifische Probleme wurden je nach ihrer Bedeutung für die Partner behandelt, etwa Terrorismus und Bandenbekämpfung, Grenzsicherung, Personenschutz und ähnliches. Ziel und Charakter der Lehrgänge und deren inhaltliche Ausrichtung wurden mit den Leitern der Partnerdienste abgestimmt und vereinbart.

Die ersten Lehrgänge für das Sicherheitsorgan in Sansibar wurden von Mitarbeitern der HV A und aus Abwehrdiensteinheiten durchgeführt. Das bedeutete aber, dass die für die Lehrgänge bestimmten Lektoren und Betreuer aus den Diensteinheiten für ihre eigentliche operative Arbeit ausfielen. Aus diesem Grunde wurde bald auf Lektoren der Juristischen Hochschule des MfS in Potsdam-Eiche zurückgegriffen, die bereits vorhandene Lehrstoffe entsprechend der Erfordernisse aufbereiten konnten.

Der Einsatz von Leitern und Mitarbeitern aus den operativen und technischen Bereichen der HV A und des MfS erfolgte dann nur noch für Konsultationen zu ausgewählten fachbezogenen Problemen.

Mit der Ausdehnung der Beziehungen auf weitere Sicherheitsorgane bzw. Organisationen in den 70er Jahren und der Steigerung der Anforderungen im Umfang und in der Qualität des Lehrstoffs wurde an der Juristische Hochschule in Potsdam-Eiche der Lehrstuhl – später Institut – für Internationale Beziehungen geschaffen. Die Einrichtung übernahm wesentliche Aufgaben der HV A in der Ausbildung.

Bei der Ausbildung von Mitgliedern der Befreiungsbewegungen aus Afrika und einiger palästinensischer Organisationen (DFLP, Sicherungseinheit für Arafat) waren auch Lehrkräfte der »Arbeitsgruppe des Ministers S« (AG M/S)[49] für Aufgaben speziell im militärisch-operativen Bereich tätig.

Die Mitarbeiter des Instituts für Internationale Beziehungen werteten auch Erfahrungen aus der Zusammenarbeit mit den Sicherheitsorganen aus, so dass wichtige Hinweise und Vorschläge auch für die Planung und Vorbereitung von Maßnahmen – einschließlich der Vorbereitung von Mitarbeitern für Einsätze in den jeweiligen Ländern – gegeben waren.

An der Hochschule des MfS studierten und promovierten auch Angehörige aus den Sicherheitsorganen Kubas und Nicaraguas.

Obwohl bis 1987 mehr als 150 Lehrgänge in der DDR durchgeführt wurden, konnten aus Kapazitätsgründen nicht alle Wünsche auf Ausbildungen erfüllt werden. Deshalb wurden Lehrgänge in den betreffenden Ländern durchgeführt. Das Institut für Internationale Beziehungen stellte dazu die Lektoren. Neben den Lehrgängen in der DDR fanden im gleichen Zeitraum etwa 80 Ausbildungsmaßnahmen vor Ort statt.

Das Institut für Internationale Beziehungen entsandte Berater und Lektoren nach Sansibar, in die Volksdemokratische Republik Jemen und nach Mosambik, um dort beim Aufbau eigener Lehreinrichtungen zu helfen. Die Sicherheitsorgane in afrikanischen Ländern, in Südjemen und Nicaragua verfügten nicht oder nur eingeschränkt über technische und materielle Grundlagen. Hilfe war unbedingt erforderlich, damit sie den Anforderungen an die Arbeit eines Sicherheitsorgans genügen konnten. So erfolgten im Laufe der Jahre zahlreiche Materiallieferungen in großem Umfang. Das MfS lieferte oder beschaffte technische und Nachrichtengeräte, Fahrzeuge, Waffen und Munition, Uniformen sowie allgemeine Ausrüstungen und Einrichtungen. Aber auch Lebensmittel, Verbrauchs- und Baumaterial wurden gespendet. Zu allgemein benötigten Gütern kamen in Einzelfällen noch spezielle Projekte, etwa die Lieferung einer kleinen Druckerei für Tansania oder Kontrollgeräte für die Flughäfen in Angola und Nicaragua. Zuständig dafür waren die Fachabteilungen des MfS.

Einen wichtigen Beitrag in der Gestaltung der Partnerarbeit leistete die Hauptabteilung VI des Ministeriums für Staatssicherheit. Diese war bekanntlich verantwortlich für Passkontrolle, Sicherung des Reiseverkehrs und Grenzkontrolle. Die HA VI unterstützte Partnerdienste in diesen Bereichen. Mitarbeiter dieser Hauptabteilung waren in einigen Ländern langfristig im Einsatz.

Die Hauptabteilung XVIII, zuständig für die Sicherung der Volkswirtschaft der DDR, stellte Fachkräfte für den Aufbau dieses Arbeitsbereiches in den Partnerdiensten Jemens, Angolas, Äthiopiens, Mosambiks und Nicaraguas. Die HA XVIII war an den Währungsreformen in Mosambik und Nicaragua maßgeblich beteiligt.

Der Sektor für Operativ-technische Sicherstellung (OTS) des MfS sicherte den Einsatz operativer Technik und übernahm die Ausbildung von Technikern in der VDR Jemen, in Mosambik und Nicaragua. Dabei ging es um konspirative Überwachungstechnik, in deren Gebrauch Angehörige der Aufklärungs- und Abwehrbereiche der Partnerorgane auf deren ausdrückliche Bitte unterrichtet wurden. OTS-Mitarbeiter überprüften bei Bedarf auch eigene Objekte und Einrichtungen der DDR in Einsatzländern. Gegnerische Abhörtechnik wurde mehr als einmal gefunden – auch in Gebäuden und Räumen der Botschaften. Darüber berichtete beispielsweise auch HV A-Oberst Gotthold Schramm, seit Beginn der 70er Jahre für die Sicherheit der DDR-Auslandsvertretungen zuständig, in mehreren Publikationen, insbesondere in dem von ihm 2006 herausgegebenen Sammelband »Der Botschaftsflüchtling und andere Agentengeschichten« (edition ost).

Häufig wurden wir um Lieferung und Einsatz operativer Technik zur optischen und akustischen Überwachung gebeten. Diese Bitte wurde insbesondere von Organen und Diensten formuliert, die am Anfang ihrer Tätigkeit standen. Dabei spielten ganz offenkundig Agentenfilme eine Rolle, in denen oft wundersame Technik zum Einsatz kam. Diese hatten entsprechende Illusionen und Erwartungen geweckt. Wir mussten ihnen oft klarmachen, dass der entscheidende Faktor in diesem Gewerbe noch immer der Mensch sei, der Technik komme allenfalls unterstützende Wirkung zu.

Die komplizierten technischen Geräte und Ausrüstungen benötigten qualifiziertes Personal zur Bedienung und zur Wartung. Das musste ausgebildet werden. Die meist langfristige Qualifizierung erfolgte auf Vermittlung von Fachabteilungen des MfS an zivile Ausbildungseinrichtungen in der DDR oder durch Einsatz von Spezialisten vor Ort, die dort ausbildeten.

Zur Qualifizierung von Mitarbeitern der Organe für Leitungsfunktionen wurden nach Vereinbarung mit dem Ministerium für Hoch- und Fachschulwesen jährlich ein beschränktes

Kontingent von Studienplätzen an Universitäten und Hochschulen der DDR zur Verfügung gestellt.

Um den Wünschen und auch dem tatsächlichen Bedarf der Partner – Sicherheitsorgane wie Befreiungsorganisationen –zu entsprechen, wurden die im MfS vorhandenen Möglichkeiten und die Mittel für Hilfsmaßnahmen ausgeschöpft. Dabei waren die Verantwortlichen in der HV A, vornehmlich des Bereiches D der Abteilung III, stets bestrebt, nach dem tatsächlichen Bedarf zu entscheiden und auch die Frage nach dem Verhältnis von Aufwand und Nutzen zu stellen.

Spontane Festlegungen von Maßnahmen, wie die anfänglich noch geschah, gehörten bald der Vergangenheit an. Außerdem erforderten die bald notwendige Einbindung verschiedener Diensteinheiten des MfS exakte Planungen und präzise Koordination. Das umso mehr, je knapper und bescheidener unsere Ressourcen wurden.

Genauso wichtig wurden Vereinbarungen, die auch völkerrechtlichen Anforderungen genügten. Es lag im Interesse der DDR und der Sicherheit der eingesetzten Mitarbeiter, dass alle Unterstützungsmaßnahmen auch über internationale Transportwege korrekt und problemlos realisiert werden konnten.

In enger Zusammenarbeit mit der für Protokollfragen und für die internationale Kooperation mit den Sicherheitsorganen

Der Autor auf dem Sinai, kurz zuvor noch Schlachtfeld, 1973

in den sozialistischen Ländern verantwortlichen Abteilung X wurden ab Mitte der 70er Jahre Vereinbarungen bzw. Verträge mit den Sicherheitsorganen anderer Länder erarbeitet, die die Beziehungen regelten. Diese Verträge wurden auf Ministerebene getroffen. Der Bereich D in der Abt. III der HV A vereinbarte dann mit den Sicherheitsorganen einzelne Maßnahmen, die in Protokollen festgelegt wurden. Sie stellten den gemeinsamen Arbeitsplan meist für ein Jahr dar und wurden mit der Abt. X des MfS abgestimmt. Für die Leiter der Diensteinheiten waren die von der Abt. X aus den Protokollen abgeleiteten und im Auftrag des Ministers übermittelten Aufgaben verbindlich.

Die Bedingungen in den Einsatzländern

Bis zur Aufnahme diplomatischer Beziehungen zu Sansibar hatte die DDR keine Botschaft außerhalb des sozialistischen Lagers. Zwar unterhielten wir in einigen Ländern Handelsvertretungen, doch diese hatten keinen völkerrechtlichen Status. Dieser Umstand hatte für Reisende aus der DDR, MfS-Mitarbeiter inklusive, viele unangenehme Konsequenzen. Bei Zwischenfällen gab es keinen diplomatischen Schutz oder Beistand. Nachdrücklich wurde uns das vor Augen geführt, als 1964 Jürgen Rogalla in Ghana inhaftiert wurde. Dort war er Freiwild für westliche Nachrichtendienste und westdeutsche Diplomaten, die auf diese Weise ihren Alleinvertretungsanspruch »für alle Deutschen« unter Beweis stellten.

Aus grundsätzlichen operativen Erwägungen erwies es sich als notwendig, den Mitarbeitern des MfS eine andere Identität zu geben, die aber im Ernstfalle einer Überprüfung standhielten. Es musste davon ausgegangen werden, dass bei Feststellung der echten Daten der Mitarbeiter durch westliche Geheimdienste die Mitarbeiter ihren Diensteinheiten und Wohnorten zugeordnet und eine operative Bearbeitung derselben auch in der DDR emöglich sei.

Auch nach der diplomatischen Anerkennung der DDR durch die meisten Staaten und die Einrichtung von Botschaften der DDR in afrikanischen und anderen Ländern der Dritten Welt wurde das Prinzip beibehalten, die Identität bei einem Einsatz von vor allem leitenden und operativen Mitarbeitern des MfS zu konspirieren. Allerdings nahmen die Personaldaten immer mehr fiktiven Charakter an, denn angesichts der vielen Einsätze war eine durchgängige Abdeckung kaum mehr möglich.

Mit der Festigung und Erweiterung der Beziehungen zu den Ländern der Dritten Welt nahmen auch die Aufgaben der HV A an Umfang und Qualität zu. In gleichem Maße wuchs auch die Zahl der Angriffe auf unsere Vertretungen und unsere Mitarbeiter. Sie mussten beizeiten aufgeklärt und verhindert werden. Hinzu kam die Verpflichtung, die Hallstein-Doktrin zu unterlaufen und wirkungslos zu machen.

Mit dieser Aufgabenstellung wurde die operative Basis durch Bildung und Erweiterung von legal abgedeckten Residenturen erweitert. Ihre Arbeit ermöglichte eine gründliche Analyse der Situation in der Region. Unter Wahrung des Quellenschutzes konnten diese Ergebnisse auch in der Zusammenarbeit mit den Sicherheitsorganen und den Befreiungsbewegungen verwertet werden.

Besonders günstig wirkte sich das in Tansania und Ägypten aus, wo Mitarbeiter der legal abgedeckten Residenturen aufgrund ihrer Funktion in den Vertretungen unmittelbar für die Beziehungen zu Repräsentanten praktisch aller Befreiungsbewegungen Afrikas südlich der Sahara unterhielten (in Daressalam ANC und FRELIMO, in Kairo der PLO und ihrer Gliederungen und weiterer Befreiungsorganisationen wie der Bahreins). In diesem Rahmen waren auch Vertreter des Solidaritätskomitees der DDR wirksam.

Die Tatsache, dass zwischen MfS und Landessicherheitsorganen Beziehungen bestanden, konnte auf Dauer kaum verheimlicht werden. Auch wenn Inhalt, Umfang und Methoden der Zusammenarbeit nicht öffentlich wurden, wurde der Austausch von Delegationen ebenso publik wie Flugzeug- und Schiffsverbindungen, Ausbildungsmaßnahmen und Lieferung von Materialien aus der DDR.

Langfristig eingesetzte Mitarbeiter des MfS und des MdI wurden unter der Bezeichnung »Arbeitsgruppe des Ministerrates« im Rahmen der Gesamtvertretung der DDR im jeweiligen Land geführt.

Die Leiter dieser »Ministerratsgruppen« und auch die Verbindungsoffiziere hielten Kontakt zum Leiter der DDR-Vertretung (Botschafter). In der Regel wurden sie oder der Resident in die Leitung der Auslandsvertretung integriert. Der in diesem Kontext praktizierte Gedankenaustausch zuProblemen des Landes und der Region erwies sich als fruchtbar, präzisierte manche Bewertung und qualifizierte notwendige Schritte in der fachlichen und diplomatischen Arbeit, ohne dass dabei die Konspiration verletzt oder interne Erkenntnisse preisgegeben wurden.

Erfahrungsgemäß reagierten die Partner in den Sicherheitsorganen bereits auf Vermutungen, dass ihre Informationen weitergegeben und anderweitig genutzt werden könnten, sehr sensibel. Auch Versuche, das gute Verhältnis mit den Partnern in den Organen für die Lösung von Problemen in den Beziehungen zwischen den Ländern und der DDR zu nutzen, führten Ende der 70er Jahre etwa in Mosambik zu zeitweiser Verstimmung.

In den konkreten Arbeitsbeziehungen zwischen dem MfS und den Partnerdiensten gab es keine Vorbehalte und auch keine Zurückhaltungen bei der Darlegung von Meinungen.

Hingegen gab es in methodischen Fragen der operativen Arbeit mitunter sehr kontroverse Auffassungen. Es bedurfte meist vieler Gespräche um klarzustellen, dass etwa Feststellungen bei Beobachtungen nur oberflächliche Erkenntnisse darstellten, mitunter sogar zu Fehleinschätzungen führten, oder in Vernehmungen erzwungene und erpresste »Geständnisse« völlig unzulässige »Beweise« erbrachten – abgesehen von der Verletzung der Menschenrechte. Überdies sei das ein unwürdiges Vorgehen und kein Erfolg operativer Arbeit. Nicht immer war das Drängen und Durchsetzen dieser Prinzipien nach dem Geschmack der Partner. Es drängte sich bisweilen der Eindruck auf, dass sie sich bei solchen Themen nur ungern oder zurückhaltend positionierten.

Die Konsultationen und Beratungen zu operativen Vorgängen oder zum methodischen Vorgehen bei der Lösung bestimmter Aufgaben waren in der Regel konkret. Sie schlossen aber eine unmittelbare Beteiligung oder aktive Handlung der Mitarbeiter des MfS aus, selbst dann, wenn unmittelbare Interessen der DDR oder des MfS berührt wurden.

Die Partner achteten auf ihre Souveränität. Sie fühlten sich zwar für die Sicherheit der Mitarbeiter des MfS auf ihrem Territorium verantwortlich, aber handelten nach eigenem Gusto, was wir zu akzeptieren hatten. Als Anfang der 70er Jahre einige gesuchte Mitglieder der RAF sich in Aden aufhielten, wovon die zuständige Abteilung XXII des MfS Kenntnis hatte, nahmen wir keinen Kontakt zu ihnen auf, weil dies nicht im Interesse unserer Partner war, obgleich uns der Aufenthalt bekannt und eine Begegnung durchaus möglich gewesen wäre.

In Mosambik wurden Anfang der 80er Jahre mehrere DDR-Bürger durch die RENAMO ermordet. Dennoch wurden die Mitarbeiter des MfS vor Ort nicht in aktive Ermittlungs- und Sicherungsmaßnahmen einbezogen. Unsere Mitwirkung beschränkte sich auf die Weitergabe von Informationen und Erfahrungen.

Zum Schutz von Bürgern und Einrichtungen der DDR in in Krisen- und Kriegsregionen wurden gesonderte staatliche Vereinbarungen mit den Partnerländern getroffen. Sie berührten nicht die Beziehungen und die Zusammenarbeit des MfS mit den Sicherheitsorganen der Länder.

Meist bestand beiderseits Interesse, zu politischen und ökonomischen Fragen der inneren, regionalen und internationalen Lage und Entwicklung Informationen und Meinungen auszutauschen. Dazu fanden Beratungen in den Sicherheitsorganen statt, man konferierte auch am Rande von Treffen auf hoher und höchster Ebene und unabhängig von diplomatischen Vertretern. Solche Gespräche wurden auch genutzt, Mitteilungen, Hinweise und Meinungen zu übermitteln, die nicht schriftlich fixiert oder auf diplomatischem Weg weitergeleitet werden sollten.

Einschränkend muss an dieser Stelle eingefügt werden, dass die von uns übermittelten Informationen und Einschätzungen der Partner von unserer Partei- und Staatsführung selten beachtet wurden, wenn sie sich mit der subjektiven Wahrnehmung oder mit bestimmten Erwartungen nicht deckten. Dies führte dann zu krassen Fehlentscheidungen, was mit drei Beispielen belegt sein soll.

1986 ließ der Generalsekretär der Jemenitischen Sozialistischen Partei (JSP), Ali Nasser Mohammed, eine Reihe Mitglie-

Markus Wolf und und Oberst Werner Irmscher mit jungen Kadern in Mosambik

der des Politbüros der JSP ermorden, ehe Mohammed selbst als Staatsoberhaupt gestürzt wurde. Es kam zu einem blutigen Bürgerkrieg, in welchem mehrere Tausend Menschen ihr Leben verloren und Premierminister Haidar Abu Bakr al-Attas im Südjemen die Macht übernahm. Honecker hatte ein positives Bild von Mohammed, das er sich durch unsere Hintergrundinformationen nicht nehmen lassen wollte, und ordnete die Minimierung aller Beziehungen zur Volksdemokratischen Republik Jemen an.

Ähnlich verhielt es sich mit der Unterstützung der Befreiungsbewegungen in Simbabwe. Die Parteiführung hatte sich auf eine Zusammenarbeit mit der ZAPU festgelegt und Kontakte mit der ZANU von Robert Mugabe abgelehnt, obwohl laut Einschätzung aus Mosambik und auch nach unseren Informationen die ZANU in weitaus stärkerem Maße repräsentativ für die Bevölkerung Simbabwes war und darum auch erfolgreicher gegen das Smith-Regime in Rhodesien kämpfte.

Drittens schließlich empfahlen wir der äthiopischen Seite, den bewaffneten Kampf gegen die Befreiungsbewegungen in Eritrea zu beenden und die Probleme politisch zu lösen, weil nach unserer Analyse dieser Konflikt nicht anders zu beenden war. Auch wenn die Empfehlungen in Addis Abeba auf taube Ohren stießen und die Friedensbemühungen an der dortigen Haltung scheiterten, bleibt dennoch die Frage, ob der politische Druck aus Berlin und insbesondere aus Moskau nicht hätte erhöht werden können.

Wir vermittelten unseren Partnern Kenntnisse und Erfahrungen des MfS, die sie annehmen konnten, aber nicht mussten. Es wurden Schulungs- und Lehrmaterialien zur Verfügung gestellt. Die Ausbildung, Konsultationen und Gespräche zu operativen Problemen erfolgten von Seiten des MfS offen und ohne Vorbehalte. Wir taten dies ohne Kalkül und immer in der Absicht, der Sache des Friedens und der Entwicklung freundschaftlicher Beziehungen zu nützen. Nur so konnte Vertrauen wachsen, das die Basis für gegenseitige Unterstützung in politischen und operativen Fragen bildete.

Abhängig von der Intensität und dem Umfang der Zusammenarbeit mit den verschiedenen Partnern in den Sicherheitsorganen ergaben sich dabei auch Einschränkungen bei Themen, aber die Diskussionen waren ausnahmslos zielgerichtet und offen. Die Achtung der Souveränität der Partner und die Akzeptanz ihrer Haltungen, selbst bei Differenzen, Widersprüchen oder auch nur bei Abweichungen in Einzelfragen und bei Schlussfolgerungen legten die Standpunkte klar, aber sie kennzeichneten auch das gegenseitige Verstehen und Verhältnis. Werbungen wurden nicht durchgeführt und auch nicht angestrebt, weder von Kontakten und Personen innerhalb der Sicherheitsorgane noch außerhalb.

Die Zusammenarbeit mit Partnern in den Befreiungsbewegungen und der vom Kolonialismus befreiten Länder war geprägt von der Systemauseinandersetzung zwischen Kapitalismus und Sozialismus. Es waren die ärmsten und zum Teil erst nach langjährigem Kampf befreiten Länder, die um Unterstützung durch die sozialistischen Staaten auch auf dem Gebiet der Polizei und Geheimdienste ersuchten. Für diese Länder standen eine kapitalistische Entwicklung und ein von sozialen Privilegien geprägter Parlamentarismus als Regierungsform nicht zur Debatte. Ihr Streben ging nach sozialer Gerechtigkeit bei einer möglichst schnellen Überwindung des kolonialen Erbes. Auch wenn über den Sozialismus unterschiedliche und verschwommene Auffassungen bestanden, zu den Verhältnissen in den sozialistischen Staaten teilweise kritische Bewertungen vorhanden waren, dominierte in den Absichtsbekundungen das Streben nach einer sozialistischen Ordnung. Angesichts der Bedingungen besaßen solche Postulate keine realistische Grundlage. Es ging im Wesen in allen betreffenden Ländern zunächst um die Existenzsicherung der Menschen, um die Überwindung der Folgen des Kolonialismus und die Schaffung eines funktionierenden Gemeinwesens. Dazu brauchten diese Staaten materielle und ideelle Hilfe und Unterstützung.

Die ökonomischen Potenzen der DDR waren begrenzt. Wir konnten manches liefern, aber das war immer zu wenig. Da waren die imperialistischen Länder potenter. Und damit in der Lage, neue Abhängigkeiten herzustellen. Der kolonialen Abgängigkeit waren diese jungen Staaten nach Jahrhunderten endlich entronnen, nun aber verschuldeten sie sich im Westen, weil wir nicht in der Lage waren, ihnen zu helfen. Von Wissen und mit Idealismus macht man Menschen nicht satt.

Natürlich brauchten sie auch Waffen, um sich der alten und neuen Feinde zu erwehren. Die in Lizenz gebaute MPi AK 47, genannt Kalaschnikow, gehörte zu den Exportartikeln, die als Solidaritätsgüter geliefert wurden. Als das MfS bzw. die HV A aufgelöst wurde, bemerkte man in den Inventarlisten die Lücken: Auch diese Waffen waren geliefert worden. Und das belegten Protokolle. Ob dies gut oder schlecht war, steht dahin. Der alte Grundsatz, dass eine Revolution nichts wert sei, die sich nicht zu verteidigen verstünde ist so wahr wie die Regel, dass einer halben Revolution stets eine ganze Konterrevolution zu folgen pflegt. Gleichwohl gehört es zu den unausrottbaren Legenden, die DDR, insbesondere das

MfS, habe auch Terroristen unterstützt und mit ihnen gemeinsame Sache gemacht. Und wenn die beiden Flugzeuge, die in die Türme in New York krachten, nicht am 11. September 2001, sondern zwölf Jahre früher gestartet wären, hätte man dort gewiss eine Verbindung zum MfS hergestellt, wie man es beim Attentat auf den Papst oder den Absturz des Jumbos bei Lockerbie tat. Alle Schweinereien dieser Welt kennen nur einen Ursprung, folgt man der demagogischen Lesart der bürgerlichen Medien und Politik.

Die Auslandsaufklärung der DDR war nie an Attentaten, an bewaffneten Auseinandersetzungen beteiligt, sie hat nirgendwo militärisch eingegriffen.[50] Weder in Afrika, in Lateinamerika moch im Nahen und Mittleren Osten. Wir haben uns nirgendwo in nationale oder bilaterale Konflikte eingemischt oder an Auseinandersetzungen teilgenommen. Wir standen dabei weder beratend noch unterstützend zur Verfügung. Das gilt für alle Dienstzweige des MfS, des Ministeriums des Innern und des Ministeriums für Nationale Verteidigung der DDR.

Anmerkungen

36 Abdallah as-Sallal, Absolvent der irakischen Militärakademie, Führer der jemenitischen »Freien Offiziere«, unter dem Imam politisch verfolgt und mehrere Jahre inhaftiert

37 Generalkonsul in der JAR war der in Kairo residierende Generalkonsul in der VAR, zum Zeitpunkt der Reise Hans-Jürgen Weitz

38 Hassan al-Amri, Jahrgang 1916, war zwischen 1964 und 1971 fünfmal Ministerpräsident der JAR

39 Die Sportvereinigung Dynamo war der gemeinsame Sportbund der Angehörigen der Deutschen Volkspolizei und anderer Dienstzweige des Ministeriums des Innern, des Ministeriums für Staatssicherheit und der Zollverwaltung der DDR. In dieser Sportvereinigung trainierten auch Sportler und Nachwuchsathleten vieler Disziplinen, die nichts mit den Trägerinstitutionen zu tun hatten

40 Die Südafrikanische KP war 1921 gegründet worden

41 1888 hatte der britische Kolonialpolitiker Cecil Rhodes sich faktisch mit Hilfe der British South Africa Company von den Briten eroberte Territorien im südlichen Afrika, darunter die Territorien der heutigen Staaten Sambia und Simbabwe, ehemals Nord- und Südrhodesien, angeeignet

42 Siehe Frank Pergande: Verjagt aus Kinshasa. Wie sich die DDR in Afrika militärisch engagierte, in: *Frankfurter Allgemeine Zeitung* vom 24. März 2006

43 Siehe M. Martin: Deutsche foltern in Addis Abeba, in: *Die Welt* vom 23. Mai 2006

44 Bock/Muth/Schwiesau (Hrsg.): DDR-Außenpolitik im Rückspiegel, Münster 2004, S. 260

45 In Irak wurde 1978 ein großer Teil der Führungsmitglieder der Kommunistischen Partei in Verantwortung von Saddam Hussein ermordet

46 Gehörten zur Führung der Portugiesen. Das war auch in Angola so

47 Untersuchungen in Ermittlungs- und Strafverfahren entsprechend der Strafprozessordnung des jeweiligen Staates

48 Verstorben 2004

49 In den 80er Jahren formiert als Abt. XXIII des MfS, spezielle Struktureinheit, zuständig für Ausbildung und Führung militärischer Spezialkräfte für Sicherungsmaßnahmen, zur Terrorabwehr und -bekämpfung

50 Siehe Frank Pergande: Verjagt aus Kinshasa. Wie sich die DDR in Afrika militärisch engagierte, in: *Frankfurter Allgemeine Zeitung* vom 24. März 2006

Der Personaleinsatz und die Verantwortung der HV A

Der Einsatz in Ländern der Dritten Welt war nicht frei von Risiken und persönlichen Belastungen. Davon waren nicht nur die Mitarbeiter betroffen, sondern auch deren Familien. Gleichwohl engagierten sie sich als Internationalisten, um die Politik der DDR und der sie tragenden Partei umzusetzen. Sie leisten ihren persönlichen Beitrag zur Unterstützung nationaler Befreiungsbewegungen und junger Nationalstaaten.

Oft genug gerieten sie dabei in Konflikte, die uns fremd waren. Diese wurzelten in jahrhundertealten Traditionen und aktuellen Entwicklungen: Stammesfehden, Rivalitäten zwischen Gruppen und Führungspersönlichkeiten, mentale Besonderheiten und so weiter. Hinzu kam der Druck von außen, alte Abhängigkeiten und der globale Kalte Krieg.

Seitens der Partnerorgane wurde viel getan, um die Mitarbeiter des MfS mit der Situation im Lande, mit traditionellen Überlieferungen und Besonderheiten vertraut zu machen, um ihr Verständnis zu wecken. Persönliche Kontakte trugen dazu bei, die anfänglichen Unsicherheiten im Umgang miteinander abzubauen. Das Unwissen war zunächst groß – das galt für beide Seiten. Man lernte von- und miteinander. Dabei blieben Enttäuschungen nicht aus. Für den Einsatz der Berater und Spezialisten galten Grenzen, die nicht überschritten wurden. Und später, als sich die neue Macht stabilisierte, reduzierten wir den personellen Einsatz. Unser Bestreben war Hilfe zur Selbsthilfe anzubieten. Das verstanden unsere Partner oft nicht. Sie hätten uns mitunter für ihre Interessen wesentlich stärker und langfristiger eingebunden, als wir es mochten und konnten.

Später – es sollte die letzte Phase der Zusammenarbeit sein, was wir damals aber nicht wussten: Der Untergang des Realsozialismus und der DDR kam in unseren Planungen nicht vor – konzentrierte sich die Zusammenarbeit nur noch auf bestimmte Gebiete, es dominierte der Austausch von Informationen und Erfahrungen bei Konsultationen. Die Beziehungen der HV A als Mandatsträger des MfS mit den Partnerdiensten endeten schließlich mit der Auflösung des MfS und dem Anschluss der DDR an die BRD.

Nunmehr ehemalige Mitarbeiter des MfS erhielten wiederholt Angebote, im Lande zu bleiben oder zurückzukehren, um ihre Arbeit fortzusetzen. Das geschah sowohl aus Gründen der Solidarität als auch im nationalen Interesse: Auf Fachleute, denen sie vertrauten, wollten sie nicht verzichten. Auch wenn solche Angebote nicht genutzt wurden, zumindest ist mir kein solcher Fall bekannt, blieben in den meisten Fällen die freundschaftlichen Beziehungen bestehen.

Diese Staaten verloren mit dem Untergang der sozialistischen Länder ihre Verbündeten und waren fortan allein und direkt der imperialistischen Ersten Welt ausgeliefert. Sie mussten sich den veränderten Bedingungen anpassen. Die Unterstützung ihrer Sicherheitsorgane durch das MfS (und der Organe anderer sozialistischer Staaten) hat sie jedoch gewappnet. Durch die Zusammenarbeit wurden Erkenntnisse und Erfahrungen über die Tätigkeit von Geheimdiensten vermittelt, sie erfuhren, wie diese zu bekämpfen sind. Denn die Staaten der Dritten Welt sind als Interessengebiete imperialistischer Staaten nach wie vor der Wühltätigkeit ihrer Nachrichten- und Geheimdienste ausgesetzt.

Für die Gestaltung der Tätigkeit des MfS in der Arbeitsrichtung Dritte Welt generell, im Bereich der Partnerarbeit besonders, spielte die Person Erich Mielke eine wesentliche Rolle. Und das in zweierlei Hinsicht. Minister Mielke nutzte diesen Arbeitsbereich zur eigenen Profilierung. Er meinte, auf diesem Feld sein politisches Gewicht erhöhen zu können, weil er damit »außenpolitische Kompetenz« bewies. Um es deutlich zu sagen: Innerhalb des Politbüros, insbesondere aber gegenüber dem Generalsekretär, glaubte er auf diese Weise zu punkten. Denn die nationalen Befreiungsbewegungen und jungen Nationalstaaten waren für jeden Kommunisten eine Herzensangelegenheit. Das galt ohne jede Einschränkung und war frei jeglichen Kalküls.

Werner Großmann und Markus Wolf, die beiden Chefs der HV A

Mielke wollte darum immer alles wissen und als Erster über Entwicklungen und Veränderungen in der Dritten Welt, in Krisenregionen und Schwerpunktländern informiert werden. Er interessierte sich für die Partnerbeziehungen und griff persönlich ein. Das geschah mit dem Hinweis darauf, dass er ein »großes Herz für die Befreiungsbewegungen« habe. Das stelle ich keineswegs in Abrede, aber dennoch sollte damit nur sein hypertrophierter Ehrgeiz und die damit verbundene Profilierungsneurose kaschiert werden.

Die Folge war, dass die Tätigkeit der HV A auch in diesem Bereich stark von subjektiven Motiven diktiert wurde. Kraft wurde verschlissen, wir verzettelten uns. Die Leiter der HV A, Markus Wolf (1951-1986) und Werner Großmann (1986-1990), fingen als »Puffer« manches, nicht alles, ab oder wirkten als Mittler zwischen ihren operativen Bereichen, die durch die sprunghaften Eingebungen des Ministers an der notwendig kontinuierlichen Arbeit gehindert wurden.

In der HV A waren einige Dutzend Leiter und operative Mitarbeiter mit der Dritten Welt beschäftigt sowie Hunderte inoffizieller Mitarbeiter der HV A, hauptsächlich in den Bereichen B, C und D der Abteilung III der Aufklärung. Über die Jahrzehnte erfüllten an die zweitausend IM freiwillig und ehrenamtlich wichtige Aufgaben neben ihrer eigentlichen Tätigkeit in Auslandseinrichtungen der DDR oder bei Dienstreisen. Ohne sie wäre die oft sehr aufwendige Kontaktpflege, Quellenführung, Informationsbeschaffung und -auswertung, die Übermittlung an die Zentrale, die Absicherung von Treffs und Übergaben kaum möglich gewesen. Die meisten von ihnen bereuen auch heute nicht die von ihnen ausgeübte Tätigkeit und stehen unverändert zu ihr.

Nachfolgend sollen all jene Offiziere der HV A genannt und namentlich gewürdigt werden, die über den gesamten Zeitraum, also seit Mitte der 50er Jahre bis zum Ende des Dienstes, in und für Staaten der Dritten Welt gehandelt haben. Das gilt sowohl für die Linie der legal abgedeckten Residenturen als auch für die Linie der Zusammenarbeit mit Partnerdiensten und Befreiungsorganisationen. Der vorangestellte Dienstgrad ist der letzte, den sie vor dem Ausscheiden aus dem Ministerium für Staatssicherheit trugen.

Generalleutnant Horst Jänicke
Generalmajor Werner Prosetzky
Oberst Siegfried Fiedler
Diese drei haben die Arbeit dieses Bereiches der Auslandsaufklärung persönlich ganz wesentlich geprägt.

Als Leiter und stellvertretende Leiter von Diensteinheiten, als Referatsleiter und deren Stellvertreter wie Leiter von Arbeitsbereichen wirkten
Oberst Dieter Barufke
Oberst Günter Becker
Oberst Bernd Fischer
Oberst Günter Jäckel
Oberst Horst Machts
Oberst Harry Mittenzwei
Oberst Johannes Rörster
Oberst Gotthold Schramm
Oberst Rolf Täger
Oberstleutnant Herbert Fechner

Oberstleutnant Klaus Funk
Oberstleutnant Heinz Hanke
Oberstleutnant Günter Heidrich
Oberstleutnant Manfred Käbel
Oberstleutnant Rudolf Kraus
Oberstleutnant Eugen Kraut
Oberstleutnant Peter Krüger
Oberstleutnant Harald Leuschner
Oberstleutnant Karl Nippe
Oberstleutnant Jürgen Oehler
Oberstleutnant Walter Prade
Oberstleutnant Günter Richter
Oberstleutnant Harry Scholz
Oberstleutnant Klaus Ullmann
Oberstleutnant Joachim Wahl
Oberstleutnant Dietmar Weller.

Viele der Genannten arbeiteten im Operationsgebiet auch als Residenten, als Leiter von Einsatzgruppen und in anderen Funktionen.

Der deutsche Geheimdienst im Nahen Osten

Von Erich Schmidt-Eenboom

Wie im vorangegangenen Teil ersichtlich, galt in jenen Ländern der Dritten Welt, in denen Mitarbeiter der Auslandsaufklärung der DDR tätig waren, deren Augenmerk auch den westlichen Nachrichtendiensten. Insbesondere die Aktivitäten von CIA und BND waren von Interesse. Dabei ging es sowohl um die Abwehr nachrichtendienstlicher Angriffe auf Einrichtungen der DDR und ihre Staatsbürger als auch um die Aufklärung von Maßnahmen, die die Beziehungen zwischen dem Gastgeberland und der DDR tangierten. Der Geheimdienstexperte Schmidt-Eenboom, Leiter des Forschungsinstituts für Friedenspolitik e. V. in Weilheim/Oberbayern, hat sich intensiv mit der Tätigkeit des Bundesnachrichtendienstes im Nahen Osten beschäftigt. Dazu veröffentlichte er 2006 ein Buch (»BND. Der deutsche Geheimdienst im Nahen Osten – Geheime Hintergründe und Fakten«). Darin wird, aus anderer Perspektive, auch die Tätigkeit der HV A vor Ort behandelt. Erich Schmidt-Eenboom hat für die vorliegende Publikation die relevanten Passagen überarbeitet und aktualisiert. Sein Text zeigt überdies, wie der Auftritt der DDR, demonstriert am Beispiel des Nahen Ostens, auf den Widerstand der Bundesrepublik, des Auswärtigen Amtes und ihrer Dienste stieß.

Die Rückkehr an den Nil

Als Anwar el-Sadat im August 1970 die Nachfolge des verstorbenen Gamal Abdel Nasser antrat, leitete er einen Kurswechsel in der Außenpolitik ein, ging nach dem Liebäugeln mit Moskau auf Westkurs, vornehmlich, um westliches Kapital ins Land zu locken.

Mit Nassers Orientierung auf den Warschauer Pakt waren die Geheimdienste der Sowjetunion und der DDR, KGB und HV A, die wichtigsten Partner des ägyptischen Dienstes geworden. Seit Einrichtung einer Botschaft der UdSSR in Kairo im Jahre 1943 waren in der sowjetischen Vertretung auch Offiziere des KGB bzw. seiner Vorläuferorganisationen, aktiv, die insbesondere mit dem Krieg 1967 an Gewicht gewannen.

Die DDR hatte sich seit 1965 auf einen nachrichtendienstlichen Einsatz am Nil vorbereitet, ergriff bei Nasser die Initiative und schickte 1967 den HV A-Major Günter Jäckel nach Kairo. Der Verbindungsoffizier der HV A unterhielt – als Beamter des Innenministeriums getarnt – insbesondere zum Innenminister, Shaarawi Gomaa, und dem diesem unterstehenden Geheimdienst »Mukhabarat« und zum Sicherheitschef Nassers, Sami Scharef, enge Beziehungen. Mit der Spionage in Ägypten hatte der Ostberliner Nachrichtendienst allerdings schon 1959 aus der 1953 etablierten Handelsmission heraus begonnen.

Sadat strebte auch auf nachrichtendienstlichem Gebiet einen Wechsel an. [...]

Unter den Vorzeichen des beginnenden Friedensprozesses, der 1978 zum Abkommen von Camp David führte, kam es zu regelmäßigen Begegnungen des BND auf oberster Ebene mit Ägyptens Nachrichtendienst. Vom 19. bis 26. Mai 1976 war BND-Vizepräsident Dieter Blötz zu Besuch in Kairo. Ende 1977 reiste Geheimdienstkoordinator Manfred Schüler selbst an den Nil, um mit den dortigen Geheimdienstlern zu verhandeln. Schülers Besuch führte zu einer ungewöhnlich starken Unterstützung des ägyptischen Geheimdienstes. 1978 exportierte die Münchner Firma Telemit Anlagen zur fernmeldeelektronischen Aufklärung an den Nil. Die Lieferung wurde als Material für die ägyptische Staatsbahn deklariert. Die Ausbildung ägyptischer Experten in der Funkspionage übernahmen der BND und die Gruppe Fernmeldwesen des BGS in Rosenheim.

Unter der Dienststellenbezeichnung FA 40 wurde jedoch erst 1981 eine legale Residentur in Kairo errichtet, die der BND-Beamte Dr. »Mühlegg« besetzte. Da die HV A bis zum Untergang der DDR im Lande war, fanden sich auf Botschaftsempfängen von da an zwei deutsche Geheimdienstresidenten ein. [...]

Im Dezember 1955 beschloss das sudanesische Parlament, zum 1. Januar 1956 die Unabhängigkeit auszurufen, als zweites Land Afrikas seit Ende des Zweiten Weltkriegs (nach Libyen). Wenige Tage vor dieser Entscheidung war auf der Botschafterkonferenz des Auswärtigen Amts die Hallstein-Doktrin formuliert worden, sodass der Sudan zum ersten Testfall für die Wirkung dieser Doktrin wurde.

Zwar gelang es den Bonner Diplomaten trotz massiven Drucks nicht, die Errichtung eines Handelsbüros der »sowjetischen Besatzungszone« dort zu verhindern. Sie begannen aber schon in den ersten Wochen der sudanesischen Unabhängigkeit eine strategische Kooperation im Bereich der »Sicherheit«, indem sie die sudanesische Polizei dazu brachten, ein ostdeutsches Geologenteam zu überwachen, das angeblich mehr oder minder heimlich nach Uran suchte.

Auch die DDR-Vertretung stand bald auf bundesdeutschen Wunsch hin unter ständiger Beobachtung.

Vor diesem Hintergrund finanzierte das Auswärtige Amt schon Anfang 1958 die Ausbildung einer ersten Gruppe von sudanesischen Polizeibeamten beim Bundeskriminalamt in Wiesbaden.

Im November desselben Jahres stürzte die sudanesische Armee unter General Ibrahim Abboud die demokratische Regierung. Die christlich-konservative Bundesregierung in Bonn reagierte auf den Putsch – dem zweiten auf dem Kontinent nach dem in Ägypten 1952 –, indem sie der Junta, die sie offen als die »Preußen« des Nahen Ostens und Afrikas pries, umgehend massive Hilfen gewährte, insbesondere nichtzivile. Noch im Dezember 1958 wurde ein Vertrag über den Bau einer Munitionsfabrik durch die Geisenheimer Fritz-Werner GmbH abgeschlossen. Das Projekt wurde formell »auf rein kommerzieller Ebene« vereinbart.

Die Firma mit Sitz im Rheingau war jedoch zu hundert Prozent Staatseigentum, ihr Aufsichtsrat wurde von Bonner Beamten kontrolliert. Ironischerweise hatte der Bund das Unternehmen mit Mitteln aus dem amerikanischen ERP-Sondervermögen übernommen, das dem Wiederaufbau der im Krieg zerstörten Industrien dienen sollte. Der Sudan-Deal war auch insofern amtlich, als er auf Betreiben des bundesdeutschen Gesandten Heinrich de Haas zustande kam, der zwei Jahre lang gegen ein Angebot der CSSR gekämpft hatte.

Außerdem übernahm das Bundeswirtschaftsministerium die Kosten für die Ausbildung sudanesischer Offiziere bei Fritz-Werner.

Die Anlage nahm bereits 1960 in Sheggera, am südwestlichen Rand der Hauptstadt, die Produktion des Nato-Kalibers 7,62 Millimeter auf. Im Rahmen eines langfristigen Servicevertrags lieferte Fritz-Werner die Produktionsmaterialien, ein Geisenheimer Team leitete den Betrieb.

Noch 1959 richtete der BND eine legale Residentur in Khartoum ein, wobei der schwergewichtige Agent mit dem Tarnnamen »Ohlbrück« unter einer kaufmännischen Legende firmierte. Schwerpunkt seiner Tätigkeit war zum einen die Beobachtung der DDR-Vertretung, der die Sudanesen politische Aktivitäten verboten. Zum anderen war er ab 1960 mit einem entsandten BKA-Kollegen für den Aufbau von je einem Fernschreibnetz für Polizei und Geheimdienst im sudanesischen Innenministerium zuständig.

Die Firma Standard Elektrik Lorenz (S.E.L.) lieferte Telexgeräte in arabischer Sonderausfertigung. Die Bundesregierung stellte dafür knapp 1,9 Millionen DM zur Verfügung. Darüber hinaus wurde unter dem Deckmantel der Polizeihilfe auch Abhörtechnik für den Telefonverkehr geliefert.

Für nachhaltigen Rückhalt im »Sicherheitsapparat« sorgten auch die zur gleichen Zeit gestarteten Ausbildungsprogramme. Bis 1964 absolvierten sechzehn Polizeioffiziere jeweils zweijährige Kurse beim BKA, die meisten bekleideten schon bald als Leiter großer Dienststellen strategisch wichtige Posten. Geheimdienstler wurden beim BND und beim militärischen Abschirmdienst (MAD) trainiert.

Das Engagement von BND und BKA lag voll im Interesse von Hardthöhe und Auswärtigem Amt. Verteidigungsminister Franz Josef Strauß gab 1960 in einem internen Vermerk die Devise aus, Entwicklungsländer über nichtzivile Hilfen an den Westen zu binden: »Berücksichtigt man ferner den unwahrscheinlichen Ruf des deutschen Soldaten und seine Leistungen, so bietet sich hier [...] eine ausgezeichnete Möglichkeit, über ideelle und materielle Mithilfe am Aufbau kleinerer Streitkräfte oder Polizeien dieser Länder eine Ausgangsstellung zu schaffen, die eine grundlegende Basis für politische, wirtschaftliche und militärpolitische Beeinflussung dieser Länder darstellt.«

Das Auswärtige Amt definierte als Hauptinteressen, die DDR aus dem Sudan herauszuhalten und mit der konservativen Abboud-Junta ein Gegengewicht zu Nasser zu schaffen.

Im Dezember 1961, wenige Monate nach dem Bau der Berliner Mauer, gewährte die christlich-liberale Bundesregierung eine militärische Ausrüstungshilfe im Umfang von 120 Millionen DM. Kein afrikanisches oder arabisches Land hat jemals mehr erhalten.

In Verbindung mit großzügigen Ausbildungsprogrammen wurde die sudanesische Armee komplett neu ausgerüstet und dadurch erst in die Lage versetzt, eine gewaltsame Lösung des Süd-Sudan-Konflikts anzustreben. Die Lieferungen umfassten das gesamte Spektrum, von Marschmusiknoten und Stahlhelmen über einen Fuhrpark von 1.200 Mercedes-Lkw, Arsenale an Handfeuerwaffen mittlerer Artillerie – allein 13.165 G3-Sturmgewehre von Heckler & Koch – samt großer Mengen Munition bis hin zu 97 Panzerspähwagen und leichten Transportflugzeugen. Hinzu kam der Aufbau weiterer Produktionslinien in der Munitionsfabrik von Sheggera durch Fritz-Werner.

Dieses Engagement lag zwar im geostrategischen Interesse des Westens, die Entscheidung fiel jedoch völlig selbstständig. Die US-Regierung wurde monatelang über den Inhalt des Militärabkommens im Unklaren gelassen, Großbritannien gar mehr als ein Jahr.

Die Bonner Verantwortlichen ließen sich auch nicht durch zunehmende Berichte über die Eskalation des Südsudankonflikts abschrecken, selbst als das Abboud-Regime im Mai 1962 mit der Ausweisung aller ausländischen Missionare aus dem Süden begann, was zum Kollaps des dortigen Schulwesens führte. Im gleichen Monat reiste der als Hardliner geltende Innenminister Mohamed Ahmed Irwa drei Wochen lang durch die Bundesrepublik Deutschland, um Polizeieinrichtungen zu besichtigen. Der General, der laut einem Vermerk des Auswärtigen Amtes »besondere Beziehungen« zur BRD pflegte, war

»Gast einer Dienststelle des Bundeskanzleramts« – also des Bundesnachrichtendienstes.

Ende 1964 stürzte das Abboud-Regime nach einem Volksaufstand, der Dutzende Todesopfer forderte. Zur selben Zeit brach durch die Presseberichte über die geheime Militärkooperation zwischen der BRD und Israel die Krise der Bonner Nahostpolitik aus, die in der westdeutschen Presse gar als »Stalingrad am Nil« bezeichnet wurde.

Dem ägyptischen Machthaber Nasser musste die Zusammenarbeit schon länger bekannt gewesen sein, weil die Hardthöhe den sudanesischen Militärs israelische Mörsermunition geschenkt hatte. Der spätere Bundespräsident und damalige Außenstaatssekretär Karl Carstens hatte zwar seine Zustimmung zu der Lieferung gerade unter der Bedingung gegeben, den Partnern den Ursprung der Granaten nicht zu nennen. Und die Sudanesen hatten durch die Annahme der kompromittierenden Ladung ein eigenes Interesse, die Sache geheim zu halten. Carstens musste jedoch davon ausgehen, dass der Sachverhalt dem ägyptischen Geheimdienst nicht verborgen bleiben konnte.

Während Nasser den DDR-Staatsratsvorsitzenden Walter Ulbricht für Februar 1965 nach Ägypten einlud, dominierten in Khartoum die »progressiven« Kräfte die zivile Übergangsregierung.

Aus Sorge um einen Durchbruch der DDR im Sudan reiste im Januar einer der wichtigsten Entscheidungsträger des Auswärtigen Amts, Ministerialdirigent Dr. Alexander Böker, nach Khartoum. Im Gepäck hatte er alarmierende BND-Berichte, in denen die Pullacher vor dem Moskauer Interesse warnten, »den Sudan zu zersetzen und eine kommunistische Regierung zu erzwingen, um eine Brücke für den schwarzen Kontinent zu haben«.

Tatsächlich versorgte die linksradikale Fraktion des Interimsregimes die Rebellen im Ostkongo mit Waffen aus der Bonner Rüstungshilfe, auch wenn der BND dies in späteren Stellungnahmen nach Kräften verharmloste.

Wenige Tage vor Ulbrichts Ägyptenreise wurde die Regierung in Khartoum durch Massenproteste paramilitärischer Mahdisten gestürzt. Zwei Monate später schrieb Botschafter

Oswald von Richthofen in einem Geheimbericht an Carstens: »Sudanesische Regierung hat nicht zuletzt mit unserer Unterstützung seit Jahresbeginn Linkseinflüsse erfolgreich eingedämmt«.

Worauf spielte er an?

In den Amtsakten findet sich keine weitere Erwähnung zu dieser wichtigen Frage, dafür aber in den unveröffentlichten Memoiren des damaligen Konsuls Kurt Küpper: »In der Botschaft brütete indes der Freiherr, wie er seinem Freunde, dem Mahdi, beistehen könne. Offenbar erhielten die Kommunisten reichlich bemessene Subsidien entweder von Nasser oder den Sowjets, die beide Morgenluft witterten. Die tatendürstende, traditionelle Ansar aber saß zerstreut in alle Lande, und es gab keinen roten Heller in der Tasche, sie zusammenzuziehen und zu alarmieren. Die Gefahr einer kommunistischen Machtübernahme bestand. Um die Ansar zu bewegen, brauchte man viel Zeit und noch mehr Geld. Irgendwie brachte der Freiherr seine Sorge unter die maßgebenden Leute, verborgene Geldquellen begannen für den Mahdi zu sprudeln. Der Erfolg war verblüffend, als ein Heerwurm von Ansarkriegern, beritten und zu Fuß, das Schwert über die Schulter gegürtet, in Khartoum einmarschierte. Die Kommunisten verschwanden über Nacht in den Untergrund. [...] Nachdem der Freiherr dem Zadiq el-Mahdi mit Rat und Tat geholfen hatte, war unsere Botschaft die angesehenste in der ganzen Stadt.«

Zwar beugte sich die neue BRD-freundliche Regierung im Mai 1965 Nassers Druck, gemäß dem Beschluss der Arabischen Liga die diplomatischen Beziehungen zur Bundesrepublik abzubrechen, nachdem Kanzler Ludwig Erhard im Alleingang die Aufnahme voller Beziehungen zu Israel beschlossen hatte. In der Folge spielte der Sudan jedoch in der Bonner Nahostpolitik eine zentrale Rolle, weil er als erster Staat offenes Interesse an einer Wiederaufnahme der Beziehungen zeigte.

Auf der Hardthöhe analysierte der Stellvertretende Staatssekretär Dr. Werner Knieper: »Die Regierung des Sudan scheint in Ordnung zu sein. Sie ist im so genannten arabischen Block sicherlich am ehesten bereit, aus der Anti-Front auszubrechen. Zudem verbinden uns mit dem Land als einzigen aus diesem ›Block‹ alte Militärhilfebeziehungen mit günstigen Folgeerscheinungen für unsere Wirtschaft. Ich würde daher unsere Haltung: Stellt die diplomatischen Beziehungen wieder her, dann bekommt ihr weitere Hilfe, etwas mehr auflockern und den Sudanesen schon bald einige ›Bonbons‹ geben, um ihre wohlwollende Haltung ständig zu schüren, ihnen so dauernd Anlass zu geben, bei Konferenzen pp. Obstruktion gegen die noch feindlichen Blocktendenzen zu treiben und die erstbeste Möglichkeit zum Ausbrechen zu suchen. Natürlich kann man von einem Land, das Anfang dieses Jahres die Beziehungen abgebrochen hat und das ja auch um seine innere Stabilität ringt, nicht erwarten, dass es jetzt schon ohne ein bisschen Vorbereitung des Bodens und ohne jede Anlehnung den Schritt rückgängig macht. Eine gewisse ›Trauerzeit‹ muss man doch wohl zubilligen.«

Mit »Bonbons« meinte Knieper die von den Sudanesen dringend erbetenen Militärhilfen.

Die meisten Waffenlieferungen erfolgten im Einvernehmen mit dem Auswärtigen Amt nunmehr auf kommerzieller Grundlage, vor allem wieder über die bundeseigene Firma Fritz-Werner. Andere Transfers liefen über die britische Regierung, abgerechnet über das Ausgleichsabkommen für den Devisenaufwand der britischen Rheinarmee. Und unter dem Deckmantel eines zivilen Entwicklungshilfeprojekts baute die Firma von General a. D. Adolf Galland, höchstdekorierter Jagdpilot der Luftwaffe im Zweiten Weltkrieg und Verbindungsmann des BND, eine Schule für Hubschrauberpiloten auf. Auch im Bereich der »Sicherheit« blieben die Beziehungen eng, nicht zuletzt, weil unter Kurt Georg Kiesinger ein alter Bekannter des Sudans Kanzleramts-Chef und damit Koordinator der Geheimdienste von Dezember 1966 bis Dezember 1967 wurde: Knieper, der auch nach seiner baldigen Pensionierung als Lobbyist für die Rüstungsindustrie aktiv blieb. Unter seiner Verantwortung wurde Anfang 1967 das Engagement des BND um zwei Jahre verlängert, zur gleichen Zeit begannen sieben sudanesische Offiziere eine dreimonatige Ausbildung beim MAD, und sechs Polizeioffiziere trafen zu Lehrgängen beim BKA in Wiesbaden ein.

Auch die Lieferung kriminaltechnischer Ausrüstungen, zum Beispiel eines Schießkinos, wurde fortgesetzt.

Welch große Rolle die geheimdienstliche Zusammenarbeit im zwischenstaatlichen Verhältnis spielte, lässt sich daran erkennen, dass wenige Monate nach dem Sechstagekrieg von 1967 Innenstaatssekretär Amir el-Sawi als seit Jahren ranghöchster sudanesischer Gast die Bundesrepublik besuchte – auf Einladung des BND. Dabei betonte Sawi, dass »sein Ministerium durch unsere Hilfen in der Lage war und ist, jeden Einfluss des Ostens vollkommen fernzuhalten«.

Die Visite war ein Gegenbesuch, BND-Präsident Reinhard Gehlen hatte zuvor inkognito Khartoum besucht. Zwar meldete das Bundesministerium für wirtschaftliche Zusammenarbeit mit Hinweis auf den dramatisch eskalierenden Südsudankonflikt schwere Bedenken gegen neue Polizeihilfen an. Das Engagement ging aber trotzdem weiter, auch weil der BND in seinen Stellungnahmen alles tat, die Lage zu verharmlosen. Dies, obwohl die Pullacher Informationen aus erster Hand über das brutale Vorgehen der Regierungstruppen hatten. Zum einen von einem Mercedes-Mechaniker, der im Auftrag der Hardthöhe den Fuhrpark im Kriegsgebiet pflegte, und zum anderen vom Stellvertretenden Militärattache Dr. Werner Diemke, der als ehemaliger Offizier im deutsch-arabischen Bataillon »großes Vertrauen« im Hauptquartier der sudanesischen Armee genoss. Bei seinen eigenen Vorgesetzten stand Diemke allerdings im Verdacht, auch für verbündete Mächte zu spionieren. 1965 hatte BND-Agent Hertz auf der Hardthöhe berichtet: »Soll früher mit französischem ND Verbindungen gehabt haben. Über noch bestehende Verbindung zum britischen ND keine Erkenntnisse.«

Durch die massiven Rüstungsexporte und Geheimdiensthilfen gelang es der Bonner Diplomatie, sich das Wohlwollen der verschiedenen demokratischen Regierungen in Khartoum zu erkaufen. Auch wenn diese zu schwach waren, um die diplomatischen Beziehungen gegen Nassers Widerstand wieder aufzunehmen, so sorgten sie doch lange dafür, dass der DDR ein Durchbruch im Sudan verwehrt blieb. Welch große Rolle der BND in der Bonner Sudanpolitik spielte, zeigt auch sein Einsatz, nachdem am 30. April 1969 der Irak als erstes nichtsozialistisches Land die DDR anerkannt hatte und die Gefahr drohte, dass sich der Sudan anschließen würde.

Anfang Mai bat eine Gruppe von Parlamentsabgeordneten, die sich für die BRD einsetzen wollte, um eine Erklärung der Bundesregierung, aus der die Bereitschaft zu neuen Wirtschaftshilfen hervorgehen sollte. Diese Bitte übermittelten sie dem britischen Geheimdienst, dessen Direktor sich an BND-General Klaus Eschenburg, den Leiter der Bonner BND-Vertretung, wandte. Das Auswärtige Amt übermittelte umgehend auf den selben Kanälen ein entsprechendes Statement. Doch alle Bemühungen nutzten nichts. Am 25. Mai 1969 stürzten »Freie Offiziere« unter Numeri die korrupte Parteienherrschaft. Als erste außenpolitische Handlung verkündeten sie die Entscheidung, die DDR anzuerkennen.

Anfang Juni 1969 nahm der Sudan als erster Staat Schwarzafrikas dauerhaft diplomatische Beziehungen mit dem deutschen Arbeiter-und-Bauernstaat auf. Noch im selben Monat sagte Erich Mielke persönlich Innenminister Faruk Hamadallah und Geheimdienstchef Ziada Satti massive Hilfen zu, darunter die sofortige Lieferung von Ausrüstungen für die Telefonüberwachung. Nur wenige Wochen später trafen in Khartoum die ersten Experten ein, die dem Revolutionsregime beim Aufbau eines zentralen »Staatssicherheitsdienstes« helfen sollten.

Damit begann eine Zusammenarbeit, die zwei Jahre lang den Kern der Beziehungen zwischen der DDR und dem Sudan bildete. Sie erfolgte, wie der ehemalige HV A-Oberst Bernd Fischer bestätigt, in enger Abstimmung mit der UdSSR, auf politischer Ebene über die Zentralkomitees von SED und KPdSU, und auf der Ebene von MfS und KGB zwischen der HV A und der 1. Hauptverwaltung (Aufklärung) des KGB.

Schon im September 1969 trat dann ein MfS-Team, dem auch Mitarbeiter aus dem Ministerium des Inneren angehörten, seinen Dienst in allen Schlüsselpositionen des sudanesischen Innenministeriums an: im Planungsstab für die Reorganisation, in der Nachrichtenabteilung, im Police-College, im Pass- und Meldewesen, im Strafvollzug, im Straßenverkehrsbereich und sogar im Diensthundewesen.

In zwei Bereichen konnten die Ostberliner Spezialisten an die Arbeit der westdeutschen Rivalen anknüpfen. Zum einen war dies im kriminaltechnischen Institut der Fall, wo mehrere

Sudanesen arbeiteten, die einst zur Ausbildung beim BKA gewesen waren. Zum anderen führten ostdeutsche Experten das Werk des Klassenfeinds im Nachrichtenwesen fort, indem sie mehr als die Hälfte der S.E.L.-Telexgeräte reparierten, die der BND geliefert hatte.

Schon im November 1969 gab sich Mielkes Stellvertreter in Khartoum die Ehre: HVA-Chef Markus Wolf reiste unter dem Decknamen Seifert und dem friedlichen Deckmantel einer Delegation des Weltfriedensrats zu Gesprächen mit den sudanesischen Partnern. An Bord der beiden Sondermaschinen brachte er als Gastgeschenk eine Ladung von dreißig Tonnen Waffen und Kriminaltechnik mit.

Mitte 1970 kam in Port Sudan eine 1.120 Tonnen schwere Schiffsladung mit rund 3.600 Handfeuerwaffen, über zwei Millionen Schuss Munition, 3.000 Gummiknüppeln, Motorrädern, Quartiermaterial etc. an. Ende des Jahres erhielten die Sudanesen zudem noch 26 Diensthunde. Der Gesamtwert dieser Materialspenden belief sich auf dreieinhalb Millionen Mark.

Ein weiterer Schwerpunkt der Zusammenarbeit war ein mehrmonatiges Ausbildungsprogramm für 64 Offiziere des sudanesischen Geheimdienstes an der Hochschule des MfS in Potsdam und zwei weiteren MfS-Schulen in Dammsmühle und Gransee. Unter ihnen befand sich einer der engsten Vertrauten von Revolutionsführer Numeri, sein Cousin Abdel Numeri, der als Leiter der Abteilung Nachrichtenwesen eine Schlüsselfunktion in der Security innehatte und schon zu mehreren Spezialkursen in der Bundesrepublik gewesen war. Des Weiteren wurden Dutzende Polizeioffiziere in der DDR fortgebildet, neben Kriminal- und Verkehrspolizisten auch etwa dreißig Beamte, die den Kern einer mysteriösen »Zivil-Verteidigungseinheit« bilden sollten.

Trotz dieser massiven Präsenz gelang es der ostdeutschen Seite nicht, die Bonner Konkurrenz aus dem Land zu drängen. Gerade die Anerkennung der DDR durch den Sudan hatte dazu geführt, dass die ausgehende große Koalition die Hallstein-Doktrin faktisch aufgab. Außenminister Willy Brandt und sein enger Vertrauter Egon Bahr setzten durch, dass die verbliebenen Positionen in Ländern, die die DDR anerkannt hatten, nicht mehr automatisch geräumt werden sollten.

Im Fall des Sudan erwies sich die Munitionsfabrik von Sheggera als harter Kern der Restbeziehungen. Fritz-Werner erhielt nach wie vor großzügige Ausfuhrgenehmigungen für Hunderte Tonnen Vorprodukte, Ein Geisenheimer Team leitete weiterhin den Betrieb der Rüstungsschmiede, obwohl der Servicevertrag ausgelaufen war.

Weil das Numeri-Regime eine diskrete Politik der Zweigleisigkeit fuhr, brach es auch die geheimdienstlichen Kontakte nicht ab. BND-Resident Rolf Pröscholdt, der den Posten von seinem Stiefvater »Ohlbrück« übernommen hatte – nur ein Beispiel von vielen für die Vetternwirtschaft unter Reinhard Gehlen –, blieb in Khartoum aktiv. Als Anfang 1970 das MfS seinen sudanesischen Partnern nur gegen Bezahlung Fernschreibanlagen liefern wollte, lockte kurze Zeit später ein Angebot, zwei Offiziere in der Bundesrepublik auszubilden und S.E.L.-Geräte zu liefern, woraufhin sich das sudanesische Innenministerium gegen den Kauf der ostdeutschen Fabrikate entschied. Belegt ist überdies, dass das BKA immer noch – kleinere – Materialsendungen an die langjährigen Verbündeten schickte.

Nicht bewiesen ist hingegen die Behauptung der Ostberliner Publizisten Charisius und Mader, dass der BND massenhaft Infanteriewaffen für eine Revolte des Imams El Hadi el-Mahdi lieferte. Nach der blutigen Niederschlagung der Erhebung vom März 1970 – die ägyptische Luftwaffe unter Hosni Mubarak kam Numeri zu Hilfe und tötete bei ihren Angriffen Hunderte Mahdisten – meldeten die MfS-Agenten zwar, dass im Hauptquartier der Aufständischen »Granatwerfer sowie Maschinengewehre vorwiegend westdeutscher Herkunft« gefunden wurden.

Wahrscheinlich stammten diese jedoch aus mahdistischen Armeekreisen. Völlig abwegig ist die ostdeutsche These allerdings nicht. Schon im Juni 1969 war dem DDR-Geheimdienst HV A eine Intensivierung der Kontakte zwischen »westdeutschen Kreisen« und den Mahdisten aufgefallen. Im selben Monat hatte der Leiter der bundesdeutschen Interessenvertretung, Dr. Theodor Mez, dem Auswärtigen Amt in einem Geheimschreiben empfohlen, »dass wir durch Unterstützung des Imams unsere Position in Saudi-Arabien und unter anderem Jordanien verbessern könnten«. Der politische Direktor Dr. Paul Frank sprach sich jedoch dagegen aus.

Fest steht hingegen, dass der BND als einer von vielen Geheimdiensten in eine andere Covert Action verwickelt war. Im Juni 1969, nur wenige Wochen nach dem Machtwechsel in Khartoum, unternahm der Ex-Söldner Rolf Steiner mit einer Rebellenmiliz eine Erkundungsreise durch den Südsudan. Was brachte ihn dorthin?

Der gebürtige Münchner war 1950 als Siebzehnjähriger in die Fremdenlegion eingetreten, für die er im Suezkrieg, in Korea und Vietnam kämpfte. In Algerien stand er zeitweise im Verdacht der Beteiligung an einer OAS-Verschwörung gegen Charles de Gaulle. 1967 ging er im Auftrag eines französischen Geheimdienstes nach Nigeria, um im dortigen Bürgerkrieg auf Seiten der Sezessionisten eine führende Kommandostellung einzunehmen. Nach seinem Abgang aus Biafra reiste Steiner im März zusammen mit dem prominenten Schauspieler Günter Meisner, Biafra-Aktivisten, und einem anderen Exlegionär, dem Engländer Alexander Bullingham, nach Rom. Dort trafen sie mit dem deutschen Direktor von Caritas Internationalis, Dr. Carlo Bayer, und Pater Agostini von den Comboni-Missionaren (»Verona Patres«), zusammen. Diese verwiesen Steiner und Bullingham an Dr. Franz Gypkens in Frankfurt am Main, einen ehemaligen Angehörigen des Ordens der »Weißen Väter«, die sich in der Missionierung Schwarzafrikas engagierten.

Gypkens, der als Vorsitzender der »Förderungsgesellschaft Afrika e. V.« (FGA) am Aufbau eines Hilfsprogramms für den Südsudan interessiert war, schickte Steiner wiederum nach Köln zum »Werbeinstitut Günter Kaplan«. Dessen Inhaber Günter Kaplan hatte sowohl von Gypkens als auch von der in Frankfurt am Main beziehungsweise Amberg ansässigen Hilfsorganisation »Action Medico« den Auftrag, die technische Seite einer Sudanaktion durchzuführen. Dabei agierte Kaplan selbst nur als Mittelsmann, der seinerseits zwei Briten, Anthony Stephen Divall und Beverly Gayer Barnard, mit der Ausführung beauftragte. Die beiden arbeiteten im Auftrag oder zumindest mit dem Einverständnis des britischen Auslandsnachrichtendienstes MI 6.

Aufzeichnungen der beiden belegen, dass sie Steiner im Juni 1969 von Uganda aus in den Südsudan einschleusten. Mit Unterstützung einer Rebellengruppe, den »Anjidi« von General Emilio Taffeng, begann er im Dreiländereck von Morta an der Grenze zu Uganda und Kongo den Bau einer Flugpiste. Außerdem hatte er den Auftrag, eine Funkverbindung zu Barnard in Kampala einzurichten. Während seiner zeitlich begrenzten Mission beschloss Steiner jedoch, sich intensiver zu engagieren. Taffeng erkannte ihm die Staatsbürgerschaft von Anjidi zu und ernannte ihn zum alleinigen Repräsentanten für Europa im Range eines Kommandanten.

Nach wenigen Wochen im Busch kehrte Steiner Anfang August 1969 in die Bundesrepublik zurück, um von Köln aus Unterstützung für seine Pläne zu suchen. [...] Er traf jedoch im November 1969 wieder im Südsudan ohne substanzielle Unterstützung aus Europa ein. Ein Jahr lang blieb er im Gebiet der Anjidi, wo er eine Hühner- und Gemüsefarm aufbaute und Rebellen trainierte, sich aus Kampfhandlungen aber mit einer einzigen Ausnahme heraushielt.

Im Oktober 1970 wurde Steiner in Uganda verhaftet. [...] Gemäß Beschluss der OAU-Außenminister nach einem Söldnerputsch in Guinea war jeder in einem Mitgliedsstaat verhaftete Söldner an das Land zu übergeben, das ihm seine Tätigkeit vorwarf. [...] So ließ Milton Obote den Ex-Legionär Mitte Januar 1971 an den Sudan ausliefern. Steiner wurde unter strengster Geheimhaltung mit einem sudanesischen Militärflugzeug nach Khartoum geflogen und dort wenige Tage nach seiner Ankunft von Revolutionsführer Numeri der Weltöffentlichkeit präsentiert. [...]

In sudanesischer Haft wurde Steiner nach eigenen Angaben zunächst wochenlang von sudanesischen Folterknechten brutalst gequält. Umso jovialer gaben sich dann die beiden MfS-Offiziere Gerhard Niebling und Karli Coburger, zu denen Steiner ein herzliches Verhältnis fand, ohne ihnen freilich alle Geheimnisse preiszugeben.

Zur selben Zeit beauftragte das MfS die Ostberliner Dokumentarfilmer Walter Heynowski und Gerhard Scheumann, die 1966 bereits den erfolgreichen Propagandastreifen »Der lachende Mann« über den berüchtigten Söldner Siegfried

»Kongo« Müller produziert hatten, mit Nachforschungen in der Bundesrepublik und Frankreich. Ihrem westdeutschen Kameramann Peter Hellmich, der als Bundesbürger unverdächtiger agieren konnte, gelang es, Äußerungen von fast allen Hauptakteuren der Affäre auf Tonband aufzuzeichnen – teils offen, teils heimlich. Die konspirativen Dokumentaristen gelangten zu dem Ergebnis, dass Gypkens »wahrscheinlich« für den BND arbeitete und überdies mit dem Mossad und dem MI 6 kooperierte.

Fest steht, dass Gypkens über exzellente Kontakte zu führenden CDU-Kreisen verfügte. Auffällig ist auch, dass Steiner während seines ersten Aufenthalts in Uganda das dortige Lufthansa-Büro als logistische Anlaufstelle nutzen durfte, obwohl sein Kampfeinsatz in Biafra weithin bekannt war. Markus Wolf weist in seinen Memoiren darauf hin, dass der damalige Afrikadirektor der Lufthansa General a. D. Horst Alexander von Mellenthin war: ein ehemaliger Stellvertreter von BND-Gründer Gehlen.

Verdächtig sind auch die Umstände, wie Steiner kurz vor seiner Abreise im Juni 1969 einen Reiseausweis bekam. Das Auswärtige Amt hatte nämlich ein halbes Jahr zuvor die Weisung ausgegeben, Steiners abgelaufenen Pass nicht zu verlängern, weil es erhebliche Belange der Bundesrepublik gefährdet sah. Trotzdem gelang es Kaplan, dessen »Werbebüro« Markus Wolf als »Geheimdienstunternehmen« bezeichnet, Steiner innerhalb kürzester Zeit »auf dubiose Weise«, so das Auswärtige Amt, einen von der Stadt Köln ausgestellten Pass zu besorgen. [...]

Der Mossad, der eine südsudanesische Rebellenfraktion aufrüstete, um die nordsudanesischen Regierungstruppen von einem stärkeren Engagement am Suezkanal abzuhalten, betrachtete aber Steiner als lästige Konkurrenz. [...]

Kurz bevor Steiner vor ein Kriegsgericht gestellt werden sollte, überschlugen sich in Khartoum die Ereignisse. Nach einem monatelangen Machtkampf innerhalb des Revolutionsregimes stürzte eine von der Kommunistischen Partei unterstützte Gruppe von Offizieren Numeri am 17. Juli 1971. Dessen Anhänger eroberten aber mit Unterstützung des neuen ägyptischen Präsidenten Sadat nach drei Tagen heftiger Kämpfe die Macht zurück.

Wenige Wochen später mussten die ostdeutschen »Sicherheitsberater«, die zumindest grundsätzlich von den kommunistischen Putschabsichten gewusst hatten, das Land verlassen. Zwar wurde noch im August der Schauprozess gegen Steiner eröffnet . [...] Es kam aber nicht zur von Numeri beabsichtigten Hinrichtung. [...]

Numeri wollte nach Abkehr vom sowjetischen Block [...] westliche Kapital- und Militärhilfen. Das Auswärtige Amt unterstützte den Kurswechsel, indem es Fritz-Werner großzügige Rüstungsexportgenehmigungen erteilte. [...]

Kurz vor Verkündigung des Urteils gegen Steiner, Ende Oktober 1971, reiste der Arabienexperte der Bundesregierung, Hansjürgen Wischnewski, nach Khartoum, wo Numeri ihn um neue Finanz- und Rüstungshilfen bat. Der SPD-Politiker bat seinerseits, Steiners Leben zu schonen – obwohl man sich in Bonn gar nicht sicher war, ob der Ex-Legionär nicht die französische Staatsbürgerschaft angenommen hatte und damit Paris zu konsularischem Beistand verpflichtet gewesen wäre. In einer Aufzeichnung des Auswärtigen Amts hieß es: »Der BND teilte mit, dass ihm selbst keine Unterlagen hierüber vorliegen, die französische Schwesterorganisation jedoch erklärt habe, dass Steiner nicht die französische Staatsangehörigkeit besitze. Ob diese Auskunft richtig sei, könne man im BND nicht beurteilen.«

Tatsächlich erhielt Wischnewski Numeris Versprechen, dass Steiner eine Haftstrafe erhalten und nach wenigen Jahren freigelassen würde. Wenige Tage später wurde Steiner zum Tode durch Hängen verurteilt, Numeri wandelte die Strafe aber umgehend in zwanzig Jahre Haft um.

Vor diesem Hintergrund setzte sich das Nahostreferat des Auswärtigen Amts noch im November für die schnelle Entsendung von Experten ein, die die S.E.L.-Telexgeräte im sudanesischen Innenministerium reparieren sollten. Denn der neue Innenminister war »aus den Zeiten der Militärhilfe ein Freund« der Bundesrepublik und »für uns künftig aus mancherlei Gründen (DDR-Überwachung) von Bedeutung«. Im gleichen Monat berichtete der Leiter der bundesdeutschen Interessenvertretung, Dr. Klaus Aurisch, über ein Gespräch, das er auf einem Empfang der sowjetischen Botschaft mit einem DDR-

Diplomaten geführt hatte: »Auf meine Frage, ob ich jetzt wieder ruhig telefonieren könne, meinte er lächelnd: Ja. Im Übrigen regte er an, wir könnten die frei gewordenen Posten jetzt ja wieder besetzen.«

Am 23. Dezember 1971 nahm der Sudan als drittes arabisches Land nach Jordanien und Algerien die diplomatischen Beziehungen zur Bundesrepublik wieder auf. Zwar verlor der Sudan für die Bonner Strategen durch den Abschluss des deutsch-deutschen Grundlagenvertrags an Bedeutung, weswegen die BND-Residentur noch 1972 aufgegeben wurde und fortan die in Nairobi beim Partnerdienst »Kudu« stationierten Agenten für Khartoum zuständig wurden. Trotzdem ereichte die Hilfe für den sudanesischen »Sicherheitsapparat« sehr bald wieder das frühere Niveau.

Schon im Juni 1972 reiste der neue alte Polizei- und Geheimdienstchef Satti in die Bundesrepublik, wo er unter anderem das Bundesamt für Verfassungsschutz in Köln besuchte. Kurz darauf stimmte Außenminister Scheel der Förderungswürdigkeit von Polizeiprojekten für den Sudan zu, gegen den Widerstand des Bundesministeriums für wirtschaftliche Zusammenarbeit, das er einst gegründet hatte. Dabei ging es vor allem um die Lieferung von Kraftfahrzeugen und Nachrichtentechnik und die Wiederaufnahme von Ausbildungsprogrammen durch das BKA, verschiedene Landeskriminalämter (insbesondere das von Rheinland-Pfalz) und den BND. Den Kontakt nach Pullach zum ehemaligen Residenten Pröscholdt hielt Numeris Cousin Abdel.

Parallel dazu rüstete die sozialliberale Bundesregierung auch die sudanesischen Streitkräfte wieder auf. Zwar war dies weniger heikel als in den Vorjahren, da Numeri im März 1972 mit den südsudanesischen Rebellen eine friedliche Beilegung des siebzehn Jahre wütenden Konflikts erreicht hatte. Weil aber sudanesische Soldaten entsprechend einer innerarabischen Vereinbarung am Suezkanal stationiert waren, musste der Sudan eigentlich als Spannungsgebiet eingestuft werden. Trotzdem erhielten die Militärs neue Arsenale an Handfeuerwaffen: G3-Gewehre, Maschinenpistolen HK MP5 und Maschinengewehre HK21 von Heckler & Koch sowie Rheinmetall-Maschinengewehre des neuen Typs MG3.

Diese Lieferungen wurden auch nach dem Yom-Kippur-Krieg von 1973 fortgesetzt.

Der Sudan blieb auch ein Krisengebiet, nachdem Numeri als einziger arabischer Staatschef den ägyptisch-israelischen Friedensprozess unterstützte. Denn auf der anderen Seite eskalierten die Spannungen mit Äthiopien, wo 1974 Kaiser Haile Selassie gestürzt worden war. Als dort das Derg-Regime Anfang 1977 den Bruch mit den USA vollzog und massive Militärhilfen aus dem Ostblock annahm, erklärte Numeri offen seine Unterstützung für die eritreischen Rebellen. Dies war ganz im geopolitischen Interesse der Bonner Strategen.

Im Protokoll zu einer Konferenz, welche die in der Region stationierten Botschafter 1980 abhielten, heißt es, die Bundesregierung halte wie die US-Administration »westliche Gegenmaßnahmen in diesem Raum zur Wiederherstellung und Aufrechterhaltung des globalen Gleichgewichts für erforderlich und ist bereit, diese zu unterstützen«. Dem Sudan maß sie dabei eine Schlüsselfunktion zu. Im Klartext bedeutete dies, dass das Numeri-Regime weiterhin mit Kriegsgerät versorgt wurde, obwohl das Land als Kriegsgebiet eingestuft werden musste.

Anfang 1978 erteilte das Auswärtige Amt Fritz-Werner eine Ausfuhrgenehmigung für Maschinen zum Ausbau der Munitionsfabrik von Sheggera. 1979 und 1980 erhielt die sudanesische Polizei zwanzig Hubschrauber vom Typ BO-105 C aus der Waffenschmiede von MBB. Die Maschinen wurden zwar in »ziviler« Version ausgeliefert, jedoch wurde zumindest ein Geschwader im Sudan zu Helicopter-Gunships für die Armee umgerüstet. Die staatliche U. S. Arms Control and Disarmament Agency beziffert den Wert der bundesdeutschen Rüstungsexporte in den Sudan zwischen 1976 und 1985 gar auf 480 Millionen US-Dollar. Hinzu kamen nämlich auch noch viele Geschäfte, die vor allem durch Saudi-Arabien finanziert wurden und die Bundesrepublik zum wichtigsten Lieferland der sudanesischen Streitkräfte machten.

Auch auf anderen Umwegen gelangte deutsche Kriegstechnik in den Sudan. So erhielt die sudanesische Armee von Ägypten mehrere Dutzend gepanzerte Truppentransporter vom Typ Walid Mk l, der dort auf der Basis eines Magirus-Deutz-Chassis

Oberst Bernd Fischer in Kuweit, 1982

in Lizenz produziert wurde. Und der seinerzeit in Saudi-Arabien tätige Mitarbeiter von Heckler & Koch, Michael Lehmann, erklärte dem Friedensforscher Jürgen Grässlin, dass das wahabitische Königreich mit Wissen der deutschen Partner G3-Gewehre in den Sudan exportierte, die es in einer von Fritz-Werner errichteten Waffenschmiede in Lizenz produzierte. »Der Trick ist einfach. Von Saudi-Arabien her weiß ich, dass man nicht gewillt ist, eine Endverbleibsklausel in Arabisch zu unterzeichnen, in Englisch wird das akzeptiert. Das heißt, in Englisch ist es wiederum in Saudi-Arabien rechtlich nicht gültig.«

Der ehemalige HV A-Oberst Bernd Fischer erinnert sich, dass der BND eritreische Rebellengruppen im Sudan unterstützte. Dies erscheint nur logisch, da die DDR dem äthiopischen Militärregime riesige Mengen Kriegsgerät lieferte, allein 1977/78 sechzigtausend Maschinenpistolen AKM aus eigener Produktion. Für Fischers Behauptung spricht auch, dass Gerhard Mertins im November 1977 mit einem Vertreter von Thyssen-Rheinstahl nach Khartoum reiste. Dem bundesdeutschen Botschafter Hans Hermann Kahle erklärte er unumwunden, »dass er an der Lieferung von Waffen an verschiedene Länder des Nahen Ostens und Afrikas interessiert sei«.

Zwar gab er keine Details preis, Kahle gewann aber den Eindruck, dass Mertins nicht nur über sehr gute Beziehungen zur CDU/CSU verfügte, sondern auch »zu allen Stellen, die sich mit Waffenproduktion und -export befassen«. Fest steht, dass die eritreischen Rebellen über Sudan und Saudi-Arabien westdeutsche Ausrüstungen erhielten. Der äthiopische Machthaber Mengistu berichtete bereits im Juli 1977 vor den Botschaftern der sozialistischen Staaten, dass die Aufständischen über gepanzerte Fahrzeuge aus der BRD verfügten. Belegt ist der Einsatz von Mercedes-Lkw in militärischer Ausführung durch eritreische Milizen. Und zumindest die Tigrean People's Liberation Front (TPLF) kämpfte mit dem deutschen G3 als Standardwaffe. [...]

Bonn streckt seine Fühler nach Damaskus aus

Mit der Machtübernahme der Sozialisten in Syrien wurde der sowjetische Nachrichtendienst 1963 zum wichtigsten Partner der Dienste in Damaskus. Moskau war bereits lange vorher geheimdienstlich im Lande aktiv, doch nun wurden die Beziehungen institutionalisiert. Es kam zum Austausch von Verbindungsoffizieren, und ein erster Stab von KGB-Beratern wurde aktiv, deren Nachfolger noch heute in der syrischen Hauptstadt wirken.

Die Hauptverwaltung Aufklärung des Ministeriums für Staatssicherheit unterhielt zwar Kontakte zum syrischen Nachrichtendienst, die jedoch nie vertraglich geregelt waren oder zum Austausch von Residenten geführt hätten, erläutert Bernd Fischer, der von 1969 bis 1974 als Resident der HV A in Kairo war. Das hat die DDR jedoch nicht gehindert, operativ in Syrien tätig zu werden. Der DDR-Geheimdienst führte seit den 60er Jahren auf streng konspirativer Basis zahlreiche ergiebige Innenquellen im Staats- und Geheimdienstapparat sowie in anderen Bereichen. Diese Quellen wurden zum größten Teil auch nach politischen Veränderungen in Syrien, als Hafez el-Assad 1970 die alleinige Macht übernommen und viele Auswechslungen in der Spitze von Politik und Militär vorgenommen hatte, mit gutem Erfolg weitergeführt, zumeist bis 1990.

Der BND hatte nach der Ostorientierung des Landes nur sehr lose Verbindungen zu den syrischen Diensten. Hans Dieter Raethjen, bis Januar 1974 Major im BND, berichtete allerdings, er habe am Ende der 60er Jahre im Auftrag des Dienstes in Italien illegal Handfeuerwaffen aufgekauft, die für Damaskus bestimmt gewesen seien.

Im September 1993 verlautbarte der Bundesnachrichtendienst, er habe seit 1989 eine Legalresidentur in Damaskus, und gab zur Begründung an, es sei bei der Kooperation mit einem der syrischen Nachrichtendienste um die gemeinsame Bekämpfung des Drogenhandels gegangen.

Diese kurze Erklärung entsprach in beiden Kernpunkten jedoch nicht der Wahrheit. Zum einen war der Pullacher Posten bereits 1986 aufgebaut worden, zum anderen war der syrische Dienst selbst in das Drogengeschäft verstrickt. [...]

Als der BND 1987 seine Freundschaftsbande zu den Syrern knüpfte, war die diplomatische Vertretung Bonns in der Abdulmunem-al-Riad-Straße bereits seit mindestens acht Jahren Opfer syrischer Ausspähung. Unterstützt vom DDR-Auslandsnachrichtendienst HV A, waren zwei Agenten des syrischen Nachrichtendienstes als Zivilangestellte in der deutschen Botschaft platziert worden. Erst 2003, nachdem eine Computerdatei der HVA ausgewertet worden war, stießen Ermittler des BKA auf einen umfangreichen Verrat: Die Agenten mit den Decknamen »Ahmed« und »Tafel« hatten insgesamt 1.778 Einzelinformationen – darunter vertrauliche Analysen der Nato, Berichte des Militärattaches und Protokolle nahöstlicher Geheimdiplomatie – nach Ostberlin geliefert.

So ertragreich konnte der Beutezug der Syrer nur sein, weil es in der diplomatischen Vertretung Bonns erhebliche Sicherheitslücken gab, die Ende der 80er Jahre bereits vom BND und dem Auswärtigen Amt erkannt, aber nicht geschlossen wurden:

Der Leiter der Telefonzentrale war Mitglied der palästinensischen Volksfront (PFLP) [...]; die geheime Zahlenkombination für den Zugang zum Fernschreib- und Chiffrierraum hing offen an einem Feuerlöscher; der syrische Vermieter besaß Schlüssel zu allen Räumen, sodass die Botschaft nachts unbemerkt verwanzt werden konnte.

»Tafel« schaffte es überdies, als dritten Agenten seinem Sohn eine Anstellung als Pförtner zu verschaffen. Weil Ermittlungen vor Ort aus Rücksicht auf die deutsch-syrischen Beziehungen vom Auswärtigen Amt blockiert worden waren, stand der Pförtner noch 2003 im Dienst der Botschaft und arbeitete –nach dem Ende der DDR – ausschließlich für den Damaszener Dienst. Im Jahr 2006 war das Verfahren der Bundesanwaltschaft noch nicht abgeschlossen. Die Karlsruher Ermittler hegen immer noch den Verdacht, dass auch ein deutscher Botschaftsangehöriger in den Spionagefall verwickelt war.

Die nahezu vollständige Kenntnis der Geheimunterlagen der deutschen Botschaft, einschließlich des über den Chiffrierraum laufenden BND-Meldungsaufkommens, erklärt so manchen Rückschlag im deutsch-syrischen Verhältnis einschließlich der Schwierigkeiten bei den Geiseldramen. Auch da, wo der Botschafter oder der BND-Resident nicht mit offenen Karten spielte, konnte ihnen der »Silberfuchs« in die Karten gucken. [...]

Anlage 1

Struktur der Arbeitsrichtung Dritte Welt in der HV A

Leiter der HV A

Stellvertreter

Leiter Abteilung III

1. Stellvertreter des Leiters der Abteilung III

Bereich B	Bereich C	Bereich D
Referate	Referate	Arbeitsgruppe
Nahost	Afrika	Arbeitsbereich Partnerarbeit
PWB*	Lateinamerika	
Süd-Südostasien		
Residenturen Verbindungsoffiziere	Residenturen Verbindungsoffiziere	Einsatzgruppen Verbindungsoffiziere

* Palästinensische Widerstandsbewegung

Anlage 2

Diensteinheiten des MfS, die am Wirken in der Dritten Welt in Federführung der Hauptverwaltung A beteiligt waren

Zum einen erstreckte sich die Tätigkeit vieler der nachgenannten Diensteinheiten auf die Unterstützung und Sicherstellung der durch die HV A im Ausland eingesetzten Angehörigen (LAR, Einsatzgruppen, Einzeleinsätze) im Verbindungswesen, mit Nachrichten- und Chiffriermitteln, Fototechnik u. ä. sowie mit dem Einsatz und der Bewaffnung von Objektsicherungskräften, die auf Grund gesonderter staatlicher Vereinbarungen in den Auslandsvertretungen der DDR in Ländern mit höchsten Gefährdungen zeitweilig zum Einsatz kamen (Libanon, Mosambik, Afghanistan).

Die Beteiligung der Diensteinheiten des MfS am Wirken in der Dritten Welt erfolgte zum anderen im Rahmen der partnerschaftlichen Zusammenarbeit mit Schutz- und Sicherheitsorganen in Ländern im Nahen und Mittleren Osten, in Afrika und Lateinamerika durch die Entsendung von Spezialisten und Experten als Berater und Ausbilder beim Aufbau entsprechender eigener Organe und Dienste, durch Unterstützung bei der Ausbildung einheimischer Kader, bei der Unterrichtung und beim Training der Nutzung und Aneignung von technischen Geräten und Hilfsmitteln, Nachrichtentechnik usw., bei der Realisierung und Absicherung von umfassenden gesamtstaatlichen Maßnahmen wie Geldumtausch und Währungsreformen, beim Aufbau von Grenzkontrollsystemen und bei der Errichtung von Gebäuden für Ausbildung und Qualifizierung, von Dienstgebäuden und Personalunterkünften u. a.

Hauptabteilung I (HA I): Militärabwehr, Absicherung der Nationalen Volksarmee und der Grenztruppen der DDR,
Hauptabteilung II (HA II): Spionageabwehr,
Hauptabteilung III (HA III): Funkabwehr und Funkaufklärung,
Hauptabteilung VI (HA VI): Grenzkontrolle, Fahndung,
Hauptabteilung VII (HA VII): Absicherung der Organe des

Ministeriums des Innern (Deutsche Volkspolizei und andere Dienstzweige des MdI) und der Zollverwaltung der DDR,
Hauptabteilung VIII (HA VIII): Beobachtungen und Ermittlungen,
Hauptabteilung XIX (HA XIX): Untersuchungen im Rahmen der Strafprozessordnung
(selbständige) Abteilung X (MfS/X): internationale Beziehungen, Verbindungen mit Partnerorganen in sozialistischen Staaten,
(selbständige) Abteilung XI (MfS/XI): Chiffrierwesen
Hauptabteilung XVIII (HA XVIII): Sicherung der Volkswirtschaft,
Hauptabteilung XIX (HA XIX): Sicherung des Verkehrswesens,
Hauptabteilung XX (XX): Sicherung des Staatsapparates und der Bereiche Volksbildung, Wissenschaft und Kultur, gesellschaftliche Organisationen
Hauptabteilung PS (HA PS): Personenschutz, Betreuung
Hauptabteilung Kader und Schulung,
(selbständige) Abteilung N (MfS/N): Nachrichten
Sektor Operativ-technische Sicherstellung (OTS): operativtechnische Spezialtechnik, Einsätze und technische Untersuchungen
(selbständige) Abteilung Bewaffnung und Chemischer Dienst (MfS/BCD): Waffen, Munition, Chemische Ausrüstung, Schutz gegen Massenvernichtungswaffen, Strahlen- und Giftschutz
Arbeitsgruppe des Ministers (AGM): Mobilisierung, Zusammenwirken mit der Nationalen Volksarmee, Zivilverteidigung
Arbeitsgruppe des Ministers S (AGM/S): militärische Spezialkräfte, Ausbildung von Einsatzkräften für spezielle Sicherungsaufgaben unter Waffen
Hochschule des MfS (Juristische Hochschule Potsdam-Eiche): mit Institut für internationale Beziehungen
Wachregiment des MfS »Feliks Edmundowitsch Dzierzynski«
Zentraler Medizinischer Dienst des MfS

Anlage 3

Dienste und Organisationen, mit denen es im Rahmen des Wirkens der Hauptverwaltung A in der Dritten Welt partnerschaftlichen Zusammenarbeit, Konsultationsbeziehungen, zeitweilige Kontakte oder Sondierungsgespräche gab.
Die den Namen beigefügten Abkürzungen entsprechen der englisch-, französisch-, spanisch- bzw. portugiesischsprachigen Version dieser Namen

Befreiungsorganisationen:

Naher und Mittlerer Osten
Palästinensische Befreiungsorganisation (PLO)
Nationale Bewegung für die Befreiung Palästinas - Fatah
Volksfront für die Befreiung Palästinas (PFLP)
Demokratische Front für die Befreiung Palästinas (DFLP)
Befreiungsfront von Bahrain
Sozialistische Fortschrittspartei Libanons
Befreiungsfront der Westsahara – POLISARIO
Nationale Befreiungsfront Algeriens (FLN)

Subsaharisches Afrika
Afrikanischer Nationalkongress (ANC)
Volksbefreiungsfront von Mosambik (FRELIMO)

Volksbefreiungsfront von Angola (MPLA)
Südwestafrikanische Volksbefreiungsorganisation(SWAPO)
Afrikanische National-Union von Simbabwe (ZANU)
Afrikanische Volksunion von Simbabwe (ZAPU)
Eritreische Befreiungsfront (ELF)
Eritreische Befreiungsfront –Revolutionsrat (ELF-RC)
Eritreische Volksbefreiungsfront (EPLF)

Lateinamerika
Sandinistische Befreiungsfront von Nicaragua (FSLN)
Neue Juwelen-Bewegung von Grenada

Dienste von Staaten

Naher und Mittlerer Osten
Arabische Republik Ägypten
Volksdemokratische Republik Jemen
Demokratische Republik Sudan
Jemenitische Arabische Republik
Libysche Arabische Volksjamahirija
Syrische Arabische Republik

Subsaharisches Afrika
Republik Äthiopien
Volksrepublik Angola
Volksrepublik Mosambik
Volksrepublik Sansibar/Vereinigte Republik Tansania
Republik Ghana
Republik Sambia
Republik Kongo

Lateinamerika
Republik Kuba
Republik Chile
Republik Nicaragua
Staat Grenada

Anlage 4

Auszüge aus dem Abschlussbericht über die Auflösung der Hauptverwaltung Aufklärung vom 25. Juni 1990 und aus der Ergänzung zum Abschlußbericht vom 31. August 1990

Am 20. Februar 1990 beschloss die Arbeitsgruppe Sicherheit des Zentralen Runden Tisches die ersatzlose Auflösung der HV A. Dazu erfolgte am 23. Februar 1990 ein gesonderter Antrag des Regierungsbevollmächtigten zur Beschlussfassung über die weitere Auflösung der HV A. Der Beauftragte des Ministerpräsidenten und das Komitee zur Auflösung des Amtes für Nationale Sicherheit legten die Grundlinie der Auflösung der HVA [...] fest:

[...]

Im Zusammenhang mit der Umprofilierung waren im Oktober/November 1989 jene Offiziere im besonderen Einsatz entlassen worden, die als Chiffreure tätig waren und ein neues Arbeitsrechtsverhältnis beim Zentralen Chiffrierorgan fanden.

Des Weiteren wurden jene OibE entlassen, die als Sicherheitsbeauftragte bzw. Objektssicherungskräfte in Auslandsvertretungen und anderen Einrichtungen der DDR im Ausland tätig waren. Sie wurden abberufen bzw. von ihren Trägerinstitutionen, in der Regel vom Ministerium für Auswärtige Angelegenheiten, in ein Dienstverhältnis übernommen. Dieser Prozess wurde bis Ende Dezember 1989 abgeschlossen.

[...]

Die nachrichtendienstliche Tätigkeit der Hauptverwaltung Aufklärung ist seit dem 24. Februar 1990 vollständig eingestellt. In den meisten Positionen, vor allem in der BRD, erfolgte dies schon wesentlich früher (teilweise Ende 1989). Einzelaktionen zur Abwicklung und Absicherung der Beendigung der nachrichtendienstlichen Tätigkeit sowie zur Regelung humanitärer Fragen erfolgen in Ausnahmen noch bis Ende Juni 1990. Dabei wurden und werden keine Aufträge erteilt. Die dazu noch erforderlichen stark reduzierten Agenturfunksendungen wurden am 31. Mai 1990 beendet.

Die Einstellung der Arbeit erfolgte entsprechend der politischen Grundlinien und Festlegungen der Regierung der DDR (siehe Anträge Regierungsbeauftragter an Arbeitsgruppe Sicherheit des Zentralen Runden Tisches) und zum Schutz der Quellen und beteiligter Personen und unter Berücksichtigung der außenpolitischen Interessen der DDR und ihrer Verbündeten.

Die Zusammenarbeit mit Sicherheitsorganen anderer Staaten wurde eingestellt. Es wurden und werden weder Strukturen noch Agenturen übergeben. Beratergruppen bzw. Verbindungsoffiziere, die in sechs Staaten (Südjemen, Mosambik, Angola, Tansania, Äthiopien, Nicaragua) eingesetzt waren, beendeten im Februar ihre Tätigkeit. Alle Angehörigen sind bis Ende März 1990 in die DDR zurückgekehrt und per 31. März 1990 entlassen worden.

Die Arbeit mit allen Residenturen (speziell auch legal abgedeckte Residenturen in Auslandsvertretungen der DDR) und Agenturen wurde per 24. Februar 1990 beendet. Zum größeren Teil erfolgte das bereits im Dezember 1989. Es wurde ihnen untersagt, Vorgänge, Technik und materielle Werte an andere Geheimdienste oder Landessicherheitsorgane zu übergeben. Offenbarungen/Offenlegung operativen Wissens gegenüber Geheimdiensten oder Landessicherheitsorganen wurde gleichfalls verboten.

Das technische Verbindungswesen wurde eingeschränkt, die Funk- und Kurierverbindung in den legal abgedeckten Residenturen in Auslandsvertretungen bereits Ende November 1989 eingestellt. Die materiellen Fonds der Auslandsresidenturen wurden in Rechtsträgerschaft der Auslandsvertretungen der DDR übergeben. Die Abrechnung der finanziellen Mittel erfolgte strikt vorgangsgebunden.

Durch eine konsequente und planmäßige Arbeit (siehe Anlage) gelang es, den Beschluss der Arbeitsgruppe Sicherheit des Zentralen Runden Tisches zu verwirklichen, alle Mitarbeiten einschließlich OibE aus dem Dienstverhältnis per 31. März 1990 zu entlassen. Entsprechend diesem Beschluss sollten in Ausnahmefällen, die begründet sind

– sozialen Frage (Arbeitsstelle Ehepartner, Schulbesuch der Kinder, Fehlen einer Wohnung/Arbeit),

– Erfordernisse der eigenen Sicherheit und Konspiration sowie der Sicherheit der Auslandsvertretungen und ihrer Arbeit,

– staatliche politische Interessen,

ehemalige OibE ohne zeitliches Limit, ohne operativen Auftrag und Vergütung, in Übereinstimmung mit dem Einverständnis des Betriebes, in dem die Deckungsfunktion ausgeübt wird, die weitere Tätigkeit im Ausland zu nächst fortzusetzen und die Rückkehr individuell mit dem jeweiligen staatlichen Leiter regeln.

Alle inoffiziellen Mitarbeiter sind entpflichtet.

[...]

Die Aktenreduzierung des zentralen Bestandes erfolgte entsprechend der Festlegungen der Arbeitsgruppe Sicherheit des Zentralen Runden Tisches unter Kontrolle des Regierungsbeauftragten des Komitees zur Auflösung des Amtes für Nationale Sicherheit und unter Einbeziehung der lokalen Bürgerkomitees. Sie wurde unter Beachtung des personen- und sachbezogenen Datenschutzes durchgeführt mit dem Ziel, die Interessen der DDR, ihrer Verbündeten, anderer Staaten aber auch die von Einzelpersonen zu schützen. Die entsprechenden Schritte wurden protokolliert und damit verbundene Transporte durch das MdI begleitet. Die diesbezüglichen Auflagen des Regierungsbeauftragten wurden eingehalten. [...]

Ein Archivbestand von 45 laufende Meter Akten sowie Karteien wurde am 22. Juni 1990 eingelagert (s. gesonderte Übersicht als Anlage). Bei dem vorhandenen Material handelt es sich überwiegend um für die Sicherheit der DDR, ihrer Verbündeten aber auch anderer Staaten relevantes Material, darunter Informationen über voll identifizierte, weltweit operierende Agenturen anderer Geheimdienste, deren Auftragsstrukturen und Arbeitsrichtungen, über hauptamtliche Geheimdienstmitarbeiter und Agenten.

In Anbetracht der Bedeutung des Materials ist eine gesondert gesicherte Archivierung erforderlich.

[...]

Die wissenschaftliche Bibliothek der HVA und die Regimebibliothek wurden anderen Nutzern übergeben. [...]

Material und Bücher der Auslandsresidenturen wurden an die DDR-Auslandsvertretungen übergeben.

[...]

Gemäß Beschluss ist die Auflösung der Hauptverwaltung Aufklärung bis zum 30. Juni 1990 zu realisieren. Dementsprechend wurden durch das Komitee zur Auflösung des Amtes für Nationale Sicherheit mit dem Restbestand der Mitarbeiter der HV A befristete Arbeitsverträge bis zum 30. Juni 1990 abgeschlossen.

Aus gegenwärtiger Sicht ergeben sich weitere Arbeitserfordernisse, die eine sachkundige Weiterführung durch bisherige Angehörige der Hauptverwaltung Aufklärung über diesen Zeitpunkt hinaus erforderlich machen. Dabei handelt es sich [...] um

[...]

– Aufgaben und Verantwortung gegenüber ehemaligen Offizieren im besonderen Einsatz, die sich in offiziellen Funktionen in Auslandsvertretungen der DDR, z. T. bis zur Beendigung der Tätigkeit dieser Vertretungen im Zusammenhang mit der Herstellung der staatlichen deutschen Einheit, befinden (62 ehemalige OibE in 28 Staaten). Sie sind überwiegend, wie auch ihre Angehörigen, von Arbeitslosigkeit und anderen sozialen Problemen bedroht.

[...]

Berlin, 31. August 1990

ERGÄNZUNG
zum Abschlussbericht über die Auflösung der HV A

I

Die nachrichtendienstliche Tätigkeit der Hauptverwaltung Aufklärung ist seit dem 24. Februar 1990 vollständig eingestellt. In den meisten Positionen, vor allem in der BRD, erfolgte dies schon wesentlich früher. Die zur Einstellung der Arbeit im Ausland noch erforderlichen Agenturfunksendungen wurden per 31. März 1990 beendet.

Die Zusammenarbeit mit Sicherheitsorganen anderer Staaten wurde eingestellt. Es wurden weder Strukturen noch Agenturen übergeben. Beratergruppen bzw. Verbindungsoffiziere, die in 6 Staaten (Südjemen, Mosambik, Angola, Tansania, Äthiopien, Nicaragua) eingesetzt waren, beendeten im Februar 1990 ihre Tätigkeit. Alle Angehörigen sind bis Ende März 1990 in die DDR zurückgekehrt und per 31. März 1990 entlassen

Die Arbeit mit allen Residenturen und Agenturen wurde per 24. Februar 1990 beendet. Zum größeren Teil erfolgte das bereits im Dezember 1989.

Alle Mitarbeiter einschließlich OibE, wurden aus dem Dienstverhältnis per 31. März 1990 entlassen. Alle inoffiziellen Mitarbeiter sind entpflichtet.

[...]

Ein Archivbestand der ehemaligen HVA von 45 laufende Meter Akten sowie Karteien wurde am 22. Juni 1990 eingelagert.

Die personelle und materielle Auflösung der Hauptverwaltung Aufklärung ist zum 30. Juni 1990 planmäßig abgeschlossen worden.

II

Per 31. August 1990 ergeben sich noch folgende Arbeitserfordernisse aus der Auflösung der Hauptverwaltung Aufklärung:

[...]

3.

Aufgaben und Verantwortung gegenüber ehemaligen Offizieren im besonderen Einsatz, die sich in offiziellen Funktionen in Auslandsvertretungen der DDR, zzum Teil bis zur Beendigung der Tätigkeit dieser Vertretungen im Zusammenhang mit der Herstellung der staatlichen deutschen Einheit, befinden (noch 26 ehemalige OibE in 14 Staaten). Dies wird bis Oktober abgeschlossen (auch Rückführung und Übergabe der sechs restlichen Pkw) [...] (*Dazu ist anzumerken, dass diese PKW nur in einem Fall zurückgeführt werden konnten. Sie wurden entweder an das Ministerium für Auswärtige Angelegenheiten oder an die ehemaligen Partnerdienste kostenlos übergeben – B. F.*).

[...]

Anlage 5

*Schreiben von Bundeskanzler Adenauer an Außenminister Schröder vom 15. Februar 1963**

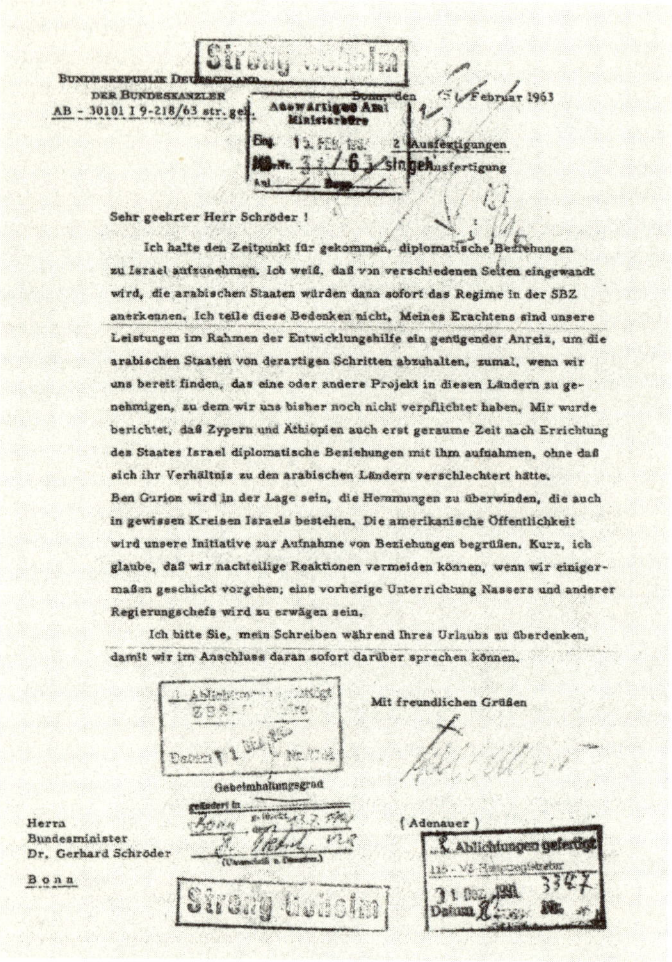

Streng geheim

BUNDESREPUBLIK DEUTSCHLAND
DER BUNDESKANZLER
AB - 30101 I 9-218/63 str. geh.

Bonn, den 15. Februar 1963

Auswärtiges Amt
Ministerbüro
Eing. 15. FEB. 1963
2 Ausfertigungen
Ausfertigung

Sehr geehrter Herr Schröder !

Ich halte den Zeitpunkt für gekommen, diplomatische Beziehungen zu Israel aufzunehmen. Ich weiß, daß von verschiedenen Seiten eingewandt wird, die arabischen Staaten würden dann sofort das Regime in der SBZ anerkennen. Ich teile diese Bedenken nicht. Meines Erachtens sind unsere Leistungen im Rahmen der Entwicklungshilfe ein genügender Anreiz, um die arabischen Staaten von derartigen Schritten abzuhalten, zumal, wenn wir uns bereit finden, das eine oder andere Projekt in diesen Ländern zu genehmigen, zu dem wir uns bisher noch nicht verpflichtet haben. Mir wurde berichtet, daß Zypern und Äthiopien auch erst geraume Zeit nach Errichtung des Staates Israel diplomatische Beziehungen mit ihm aufnahmen, ohne daß sich ihr Verhältnis zu den arabischen Ländern verschlechtert hätte.
Ben Gurion wird in der Lage sein, die Hemmungen zu überwinden, die auch in gewissen Kreisen Israels bestehen. Die amerikanische Öffentlichkeit wird unsere Initiative zur Aufnahme von Beziehungen begrüßen. Kurz, ich glaube, daß wir nachteilige Reaktionen vermeiden können, wenn wir einigermaßen geschickt vorgehen; eine vorherige Unterrichtung Nassers und anderer Regierungschefs wird zu erwägen sein.

Ich bitte Sie, mein Schreiben während Ihres Urlaubs zu überdenken, damit wir im Anschluss daran sofort darüber sprechen können.

Mit freundlichen Grüßen

Adenauer

(Adenauer)

Geheimhaltungsgrad
geändert in
(Unterschrift u. Dienstbez.)

Herrn
Bundesminister
Dr. Gerhard Schröder

Bonn

Ablichtungen gefertigt
Datum
Nr.

Streng Geheim

* Veröffentlicht in der *Frankfurter Allgemeinen Zeitung* vom 23. März 2005

Anlage 6

»Honecker war über den Angriff auf Israel vorab informiert« *

»Im Bestand der Zentralen Auswertungs- und Informationsgruppe Erich Mielkes, dem Nervenzentrum des Geheimdienstes« habe sich eine Information mit dem Vermerk »Streng geheim!« befunden. Diese sei am 5. Oktober 1973 an Erich Honecker gegangen, berichtete in diesem ganzseitigen Beitrag der Autor Wolfgang G. Schwanitz.

Darin werde die Führung um Honecker vom MfS über den bevorstehenden Beginn des arabisch-israelischen Krieges in Kenntnis gesetzt.

»Mit ihrer Kriegsvorhersage vom Vorabend des Waffenganges behielt das MfS die Nase vorn. Hatte die Hauptverwaltung Aufklärung dem Beiruter Residenten 1967 noch den Verweis erteilt, den Juni-Krieg nicht vorausgesagt zu haben, so kündigten 1973 sowohl MfS-Resident als auch NVA-Legalist den Oktoberkrieg an. Der Mann des Militärgeheimdienstes meldete aus Kairo gar die Angriffszeit.«

* Beitrag in der *Berliner Zeitung* vom 6. Oktober 1997

Anlage 7

*HV A-Vize Jänicke gestorben**

Der frühere Vize-Chef der DDR-Auslandsspionage (HV A), Generalleutnant a. D. Horst Jänicke, ist am vergangenen Sonnabend (31. Dezember) mit 82 Jahren in Berlin gestorben, teilte der Verlag edition ost am Mittwoch mit. Jänicke koordinierte alle Operationen des DDR-Auslandsgeheimdienstes, bei denen nach dem Militärputsch in Chile 1973 Verfolgte des dortigen Regimes illegal außer Landes gebracht wurden. Deshalb genoss er nach Angaben des Verlages bei einstigen Exil-Chilenen große Hochachtung.

* *dpa*-Meldung vom 4. Januar 2006

Letzter öffentlicher Auftritt Horst Jänickes: Signierstunde des Chile-Buches »Flucht vor der Junta«, 17. November 2005

Anlage 8

Widmung auf der Titelseite der Memoiren des Führungsmitgliedes der PLO und der Fatah, des Leiters der Zentralen Sicherheit der PLO, Abu Ijad (Salah Khalaf), für Bernd Fischer vom 3. August 1980

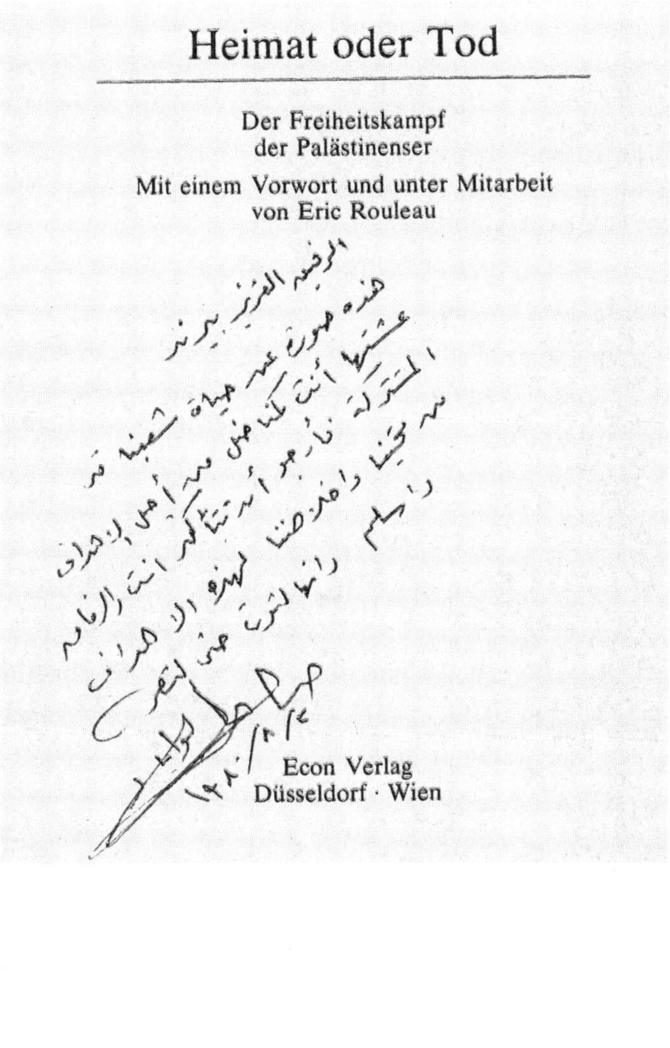

Heimat oder Tod

Der Freiheitskampf der Palästinenser

Mit einem Vorwort und unter Mitarbeit von Eric Rouleau

Econ Verlag
Düsseldorf · Wien

Anlage 9

»SED bekräftigt Solidarität mit der PLO« *

Am 18. Januar 1983 hatte Hermann Axen, Mitglied des Politbüros und ZK-Sekretär, Salah Khalaf (d. i. Abu Ijad) zu einem »freundschaftlichen Gespräch« empfangen. Khalaf gehörte der Führung der PLO an und dem Zentralkomitee der Nationalen Palästinensischen Befreiungsbewegung Al Fatah.

Die Hauptverwaltung A organisierte solche Delegationsaufenthalte in der DDR. Während auf der Ebene des ZK der SED die Vertreter der HV A in der Regel an den Gesprächen nicht teilnahmen, waren sie bei Gesprächen mit Angehörigen des MfS wie auch bei Minister Mielke immer zugegen.

Verantwortliche der HV A wurden durch Vertreter des ZK der SED zu Gesprächen mit Abu Ijad oder Vertretern der Demokratischen Front für die Befreiung Palästinas (DFLP) hinzugezogen.

* *Neues Deutschland* am 19. Januar 1983

Anlage 10

*Ermordete PLO-Mitglieder in Tunis beigesetzt**

Die drei am Dienstag ermordeten führenden PLO-Mitglieder – darunter der zweite Mann in der PLO-Führung, Salah Khalaf (Abu Ijad), sowie der Sicherheitschef Hajel Abdelhamid (Abu el Haul) – sind gestern in Tunis beigesetzt worden.

Sie hatten eigentlich in Jordanien bestattet werden sollen Doch erwies sich die Überführung der Leichen wegen unterbrochener Flugverbindungen als nicht möglich. Die drei von einem Mitglied der Palästinensergruppe Abu Nidals ermordeten PLO-Leute wurden auf einem Friedhof beim PLO-Hauptquartier in einem Vorort von Tunis beigesetzt.

* *dpa*-Meldung vom 17. Januar 1991

Anlage 11

*Bushs Nahostpolitik war ein Fiasko. Er wollte »aller Welt zeigen, wie Geschichte gemacht wird«**

Ein Jahr vor Ende seiner unheilvollen Amtszeit, am 27. November 2007, verkündete der US-Präsident, begleitet von großem Mediengetöse, den »Durchbruch« auf dem Weg zu einem dauerhaften Frieden im Nahen Osten. Das war auf der »Nahost-Friedenskonferenz« in Annapolis. Der Herr des Weißen Hauses kündigte ein »entschlossenes Vorgehen der USA für einen Palästinenser-Staat« an. Dazu wollte er bis zum Ende seiner Amtszeit 2008 »unbedingt ein Abkommen erreichen« und »aller Welt zeigen, wie Geschichte gemacht wird«.

Das ist ihm insofern gelungen, als lange vor dem Abgang dieser kriegswütigen Administration ihr Projekt eines »neuen, größeren Nahen und Mittleren Ostens« in all seinen Komponenten schmählich gescheitert ist. »Alle Welt« kann sich nun selbst überzeugen: Katastrophen in Irak und Afghanistan, den Weltfrieden dramatisch gefährdende Bedrohungsszenarien um Iran und Syrien. [...] Und im arabisch-israelischen Konflikt sind die Chancen für einen gerechten Frieden auf absehbare Zeit gleich Null.

Gerade das liegt nicht an den Palästinensern, wie israelische Regierungen aller Couleur und ihre amerikanischen und westeuropäischen Partner glauben machen wollten und wollen. Und es liegt keineswegs nur daran, dass Israel gerade mal wieder keine handlungsfähige Regierung hat. Uri Avnery, Pionier der israelischen Friedensbewegung und unbeirrbarer Streiter für israelisch-arabische Verständigung, bringt es auf den Punkt: »Es ist auf beiden Seiten schwierig. Aber natürlich hängt es von Israel ab, weil wir die Eroberer und Besatzer sind. Da wir bei weitem die stärkere Seite sind, hängt es von uns ab, ob Frieden zustande kommt. Die israelische Politik in den letzten zehn Jahren will keinen vereinbarten Frieden, weil der vereinbarte Frieden dazu führen wird, dass Israel die besetzten Gebiete aufgeben muss.«

Angesichts dessen klingt es wie Hohn, wenn Ehud Olmert, nachdem er als israelischer Ministerpräsident seinen

Rücktritt erklärt hat, eingesteht, er sei 35 Jahre lang »unwillig gewesen [...], die Wirklichkeit in all ihrer Tiefe zu sehen«. Für ein Abkommen mit den Palästinensern müsse Israel »aus fast allen Gebieten, wenn nicht aus allen« abziehen. Was Israel von den besetzten Gebieten behalten wolle, müsse den Palästinensern anderswo ersetzt werden, »sonst gibt es keinen Frieden«. Das gelte auch für Jerusalem »mit einer besonderen Lösung, die man sich in Bezug auf den Tempelberg und die heiligen und historischen Plätze vorstellen kann«. Die Rückgabe von Teilen der Stadt sei Voraussetzung für ein sicheres Jerusalem. »Wer die ganze Stadt für sich wolle, habe am Ende 270.000 Araber innerhalb der Zäune des souveränen Jerusalem. Das geht nicht.« Es ist derselbe Olmert, der bisher stets das »auf immer vereinigte Jerusalem« beschworen hatte. Und dieser Olmert wolle auch die Golan-Höhen an Syrien zurückgeben [...] als Preis für den Frieden mit diesem Nachbarn. Nun, beim Abschied aus der aktiven Politik, bekennt er, Jahrzehnte lang eine falsche Politik verfolgt zu haben..

Wieviel Leid wäre den betroffenen Völkern, Israelis wie Palästinensern und darüber hinaus allen arabischen Nachbarn Israels, erspart geblieben, hätten die Herrschenden Israels diese Erkenntnisse ernst genommen. Aufrichtige israelische Patrioten, denen Frieden und Sicherheit ihrer Heimat am Herzen lagen und liegen, fordern das seit den Eroberungen des Juni-Krieges von 1967. Israels Regierungen, immer mit voller Unterstützung der USA, haben über 40 Jahre brutales Besatzungsregime ausgebaut, unter dem letztlich sowohl die Palästinenser als auch die Israelis leiden. Und der Geschichtemacher Bush hat keinen Zweifel daran gelassen, dass er diese israelische Position nicht nur unterstützt, er hat die Israelis darin bestärkt und ermuntert.

Die USA hätten es anders gekonnt. Die Palästinenser, die PLO und Präsident Mahmud Abbas haben ein Übermaß an Entgegenkommen aufgebracht, praktisch alle amerikanischen Forderungen erfüllt. Bereits Yassir Arafat hat mit der Unterzeichnung des »Oslo-Abkommens« im September 1993 vor dem Weißen Haus in Washington im Beisein von US-Präsident Clinton 78 Prozent des Landes Palästina, wie es bis 1948 bestanden hat, aufgegeben. Schließlich hatten der damalige

Bernd Fischer nach dem Jom-Kippur-Krieg 1973 auf dem Sinai, im Hintergrund Kriegsschrott

Palästinenserpräsident sowie die israelischen Politiker Rabin und Peres dafür den Friedensnobelpreis 1994 erhalten – nicht unwesentlich auf Betreiben der US-Administration. Jedoch auch an Hamas würde ein gerechter Frieden nicht scheitern, wenn von Israel und den USA glaubwürdige Schritte dazu ausgingen. Das haben Hamas-Repräsentanten im Gaza-Streifen und im Exil mehrfach unmissverständlich zum Ausdruck gebracht.

Ziehen wir Bilanz für das seit Annapolis verstrichene Jahr: Nicht eines der großmäuligen Versprechen wurde eingelöst. Keine Spur von einem realistischen Abkommen. [...] Weder wurde das Leben der Palästinenser verbessert noch deren und das Leben der Israelis sicherer, und die Aussichten auf Frieden blieben auf der Strecke.

Uri Avnery, der einst für den unabhängigen Staat Israel sein Leben einsetzte, dann als Knesseth-Abgeordneter das Gespräch mit Arafat und der PLO suchte, konstatiert: »Was ausschlaggebend ist: Die israelischen Siedlungen im Westjordanland werden erweitert und dadurch wird der Frieden täglich noch schwieriger, als er schon ist. Gewisse Kreise in Israel sind nicht am Frieden interessiert – weil Frieden unbedingt bedeutet, dass die Siedlungen im Westjordanland aufgelöst werden. Die Siedler und ihre Anhänger sind eine kleine, aber sehr gewalttätige und sehr starke Minderheit im Lande. Die Regierung hat Angst vor einer Konfrontation. Darum hat keiner den Mut, zu einem Frieden zu kommen. Die USA unterstützen völlig einseitig die schlimmsten Elemente in Israel. Europa ergreift aus Feigheit überhaupt keine Initiative im Nahen Osten, weil es die US-amerikanische Vorherrschaft dort anerkennt. Das berechtigte schlechte Gewissen von Deutschland und von Europa macht es der europäischen Politik und Presse unmöglich, objektiv in diesem Konflikt zu sein. Europa hat schon vor vielen Jahren abgedankt... Die einzige Macht im Nahen Osten sind die USA.«

Den Palästinensern bleibt nur, den Kampf fortzusetzen, in dessen Ergebnis für sie ein sicheres, menschenwürdiges Leben erreicht werden muß. Möge sich die gewagte Hoffnung von Palästinenserpräsident Abbas erfüllen, dass »die Israelis und ihre Führer eine Wahl treffen, die sicherstellt, dass beide Völker in baldiger Zukunft in Sicherheit und Wohlstand leben können.«

Auf amerikanische Geschichtemacher à la Bush aber sollte niemand vertrauen!

* Der Beitrag von Bernd Fischer erschien im *RotFuchs* 1/2009

Anlage 12

*Information über den Verlauf und die Ergebnisse der durch die SED in den 70er Jahren unternommenen Aktivitäten zur Unterstützung einer friedlichen Lösung des Eritrea-Problems**

In Übereinstimmung mit der KPdSU wurden durch die SED 1977 und 1978 intensive Anstrengungen unternommen. Zu einer politischen Lösung des Eritrea-Problems beizutragen. Zu diesem Zweck fanden mit Zustimmung Mengistu Haile Mariams mit führenden Vertretern der eritreischen Bewegungen Gespräche statt (Eritreische Volksbefreiungsfront – EPLF; Eritreische Befreiungsfront – Revolutionsrat – ELF-RC; Eritreische Befreiungsfront-Volksbefreiungsfront – ELF-PLF; Eritreische Befreiungsfront – ELF).

Zur Unterstützung dieses unseres Anliegens wurden darüber hinaus Gespräche mit den Führungen der VDR Jemen und Libyens sowie mit Führungen der palästinensischen Organisationen (Volksfront und Demokratische Front für die Befreiung Palästinas und der Fatah) geführt. Diese Staaten bzw. palästinensischen Organisationen wurden in unserem Sinne gegenüber den eritreischen Bewegungen, auf die sie differenziert Einfluss hatten, wirksam.

In diesen Gesprächen wurde erkennbar, dass es Möglichkeiten für bilaterale bzw. multilaterale Verhandlungen der äthiopischen Seite mit den eritreischen Bewegungen bei unserer Vermittlung gab.

Mit Zustimmung Mengistu Haile Mariams fanden im Februar und März 1978 von der SED vermittelte und organisierte Gespräche der Vertreter des damaligen Provisorischen Militärischen Verwaltungsrates (PMVR) Äthiopiens mit Vertretern der EPLF statt, die der Vorbereitung eines multilateralen Treffens der am Eritrea-Konflikt beteiligten Seiten, nach Konsultationen in den jeweiligen Führungen, dienen sollten.

Dieses multilaterale Treffen scheiterte daran, dass die eritreischen Bewegungen keine Bereitschaft zeigten, sich gemeinsam mit den Vertretern des PMVR an einen Tisch zu setzen.

So fand im Juni 1978 das 3. und zugleich letzte Treffen zwischen dem PMVR und der EPLF unter Teilnahme der

SED in Berlin statt. Außerhalb dieses Treffens hielt sich zu Konsultationen eine Delegation der ELF-RC in Berlin auf. Diese Situation bestätigte erneut die Zerstrittenheit der eritreischen Bewegungen und die schon damals sichtbar werdenden Hegemoniebestrebungen der EPLF, der militärisch stärksten Organisation.

Der Verlauf dieses 3. Treffens widerspiegelte eine weitere Verhärtung der Auffassungen und sich einander ausschließenden Positionen. Ohne offiziell den 4-Punkte-Vorschlag der SED (s. Anlage), der bereits auf dem 2. Treffen übergeben worden war, abzulehnen, hat ihn auch keine der Seiten akzeptiert. Durch maximale Vorbedingungen wurde der durch den 4-Punkte-Vorschlag der SED angestrebte Kompromiss verhindert. Der PMVR forderte kategorisch die bedingungslose Anerkennung des Programms der nationaldemokratischen Revolution Äthiopiens. Gleichzeitig wurde die durch den äthiopischen Verhandlungspartner Berhanu Bayeh (dem heutigen – 1989 – Außenminister Äthiopiens) prononciert vertretene Position eines Teiles der äthiopischen Führung sichtbar, dass das Eritrea-Problem nur militärisch zu lösen sei.

Die EPLF erklärte ihre Ablehnung des Programms der nationaldemokratischen Revolution Äthiopiens.

Zum Abschluss des Treffens wurden von der Delegation der SED, geleitet von Genossen Hermann Axen, folgende Vorschläge unterbreitet:

1. Beide Seiten erklären sich weiterhin für eine friedliche und politische Lösung. Sie sind bereit, nach Wegen zu ihrer Herbeiführung zu suchen. Zu diesem Zweck sollten direkte Kontakte fortgesetzt werden.

2.Alle beteiligten Delegationen berichten ihren Führungen über die abgegebenen Stellungnahmen, Argumente sowie Dokumente und informieren über die Haltung ihrer führenden Organe dazu.

Beide Delegationen stimmten diesen Vorschlägen zu und sprachen sich für die Aufrechterhaltung von Kontakten zur SED aus. Es wurden keine Festlegungen zur Einberufung eines 4. Treffens getroffen.

In der Folgezeit kam es zu keinen weiteren Kotakten bzw. Versuchen, Gespräche im Interesse einer friedlichen Beilegung des Konfliktes durchzuführen. Lediglich die ELF, eine zahlenmäßig kleine eritreische Bewegung, signalisierte Mitte der 80er Jahre erneutes Interesse an Gesprächen mit der SED. Dem konnte auf Grund der damals bestehenden Bedingungen nicht entsprochen werden. Es bestanden keine Voraussetzungen für eine Wiederaufnahme der Vermittlungsbemühungen.

Die Entwicklung der letzten Jahre machte deutlich, dass sowohl die äthiopische Führung als auch die eritreischen Bewegungen weiterhin auf ihren sich beiderseitig ausschließenden Maximalforderungen beharren. Der Beschluss der äthiopischen Volksversammlung, unter anderem Eritrea und Tigrai die regionale Autonomie zu gewähren, wurde von den eritreischen Bewegungen abgelehnt.

Seitens der SED wurden alle Möglichkeiten genutzt, um der äthiopischen Führung zu verstehen zu geben, dass die Notwendigkeit von militärischen Maßnahmen zum Schutz der territorialen Integrität Äthiopiens verständlich ist, aber eine ausschließliche militärische Lösung nicht möglich ist, sondern echte politische Maßnahmen im Vordergrund stehen müssen.

Vorschlag für eine gemeinsame Vereinbarung

1. Einstellung aller militärischen Kampfhandlungen gegeneinander, um jegliche Provokationen und Einmischungsversuche des Imperialismus und anderer reaktionärer Kreise vorzubeugen. Einstellung der gegeneinander gerichteten Propaganda.

2. Die Verhandlungspartner veröffentlichen umgehend bis .... eine gemeinsame oder getrennte offizielle Erklärung mit folgendem Inhalt:

– Die nationale und soziale Befreiung aller Völker und Nationalitäten am Afrikanischen Horn erfordert die rückhaltlose Unterstützung der Volksrevolution Äthiopiens, die als eines ihrer wichtigsten Ziele die Verwirklichung der vollen Freiheit und Selbstbestimmung aller Völkerschaften und Nationalitäten proklamiert.

– Das äthiopische Volk hat in Wahrnehmung seines unveräußerlichen Rechts auf Selbstbestimmung unter seiner revolutionären Führung unwiderruflich den Weg der nationaldemokratischen Revolution, den weg der Freiheit, der Unabhängigkeit und des Sozialismus beschritten.

– Zum ersten Mal in der Geschichte unserer Völker besteht die reale Möglichkeit, den durch das verhasste kaiserliche Regime und den Kolonialismus verursachten Bruderzwist zwischen den Völkern Äthiopiens und Eritreas zu beenden und gemeinsam den weg in eine glückliche Zukunft zu beschreiten.

– Wir haben durch bittere Erfahrungen die Erkenntnis gewonnen, dass gestern das feudal-monarchistische Regime und heute der Imperialismus und die Reaktion Hader und Zwietracht säte, die Völker Äthiopiens und Eritreas zu entzweien suchte, um so die kapitalistische Ausbeuterherrschaft zu verewigen. Diese unselige Politik hat unserem Land viel Blut und Tränen, Zerstörung und Unheil gebracht.

– Die ausländischen und einheimischen reaktionären Kräfte propagieren den Weg des Krieges gegen die äthiopische Revolution und der Zerstückelung Äthiopiens. Dieser Weg würde die Völker und Nationalitäten Äthiopiens und Eritreas in die Vergangenheit kolonialer Sklaverei und feudaler Unterdrückung zurückführen.

– Wir rufen auf, in brüderlicher Eintracht mit allen Völkern und Nationalitäten Äthiopiens im Sinne der Gemeinsamkeit der Geschichte, der heroischen Traditionen unseres Kampfes zum Sturz der Feudalmonarchie und beseelt von dem großen Ziel, den Sozialismus zu errichten, den Weg zur Verwirklichung des nationalen und sozialen Selbstbestimmungsrechtes unserer Völker zu beschreiten.

– Wenn wir vereint gegen den gemeinsamen Feind, den Imperialismus und andere reaktionäre Kräfte, kämpfen, ist unsere Zukunft in sozialer Gerechtigkeit, in Freiheit und Frieden sicher.

– Der Grundwiderspruch unserer revolutionären Gegenwart liegt nicht in den Beziehungen zwischen den Menschen verschiedener Nationalität. Der Grundwiderspruch besteht im Widerstand der gestürzten Ausbeuterklassen und der ausländischen Reaktion gegen den gesellschaftlichen Fortschritt, der durch die äthiopische Revolution verkörpert und zum Sieg geführt wird.

– Unsere gemeinsame Revolution hat Platz für jeden Bürger, der von seiner Hände Arbeit lebt, sie hat Platz für die Angehörigen aller Nationalitäten und Religionen.

– Der Imperialismus und die Reaktionäre fürchten die Einheit unserer Völker, die Stärke unserer Revolution und ihre Errungenschaften.

– Unsere Revolution ist in Gefahr! Wir rufen deshalb alle patriotischen und gutwilligen Kräfte auf, in Eintracht zusammenzustehen, das Vaterland, die Würde des Volkes und die edlen Ziele der Revolution zu verteidigen. Wir rufen alle Völker und Nationalitäten auf, nicht zuzulassen, dass unsere gerechten Bestrebungen durch Reaktionäre und Imperialismus für konterrevolutionäre Zwecke gegen unsere eigenen Interessen missbraucht werden.

– Geeint sind wir stark, unbesiegbar und frei! Wir sind stolz darauf, dass die äthiopische Revolution starke Freunde und Verbündete in aller Welt hat. Heute genießt unser Land Achtung und Anerkennung bei den fortschrittlichen, demokratischen und freiheitsliebenden Kräften der Welt.

3. Die Verbindungswege nach und zwischen Asmara, Assab und Massawa bleiben im Interesse der äthiopischen Revolution und zur Abwehr imperialistischer Angriffe geöffnet und gesichert.

4. Es wird bis zum .... eine gemeinsame Kommission der Verhandlungspartner gebildet, die alle konkreten Fragen, die sich aus den vorstehenden Punkten 1.-3. ergeben, gemeinsam berät und Vorschläge zu ihrer politischen Lösung ausarbeitet.

* Diese Information wurde am 22. März 1989 von Mitarbeitern der Abteilung Internationale Verbindungen des ZK der SED und der HV A im Auftrage von Egon Krenz erarbeitet. Dieser hatte darum gebeten, ihn über die Aktivitäten der DDR bzw. der SED in den 70er Jahren im Eritrea-Konflikt zu informieren. Im Wortlaut beigefügt der mit Mengistu Haile Mariam ausgearbeitete Entwurf eines Vorschlages für eine gemeinsame Vereinbarung, der letztlich nicht akzeptiert wurde. Weder die äthiopischen noch die eritreischen Verhandlungspartner wollten diese Positionen so annehmen.

Anlage 13

»Libysche Hilfe für die DDR«

Unter dieser Überschrift berichtete die *Frankfurter Allgemeine Zeitung* am 21. April 2008 über die »doppelte Vorgeschichte« der »deutsch-libyschen Beziehungen von heute«. Der Bericht thematisiert die Kontakte und Verbindungen der DDR insbesondere in den 70er Jahren zu Gaddafi und zu den Befreiungsbewegungen in Tschad, Oman, und Dhofar und zur Polisario in der Westsahara.

Breiten Raum nimmt die Darstellung der Reise des Sonderbotschafters des ZK der SED, Werner Lamberz, ein.

Kern des Beitrages des Autors Jochen Staadt, Projektleiter des Forschungsverbundes SED-Staat an der Freien Universität Berlin und spezialisiert auf das Interpretieren von Dokumenten der im Bundesarchiv Berlin-Finckensteinallee einliegenden Dokumente des vormaligen Zentralen Parteiarchivs der SED, sind Korrespondenzen und Protokolle im Umfeld der Lamberz-Reise im Dezember 1977. Laut Staadt habe Lamberz erklärt, die SED-Führung sei »einverstanden, dem libyschen Volksstaat militärische Hilfe zu gewähren. Wir sind bereit, Offiziere und Unteroffiziere, Flugzeug- und Hubschrauberpiloten, Raketen- und Artilleriespezialisten und Aufklärer in der DDR oder Libyen auszubilden«.

Diesem Angebot wird von Lamberz in der Darstellung von Staadt sogleich die Erklärung von Lamberz nachgeschoben, die dieser »im Auftrag Honeckers« übermittelt, »dass die Bargeldmittel der DDR erschöpft sind. Die DDR hat eine leistungsstarke Industrie und Landwirtschaft. Sie verfügt über eine moderne Wissenschaft und Technik, über Waffen und andere materielle Mittel, im Moment jedoch nicht über Bargeld. Wir bitten Sie deshalb zu prüfen, ob es Ihnen möglich ist, der DDR eine Bargeldhilfe zur Verfügung zu stellen.«

Wie meist bei Staadt fehlt bei solchen Zitaten die bei seriösen Darstellungen übliche Archiv-Signatur.

Schon am nächsten Tage, so der Autor weiter, habe die libysche Führung »einen Sofortkredit für die DDR in Höhe von 100 Millionen Dollar beschlossen«. Und: »Libyens Banken übernähmen darüber hinaus auf dem internationalen Geldmarkt Kreditverpflichtungen von 100 bis 150 Millionen Dollar für die DDR. In anderthalb bis zwei Jahren werde das Kreditvolumen für die DDR auf 400 bis 500 Millionen aufgestockt.«

Die Diktion des Beitrages ist klar: Erstens marschierte die DDR als Waffenhändler durch die Welt, bevorzugt wurden sogenannte Schurkensaaten, zweitens tut sie das als Bettler und Bittsteller.

Spricht das sofortige Angebot Libyens nicht eher für das Renommee und das hohe Ansehen der DDR als gegen sie?

Anlage 14

*Vor 60 Jahren beschloss die UNO Palästinas Teilung**

Nach dem Ersten Weltkrieg übertrug der Völkerbund Großbritannien das Mandat über Palästina mit der Maßgabe, dort eine jüdische »Heimstätte« zu schaffen. Das entsprach der durch die britische Regierung gegenüber der Zionistischen Weltorganisation 1917 übernommenen Verpflichtung (»Balfour-Deklaration«).

Das Mandat sah keine Schritte zur Entwicklung eines unabhängigen Staates in Palästina vor. Es umfasste das Territorium beiderseits des Jordan vom Mittelmeer bis zur syrischen, irakischen und (heutigen) saudi-arabischen Grenze. Um die zionistische Ansiedlung auf das Territorium westlich des Jordan zu beschränken, errichteten die Briten 1921 das Emirat Transjordanien. Alle Bestimmungen des Mandats, die nicht die jüdische Kolonisation betrafen, blieben bestehen. Als Emir setzten sie Abdallah ben Hussain al-Haschemi, Sohn des später von den Saudis entmachteten Scherifen von Mekka, als Lohn für anti-osmanische Dienste im Ersten Weltkrieg ein.

Nach dem Zweiten Weltkrieg brach die britische Kolonialmacht in Palästina zusammen. Die sprunghaft wachsende Zuwanderung von Überlebenden des Holocaust aus Europa verschärfte bereits bestehende Konflikte mit der von eine inneren Krisen zerrütteten Kolonialmacht wie zwischen den Bevölkerungsteilen.

Als die Briten die Situation nicht mehr unter Kontrolle bringen und ihre imperialistischen Ziele nicht mehr aus eigener Kraft realisieren konnten, übergaben sie die Palästinafrage an die UNO. Die Hoffnung Großbritanniens, Unterstützung für die Weiterführung der Mandatsherrschaft zu erlangen, scheiterte. Die USA verfolgten schon eigene Interessen. Und sowohl ein bedeutender Teil der jüdischen Siedler und der zionistischen Organisationen als auch die arabischen Palästinenser forderten mit Nachdruck ein Ende des Mandates.

Ben Gurion und andere zionistische Führer hätten jedoch eine Verlängerung der britischen Herrschaft bevorzugt. Der

Vorschlag der arabischen Staaten, Palästina schnellstmöglich die Unabhängigkeit zu übertragen, fand in der UNO-Vollversammlung gleichermaßen keine Mehrheit wie der sowjetische Vorschlag der Bildung eines demokratischen arabisch-jüdischen Einheitsstaates mit gleichen Rechten für Araber und Juden. Der sowjetische Vorschlag stützte sich u. a. auf die Erfahrung mit der Kommunistischen Partei Palästinas. Die älteste kommunistische Partei des Nahen Ostens (gegründet 1919) vereinte jüdische und arabische Mitglieder, die auch nach der 1943 erfolgten Bildung eigenständiger Parteien weiter solidarisch zusammenwirkten.

Angesichts Großbritanniens Krise hing das Schicksal Palästinas faktisch von den Großmächten USA und UdSSR ab. Die Position der USA war zweischneidig: Während Präsident Truman und die Dulles-Brüder die Bildung eines jüdischen Staates favorisierten, waren einflussreiche Mitglieder seiner Regierung, vor allem Außenminister Marshall, dessen Nachfolger Acheson sowie Verteidigungsminister Forestal und General Eisenhower, strikt dagegen. So gab schließlich die Position der UdSSR, die konsequent für die Beendigung der kolonialistischen Mandatsherrschaft eintrat, den Ausschlag. Der Vertreter der UdSSR, A. A. Gromyko, erklärte auf einer Palästina-Sondertagung der UNO und schließlich auf der entscheidenden Sitzung der UNO-Vollversammlung am 26. November 1947, dass angesichts der unversöhnlichen Positionen der beiden Bevölkerungsteile die sowjetische Delegation nur der von der beauftragten UNO-Kommission empfohlenen »zweiten Variante, die der Teilung Palästinas in zwei selbständige unabhängige demokratische Staaten – in einen arabischen und einen jüdischen« – ihre Stimme geben könne.

Die UdSSR ging davon aus, dass damit die antikolonialistischen Kräfte gestärkt würden und dadurch auch ihre eigene Position gegenüber dem als Hauptkontrahent im Nahen Osten betrachteten Großbritannien.

* Auszüge aus einem Beitrag im *RotFuchs* 5/2008 zum 60. Jahrestag der Proklamation des Staates Israel, von Bernd Fischer

Anlage 15

*Herbert Graf: Auftrag Mosambik**

Ich wurde Zeuge, wie aus einem portugiesischen Kolonialgebiet ein souveräner Staat, die Republik Mosambik, wurde. Natürlich war dies kein einmaliger Vorgang. Etwa 100 Staaten gingen in der zweiten Hälfte des 20. Jahrhunderts aus dem weltweiten Zerfall des antihumanen Kolonialregimes hervor. Nur wenige von ihnen, darunter Mosambik, gestalteten jedoch die Grundsätze und Strukturen der neuen Ordnung von Anbeginn vorwiegend aus eigenem Ideen- und Erfahrungspotenzial, ohne dabei Anleihen aus dem Rechtssystem der früheren Kolonialmacht aufzunehmen.

Jeder historische Prozess hat sein spezifisches Erscheinungsbild und ebenso seine elementaren Ursachen, seine originären Wurzeln. Der mosambikanische Staat trat am 25. Juni 1975 mit der Unabhängigkeitserklärung und der Inkraftsetzung einer Verfassung in die Weltarena. Die kausalen Grundlagen dieses historischen Vorgangs lagen länger zurück. Die Aprilereignisse 1974 in Portugal hatten daran ebenso Anteil wie der bewaffnete Kampf des mosambikanischen Volkes unter Führung der FRELIMO (*Frente de Libertação de Moçambique*).

Die FRELIMO formierte sich am 25. Juni 1962 als eine Vereinigung verschiedener Widerstandsorganisationen. Seit sie auf internationaler Ebene aktiv wurde, suchte sie intensive Beziehungen zur Deutschen Demokratischen Republik. Schon 1963 wurde in Berlin die erste Vereinbarung zwischen dem Solidaritätskomitee der DDR und einer Delegation der FRELIMO, die unter der Leitung von Marcelino dos Santos stand, geschlossen. Schon in den ersten Jahren der Existenz der mosambikanischen Befreiungsbewegung stabilisierten sich die Beziehungen zur DDR und nahmen freundschaftlichen Charakter an. Immer mehr Bürger der DDR nahmen solidarisch Anteil am antikolonialen Befreiungskampf. Wiederholt gingen Hilfsgüter nach Afrika. Von Jahr zu Jahr weitete sich diese Zusammenarbeit aus. Man wurde miteinander vertraut. Die afrikanischen Freunde suchten Rat in Berlin – vor allem, nachdem die ersten Gebiete im Norden des Landes befreit und dort neue Aufgaben zu bewältigen waren. In der zweiten Hälfte der 60er Jahre waren Lehrer aus der DDR im Mosambik-Institut der FRELIMO in Tansania tätig. Es wuchs eine natürliche Allianz von Verbündeten im Kampf gegen Rassismus und koloniale Unterdrückung und zunehmend auch bei der Suche nach neuen Lösungen beim Gesellschaftsaufbau.

Am 7. September 1974 wurde im Ergebnis der Niederlage des portugiesischen Kolonialismus im Abkommen von Lusaka zwischen Portugal und der FRELIMO verbindlich vereinbart: »Der unabhängige mosambikanische Staat wird die vollständige und komplette Souveränität im Inneren und Äußeren ausüben, indem er seine Institutionen bildet und frei das politische und soziale System wählt, das er als den Interessen seines Volkes am meisten adäquat ansieht.«[1]

Im Dezember 1974 besuchte der Präsident der FRELIMO, Samora Machel, mit einer hochrangigen Delegation die DDR. Eingehend wurde mit den Repräsentanten der DDR die wahrhaft neue Situation erörtert und beraten, wie den mosambikanischen Freunden unverzüglich geholfen werden könne.

In den letzten Dezemberwochen des Jahres 1974 wurde in Berlin ein konzentriertes Programm zur Unterstützung der FRELIMO vorbereitet und in Gang gesetzt. Auch ich geriet in den Strudel dieser Ereignisse.

Zum Jahreswechsel 1974/75 wollte ich in den Urlaub fahren. Am Telefon wurde jedoch die wunderliche Frage gestellt, ob ich gegen Gelbfieber geimpft sei. Ich verneinte. Eine Stunde später wurde mir angetragen, in den ersten Februartagen 1975 nach Lourenço Marques zu reisen. Es gehe um die Realisierung der vor wenigen Tagen getroffenen Vereinbarungen mit Samora Moisés Machel, hieß es. Vorsorglich hatte man in einer Poliklinik im Zentrum Berlins für mich bereits einen Impftermin reserviert. Pocken, Gelbfieber, Malaria, Typhus ... gegen alles waren Kräuter gewachsen, Chemikalien gemixt, auf Ampullen gezogen, in Tabletten gepresst.

Noch am gleichen Tag suchte ich den Direktor der Berliner Stadtbibliothek auf. Nur er konnte die Ausleihe eines importierten Linguaphon-Koffers gestatten, in dem sich zehn Schallplatten und ein Lehrbuch für die portugiesische Sprache sowie ein kleiner Plattenspieler befanden. Tag für Tag versuchte ich nun portugiesische Vokabeln zu lernen, einfache Sätze zu bilden, ein erstes Gefühl für die Sprache, für ihre Melodie, für ihren Duktus zu finden. Das Linguaphon-Material war dafür ohne Zweifel hilfreich. Der im Lehrmaterial angebotene Wortschatz bezog sich allerdings eher auf die Lebensverhältnisse portugiesischer Aristokraten und war für meine Mission nur bedingt tauglich.

Noch nie hatte ich bisher den afrikanischen Kontinent betreten. Mit der Geschichte und den Problemen dieses Erdteils hatte ich mich allenfalls im Rahmen allgemeinen wissenschaftlichen und sozialen Interesses beschäftigt. Aus Begegnungen und Berichten wusste ich, dass Experten der DDR bereits in Ägypten, Guinea, Syrien, Tansania und im Jemen tätig waren. Allgemein hieß es, es gehe darum, die jungen Staaten mit unseren Erfahrungen besonders aus der Zeit der antifaschistisch-demokratischen Ordnung vertraut zu machen.

Die Verfassung Südjemens von 1970, deren geistige Verwandtschaft mit der ersten Verfassung der DDR von 1949 kaum zu übersehen war, erschien im Herbst 1971 in der Zeitschrift *Staat und Recht.*[2] Kontrovers wurde damals nicht nur unter Verfassungsrechtlern diskutiert, ob dieses Grundgesetz die erhoffte Wirkung hervorbringen könnte. Auch ich hatte meine Zweifel. Nicht nur Marx war der Überzeugung, dass sich historische Prozesse nicht wiederholten, und wenn, dann einmal als Tragödie und das andere Mal als Farce.

Mein Kollege Dr. Oswald Unger hatte in Aden gelehrt und war dort auch beratend tätig. Wir erörterten 1971, auf welche Weise bei der Beratung junger Staaten gerade auf unserem recht sensiblen Gebiet der Staats- und Rechtsentwicklung den Besonderheiten aus der Geschichte und Gegenwart des Landes, den Traditionen, den ethischen Werten und ethnischen Spezifika der Völker Rechnung getragen werden könne. Welche Voraussetzungen benötigt ein Europäer, so fragten wir uns, um die erforderliche Sensibilität aufzubringen, die ihn zu kreativer Mitwirkung bei der Rechtsgestaltung in arabischen oder afrikanischen Staaten befähigte? Bleibt Mitwirkung in solchen Fällen nicht vorrangig auf Vermittlung weitgehend gesicherter theoretischer, methodischer und gesetzestechnischer Grundsätze begrenzt? Wie waren Lösungen zu erreichen, die mit den Erfordernissen von Entwicklungsländern weitgehend korrespondierten? Was in diesem Disput Jahre zuvor noch weitgehend unverbindliches akademisches Diskussionsthema war, forderte mich nunmehr in den Januartagen 1975 als aktuelles Problem heraus.

Im April 2008 wurde ich an meinen Gedankenaustausch mit Oswald Unger vor mehr als 30 Jahren erinnert. Ein leitender Mitarbeiter des Bundesministeriums für wirtschaftliche Zusammenarbeit und Entwicklung referierte auf einer der regelmäßigen Zusammenkünfte der »Freunde Mosambiks« recht interessant über künftige Projekte. Ihm schien es allerdings wichtig, dass in Mosambik ein Justizwesen nach deutschem Modell entwickelt und dabei besonders den bundesdeutschen Prinzipien der Verwaltungsgerichtsbarkeit gefolgt werde. Hatte denn – so ging es mir durch den Kopf – dieser sendungsbewusste deutsche Beamte nicht zur Kenntnis genommen, wie kläglich der über hundert Jahre währende Versuch der Portugiesen gesscheitert war, diesem Land das europäische Rechtssystem aufzuzwingen? Hat das schlimme Kaiserwort, dass am deutschen Wesen die Welt genesen solle, noch immer nicht ausgedient? So dachte ich und entgegnete so dem Redner und fand damit die Zustimmung der inzwischen meist grauköpfigen Teilnehmer.

Natürlich versuchte ich, in den ersten Wochen des Jahres 1975 so viel wie möglich über Mosambik zu lesen. In meinem Buchbestand fand ich die Schrift »Kampf um Moçambique« aus der Feder des ersten Präsidenten der FRELIMO, Dr. Eduardo Mondlane. Vor Jahren hatte ich darin mit Interesse gelesen. Nun sollte es zum unentbehrlichen Wegbegleiter für eine lange Zeit in Mosambik werden. Mein besonderes Interesse fand auch eine Analyse über die Zusammenarbeit zwischen unserem Land und Mosambik. Sie war im November 1974 im Außenministerium der DDR erarbeitet worden. Auch eine landeskundliche Veröffentlichung eines Bonner Verlages aus dem Jahr 1958 gehörte zu meiner Lektüre. Der Autor dieser Publikation, Ralph von Gersdorff, ein weitgereister Staatswissenschaftler, leitete seine Schrift mit der Bemerkung ein, Konflikte »können in Portugiesisch-Ostafrika nicht entstehen, da der schwarzen Bevölkerung genügend fruchtbares Land zur Verfügung steht«.[3] Hier irrte der ansonsten recht sachkundige Autor. Wenige Jahre nach Veröffentlichung seiner Schrift hatte der bewaffnete Kampf »der schwarzen Bevölkerung« gegen seine kolonialen Unterdrücker begonnen.

Fachleute verschiedener Bereiche sollten sich in einer Expertengruppe zusammenfinden und bei einem mehrwöchigen Aufenthalt in Mosambik recherchieren, *wie* die DDR dem Land auf dem Wege zur Unabhängigkeit helfen könne. Zugleich wollten wir Kenntnisse über ein uns bislang weitgehend unbekanntes Land sammeln.

Meine Anspannung in den Tagen der Vorbereitung dieser Reise ist mir noch nach Jahrzehnten in lebhafter Erinnerung. Mein Selbstbewusstsein geriet nicht wenig ins Schlingern, als mir aufgetragen wurde, diese Spezialistengruppe zu leiten.

Wir trafen uns erstmals in der dritten Januarwoche 1975. Da war Ernst Höfner, der Finanzfachmann. In Chile hatte er die Unidad Popular solidarisch unterstützt. In den 80er Jahren sollte er die Leitung des DDR-Finanzministeriums übernehmen. Neben ihm saß Julian Hollender, ein Außenpolitiker, der sich in Ostafrika bereits auskannte. Schon während seines Studiums hatte er sich mit Mosambik beschäftigt.

Der Journalist Peter Spacek hatte bereits geraume Zeit in Dar Es Salaam als Korrespondent gearbeitet. Aus seiner Feder stammten die aufschlussreichen Nachbemerkungen zu Mondlanes Buch »Kampf um Moçambique«. Während des Befreiungskampfes berichtete Spacek aus den befreiten Gebieten im Norden Mosambiks. Achim Kindler war in den 60er Jahren im Auftrag des Solidaritätskomitees der DDR für die FRELIMO in Tansania im Einsatz und hatte dort viele junge Mosambikaner ausgebildet. Von ihm stammten zwei portugiesischsprachige Mathematikbücher für junge Afrikaner. In Zehntausenden Exemplaren wurden sie von den Befreiungsbewegungen in Mosambik, Angola und Guinea-Bissau bei der Alphabetisierung eingesetzt. Sein engagierter Einsatz im Ausbildungszentrum der Befreiungsbewegung im tanzanischen Bagamoyo hatte ihn bekannt und berühmt gemacht.

Als Landwirtschaftsexperte saß Bernhard Profee mit am Tisch. Der Mitarbeiter der Akademie für Landwirtschaftswissenschaften verfügte über reiche Erfahrungen auch beim subtropischen Pflanzenbau. Der Pädagoge Siegfried Bollmann hatte schon in mehreren Ländern Afrikas auf dem Gebiet der

Volksbildung gearbeitet, er vertrat sein Ministerium mit Kompetenz. Das Gesundheitswesen war durch den Tropenarzt Dr. Hansjörg Kupferschmidt vertreten, der über gute Verbindungen zu internationalen Gesundheitsorganisationen verfügte.

Komplettiert wurde die Mannschaft durch zwei erfahrene Dolmetscher. Irina Matschke hatte bereits die Gespräche mit Samora Machel und anderen FRELIMO-Repräsentanten in Berlin gedolmetscht. Wolfgang Leuschner, ein junger Wissenschaftler, war der zweite Dolmetscher.

Schon die erste Beratung ließ erkennen, wie groß und wie unterschiedlich der Erfahrungs- und Kenntnishorizont der einzelnen Fachleute und wie verschiedenartig die Persönlichkeitsstruktur und das Temperament waren. Das waren »gestandene Leute«. Niemand benötigte Anleitung, jeder war zum selbständigen Handeln fähig und bereit.

Mosambik befand sich in einer brisanten Übergangsphase. Seit vier Monaten war eine Regierung unter Joaquim Alberto Chissano tätig. Noch immer aber amtierte der portugiesische Hohe Kommissar. Die Kolonialarmee stand im Land, es galt noch immer das portugiesische Recht. Weder die DDR noch ihre Verbündeten unterhielten eine Repräsentanz in Mosambik, wir reisten also ohne konsularischen Schutz. Mosambik gehörte wie andere Konfliktgebiete in Asien, Afrika und Lateinamerika zur Interessensphäre der rivalisierenden Großmächte. Uns erwartete keine tropische Idylle, eher ein zwar gelöschter, doch noch immer schwelender internationaler Brandherd.

Das Solidaritätskomitee der DDR charterte eine IL 62 der Interflug. Mit 160 Tonnen Ladegewicht war sie unser größtes Fluggerät. Ihre Reichweite lag bei etwa 9.200 Kilometern. Die Maschine war beladen mit Solidaritätsgütern, Medikamenten, Textilien, Trockennahrung und anderen dringend benötigten Materialien. Nicht nur die Frachträume waren gefüllt, auch der größte Teil des Passagierraumes war beladen, alles solide mit Netzen und Gurten verzurrt. Am Abend des 3. Februar 1975 bestiegen wir in Schönefeld die von Flugkapitän Querner gesteuerte Maschine. Mit uns flog eine etwas kleinere Gruppe von Mitarbeitern der Ministerien für Nationale Verteidigung, der Staatssicherheit und des Innern. Ein Zusammenwirken beider Gruppen war in unserer Direktive nicht vorgesehen. Zivile und nichtzivile Angelegenheiten waren strikt getrennt. Auch unsere mosambikanischen Partner gingen von dieser Arbeitsteilung aus. Natürlich gingen wir uns nicht aus dem Weg, wir sprachen gelegentlich miteinander, tauschten Eindrücke aus. Dabei erwiesen sich unsere Mitreisenden als kundige Fachleute, die mit der Geschichte wie mit aktuellen Problemen des afrikanischen Kontinents sehr gut vertraut waren.

Ein Zwischenstopp war in Dar Es Salaam notwendig. Dort befanden sich das Zentrum der FRELIMO und Dependancen anderer afrikanischer Befreiungsbewegungen. In einer Beratung mit den Verantwortlichen der FRELIMO sollte, so bestimmte es unsere Direktive, entschieden werden, welchen Problemen wir uns zuwenden sollten. Im Licht der Morgensonne kreiste unser Flugzeug über der Stadt. Wir schauten auf die wechselnden Bilder der Savannenlandschaft mit ihren Schirmakazien und auf die Hütten und Häuser der Stadt. Als nach der Landung die Türen geöffnet wurden, schlug uns schon in dieser frühen Stunde ein Schwall afrikanischer Hitze entgegen. Vertreter der Botschaft der DDR und der FRELIMO hießen uns willkommen, sie erledigten auch die Einreiseformalitäten. Fahrzeuge standen bereit. In schneller Fahrt erreichten wir bald das Gebäude der Botschaft der DDR. Kaum blieb Zeit, das bunte Treiben in der Stadt aufzunehmen. Hütten, Eselkarren, klapprige Autos, Bäume und Parks huschten an uns vorbei.

Botschafter Prof. Dr. Helmut Matthes, ein Mann von stattlicher Gestalt mit leichtem sächsischem Akzent, bat uns in sein klimatisiertes Arbeitszimmer. Seine Herzlichkeit paarte sich mit profunder Kenntnis sowohl der tansanischen Verhältnisse als auch der Fortschritte und Probleme der mosambikanischen Partner auf dem Weg zur Unabhängigkeit des Landes. Plastisch schilderte er die Ergebnisse seiner jüngsten Gespräche mit Mitgliedern der Führung der FRELIMO. Auf Fragen reagierte er mit überzeugenden Antworten. Prof. Matthes war kein Berufsdiplomat. Sein Vortrag ließ den investigativen Denkansatz und die Methodik des erfahrenen Hochschullehrers erkennen. Schon das erste Gespräch mit ihm erwies sich als eine solide Grundlage für das Treffen mit Präsident Machel um 13 Uhr. Je näher der Termin heranrückte, umso mehr wuchs die Spannung. Pünktlich fuhr der Präsident vor. Nun stand der legendäre Held des Befreiungskampfes vor uns. Sein Gestus war der eines Militärs, in seinen Augen war ein kaum beschreibbarer Glanz. An seiner Seite ein dunkelhäutiger, schmaler bärtiger Mann und indischen Gesichtszügen. Es war Jorge Rebelo, Sekretär des ZK der FRELIMO. Der Präsident begrüßte Botschafter Helmut Matthes wie einen guten Bekannten. Dann wandte er sich Achim Kindler zu. Ihn kannte er schon fast ein Jahrzehnt.

Bei der Vorstellung der Experten durch den Botschafter schüttelte Machel jedem kräftig die Hand und musterte ihn mit offensichtlich geübtem Blick. Samora Machel erinnerte eingangs an seinen Besuch vor sechs Wochen in Berlin. Es bewegte ihn noch immer sichtlich, dass er in der DDR mit allen staatlichen Ehren empfangen und aufgenommen worden war, obwohl Mosambik noch kein souveräner Staat war. Er betrachtete dies als eine Wertschätzung der von ihm repräsentierten Befreiungsbewegung, die von den Mächtigen der westlichen Welt und ihren Apologeten lange Zeit als Rebellenorganisation diffamiert worden war. Den Präsidenten bewegte natürlich die Frage, was die DDR seit seinem Besuch zur Unterstützung der FRELIMO unternommen habe. Ich informierte kurz über die Entscheidungen, die nach der Dezemberberatung getroffen worden waren und über die mitgeführten Solidaritätsgüter in der IL 62. Machel dankte mit der Bemerkung, auf die DDR sei eben immer Verlass.

Dann wandte er sich den Aufgaben unserer Gruppe zu. Machel skizzierte Probleme des Übergangs nach dem Abkommen von Lusaka, die der FRELIMO-Führung Sorgen bereiteten. Seine Ausführungen waren akzentuiert und eindringlich, Machels Gedanken schienen ohne Schnörkel, aber erkennbar visionär. Die FRELIMO verfüge, so informierte der Präsident, in den befreiten Gebieten des Landes über recht stabile Strukturen und gute Erfahrungen. Das beträfe jedoch lediglich ein Drittel des Landes und ausschließlich ländliche Gebiete. Nun aber gehe es um das ganze Land. In weniger als sechs Monaten soll es unabhängig werden. Der erste mosambikanische Staat der Geschichte sollte entstehen. Die wichtigste Frage, an deren Lösung zu arbeiten sei, laute: Wie soll die Volksrepublik Mosambik gebildet, wie die neue gesellschaftliche Ordnung gestaltet werden? Die DDR habe doch, bemerkte Machel, nach dem Zweiten Weltkrieg auch vor einem Neuanfang gestanden. Folglich könnten unsere Erfahrungen für sie nützlich und anregend sein. Offensichtlich war eben dieser Aspekt Gegenstand seiner politischen Gespräche in Berlin gewesen.

Der Gedanke liege nahe, entgegnete ich. Aber eben nur nahe. Man solle sich nicht der Annahme hingeben, dass man alle Erfahrungen übertragen könne. Was bei uns funktioniert habe, muss es nicht auch andernorts. Ich verwies auf Marx, der geschrieben hatte: »Die Menschen machen ihre eigene Geschichte, aber sie machen sie nicht aus freien Stücken, nicht unter selbst gewählten, sondern unter unmittelbar vorgefundenen, gegebenen und überlieferten Umständen. Die Tradition aller toten Geschlechter lastet wie ein Alb auf dem Gehirne der Lebenden.«[4] Das gelte für unser Land wie auch für das seine.

Präsident Machel quittierte das mit der Bemerkung, Marx habe sicher Recht. Darum müssten wir uns ja erst mit der Lage in Mosambik vertraut machen. Es wäre gut, wenn unsere Gruppe in Lourenço Marques mit der Übergangsregierung zusammenarbeite und nach unserer Analyse Vorschläge für die nächsten Schritte bei der Vorbereitung und Ausgestaltung der Unabhängigkeit unterbreiteten. Und natürlich auch Vorschläge für die weitere Unterstützung durch die DDR.

Das Gespräch mit Machel war ein guter Anfang unserer Mission, in gelöster Stimmung fuhren wir zum Flugplatz.

Wir flogen an der ostafrikanischen Küste südwärts. Die Sicht war klar, Lichter waren am Boden erst in Beira, der zweitgrößten Stadt Mosambiks, auszumachen. Wir überflogen die Delagoa Bay und das Lichtermeer von Lourenço Marques. Als die Maschine ausrollte, war zu erkennen: Der Flugplatz war voller Menschen.

Kein Platz auf, in und neben dem Flughafengebäude war frei. Als die Tür des Flugzeuges zur Gangway geöffnet wurde, stieg unbeschreiblicher Jubel in den Nachthimmel. Nie hätten wir uns vorstellen können, mit welchem Enthusiasmus wir erwartet und empfangen wurden. Trommeln dröhnten über den Platz, es wurde gesungen, gerufen. Ich verstand kein Wort, war nur ergriffen. Unsere Verantwortung erhielt eine tiefe emotionale Dimension.

Kaum hatten wir das Flugzeug verlassen, marschierte ein Trupp schwer bewaffneter portugiesischer Soldaten auf uns zu und bildete für uns eine enge Gasse. Auch vor den Ein- und Ausgängen des Gebäudes standen Soldaten, die unseren erwartungsvollen Blicken mit kalten starren Augen begegneten. Man gewann den Eindruck, als sei den jungen Burschen ein Freund-Feind-Erkennungsgerät implantiert worden. Wir wurden aufgefordert, unsere Pässe abzugeben. Dann folgte eine lange Zeit des Wartens. Plötzlich verschwanden die Soldaten. Ein Afrikaner betrat den Raum, in den Händen hielt er unsere Pässe. Er sei Manuel dos Santos. Er begrüße uns herzlich im Namen der Übergangsregierung. Er werde mit uns in die Unterkunft fahren.

Der erste Eindruck, den ich während dieser gut halbstündigen Fahrt von Lourenço Marques gewann, widersprach gänzlich meinen Erwartungen. Dar Es Salaam war mit seinen Hütten und kleinen, weitgehend ein- und zweistöckigen Häusern dem Klischee einer afrikanischen Stadt nahe gekommen. Nun aber begegnete ich im Zentrum von Lourenço Marques durchgehend sieben- und achtstöckigen Gebäuden, es gab sechs- und achtspurige belebte Straßen. Schließlich bog unsere kleine Fahrzeugkolonne in eine kleine Seitenstraße. Vor uns lag das Hotel »Cardoso«.

[...]

Drei Fahrzeuge holten uns am nächsten Vormittag ab. Zügig ging es über einen breiten Boulevard. Dann passierten wir die Einfahrt eines mehrstöckigen Gebäudes. Zügig ging es auf einer schneckenartigen Fahrbahn aufwärts. Auf einer Plattform in der dritten Etage endete die Fahrt. Wieder standen Bewaffnete vor uns, diesmal ausschließlich Afrikaner. Sie waren anders uniformiert und bewaffnet als die Portugiesen auf dem Flugplatz. Es waren Angehörige der FPLM, der Volksbefreiungsstreitkräfte Mosambiks.

Manuel dos Santos führte uns durch lange Gänge. Schließlich betraten wir ein recht geräumiges Zimmer. Auf einem riesigen Tisch in der Mitte des Raumes türmten sich Aktenberge. Es schien, als unterbreche man unseretwegen die Sitzung. Joaquim Alberto Chissano, der Ministerpräsident, begrüßte uns herzlich. Er stellte uns die Teilnehmer der Beratung vor. Armando Emilio Guebuza, Minister für innere Verwaltung, ein jugendlich wirkender Afrikaner mit lebendigen, lustigen Augen, Teilnehmer des bewaffneten Kampfes, der in befreiten Gebieten und an der Sambesifront die Bildungsarbeit geleitet hatte; Mário da Graça Machungo, Minister für wirtschaftliche Koordinierung, ein junger groß gewachsener Mann, der während seines Studiums in Portugal mit der FRELIMO Kontakt aufnahm; Rui Baltazar dos Santos Alves, Justizminister, ein portugiesischer Demokrat; Guido Ndobe, Minister für Erziehung und Kultur, ein bärtiger Afrikaner, der bereits während des Befreiungskampfes Bildungsarbeit leistete; Mariano de Araujo Matsinhe, Minister für Arbeit, ein Afrikaner von gedrungner Gestalt, ein erfahrener Kämpfer und Politiker der FRELIMO; João Ferreira, ein Mosambikaner portugiesischer Herkunft, der als Gegner kolonialer Repression die portugiesische Armee vor Jahren verlassen und sich der FRELIMO zur Verfügung gestellt hatte; Joaquim Ribero de Carvalho, ein Mann mit arabisch gezeichneten Gesichtzügen und sehr selbstbewusstem Auftreten. Er gehörte seit Jahren zum Kern der FRELIMO-Kader, galt als Wirtschaftsfachmann und stand der Kommission für die Beziehungen mit Portugal vor. Neben ihm saß Jorge Tempe, Staatssekretär für Landwirtschaft. Schließlich die einzige Frau in dieser Runde: Graça Simbine, eine schlanke schöne Afrikanerin mit einer auffallenden dunklen Stimme, Staatssekretärin für Erziehung. Auch sie hatte aktiv am Befreiungskampf teilgenommen. Als Volksbildungsminister sollte sie später in der Regierung der Volksrepublik eine fruchtbringende Arbeit leisten. Sie wurde die Ehefrau von Samora Machel. In den 90er Jahren schloss sie mit Nelson Mandela den Ehebund und steht ihm seither zur Seite.

Das war eine Runde beeindruckender Persönlichkeiten. Schon die Zusammensetzung zeigte die ethnische Vielfalt der mosambikanischen Gesellschaft und der FRELIMO. Die meisten von ihnen waren vielleicht Anfang Dreißig. Die Last der Verantwortung und auch der Mangel an Schlaf hatte alle sichtlich gezeichnet. In den vier Monaten seit Bildung der Übergangsregierung hatte es zwei bewaffnete Putschversuche portugiesischer Siedler und Militärs gegeben, die zu bewaffneten Auseinandersetzungen bis in das Zentrum von Lourenço Marques geführt hatten. Joaquim Chissano beschrieb die aktuelle

Situation in der Hauptstadt und im Lande in einer Offenheit, die manchen von uns überraschte. Er sprach mit leiser Stimme. Als wären wir alte Bekannte, zog er uns ins Vertrauen.

Eine erste Bestandsaufnahme der Übergangsregierung hatte ergeben, dass die portugiesische Kolonialverwaltung kein eigenständiger, lebensfähiger Organismus war, sondern der Appendix der Lissabonner Bürokratie. Den in Mosambik vorhandenen Strukturen auf administrativem, wirtschaftlichem und sozialem Gebiet fehlte eine wirkliche Entscheidungsebene. Je mehr man sich der Unabhängigkeit näherte, desto stärker wuchs die Erkenntnis, dass es nicht vorrangig darum gehen könne, Vorhandenes umzugestalten und den neuen Verhältnissen anzupassen. Es ging um einen völligen Neubeginn.

Dies umso mehr, als portugiesische Beamte und Fachleute zunehmend das Land verließen. Nicht nur die Repräsentanten der Kolonialmacht, sondern auch Ingenieure, Handwerker, Angestellte und anderes Verwaltungspersonal reisten aus. Die Profiteure des Kolonialregimes hatten ihre Perspektive verloren, Beamte hofften, durch Rückkehr nach Portugal die Pension zu erhalten. Nicht wenige betrieben ihre Ausreise auch, weil sie sich gegenüber der afrikanischen Bevölkerung schuldig gemacht hatten und nun mit juristischer Verfolgung rechneten. Die sich anbahnende Veränderung der gesellschaftlichen Strukturen erzeugte Unsicherheit und Ängste, die natürlich auch künstlich von den Gegnern geschürt wurden. Das nahm hysterische Züge an, die zum Massenexodus der Weißen führte. So waren binnen weniger Monate nicht nur viele Schreibtische in den Verwaltungen, sondern auch Arbeitsplätze in Betrieben, Krankenhäusern, Farmen verwaist. Selbst Schalter in Postämtern blieben unbesetzt. Was an Rudimenten der Verwaltung blieb, erwies sich als sozial kaum akzeptabel und funktional kaum nutzbar.

Große Hoffnungen setze Chissano auf die Dynamisatorengruppen. Sie waren nach dem Abkommen von Lusaka nach dem Vorbild der Komitees in den befreiten Gebieten landesweit gebildet worden. In diesen in Dörfern, Stadtteilen, Betrieben, Verwaltungen und Einrichtungen tätigen Gruppen wirkten Menschen unterschiedlicher Herkunft, Bildung und Hautfarbe. Sie sollten auftretende Probleme analysieren und lösen,

Wirtschaftssabotage verhindern, das gesellschaftliche Leben und die Produktion organisieren. Neues sei hier unübersehbar, sagte Chissano, aber man stehe erst am Anfang, täglich wüchsen die Probleme.

Der Regierungschef forderte uns auf, unsere Überlegungen vorzutragen. Doch angesichts der übermüdeten Zuhörer schien es uns angeraten, lediglich über einige Grundfragen der Organisation einer demokratischen Staatsmacht zu informieren. Wir berichteten dabei auch über Erfahrungen beim Aufbau einer demokratischen Verwaltung und Justiz, über die Ausbildung von Staatsangestellten, die Organisation der Wirtschaft, die Gestaltung des Finanz- und Währungssystems, über den Neuanfang im Bereich der Bildung, besonders auch über Bündniserfahrungen und die Zusammenarbeit mit Spezialisten in der Wirtschaft und Wissenschaft.

Bald waren wir uns mit unseren Gastgebern darüber einig, dass unsere vordringlichste Aufgabe darin bestehen müsse, in der Hauptstadt und in den Provinzen zu recherchieren. In vier Wochen wollten wir uns im gleichen Kreis wieder treffen, um unsere Analysen und Vorschläge zur Beratung zu stellen.

Das Büro des Ministers für wirtschaftliche Koordinierung befand sich in einem mehrstöckigen Gebäude, in dem auch mehrere nationale Direktionen und andere Einrichtungen untergekommen waren. Es lag nicht weit vom Hotel »Cordosa«.

Ich ging zu Fuß mit Ernst Höfner, Bernhard Profee und der Dolmetscherin Irina Matschke dorthin. Das Ministerium bestand nur dem Namen nach, es war noch keine funktionsfähige Verwaltungskörperschaft. Der Minister Mário Machungo begrüßte uns in einem relativ kleinen, schmucklosen Arbeitszimmer, das ziemlich dunkel wirkte. Der Tisch und Regale waren überladen mit Papieren. Im unteren Teil des Fensters brummte die Klimaanlage. An Machungos Seite standen Joaquim Carvallo und João Ferreira.

Der Minister gab uns einen Überblick über die aktuelle wirtschaftliche Situation. Der Zusammenbruch des faschistischen Caetano-Regimes in Portugal und seiner Kolonialherrschaft hatten die wirtschaftlichen Kreisläufe in Mosambik erschüttert. Die zumeist noch junge Industrie des Landes war in kurzer Zeit von dringend erforderlichen Zulieferungen weitgehend abgeschnitten. Investitionsvorhaben wurden eingestellt. Die nach Portugal zurückströmenden Militärs und Kolonialbeamten versuchten, ihr Geld in Waren anzulegen, um diese Sachwerte ins Mutterland zu transferieren. Portugiesische Gewerbetreibende brachten über den Seeweg ihre Maschinen, Produktionsanlagen und angehäufte Reichtümer außer Landes. Das spitzte die ohnehin schon angespannte wirtschaftliche Situation weiter zu. Es häuften sich die Meldungen, dass nichttransportable Produktionsanlagen zerstört würden.

Die Verknappung der Güter führte zur fortgesetzten Steigerung der Preise. Die Inflation wurde durch den internationalen Wertverlust des portugiesischen Escudo forciert. Das führte zu allgemeiner Unzufriedenheit und Lohnforderungen der Beschäftigten. Die Preis-Lohn-Spirale sei, so Minister Machungo, kaum noch zu beherrschen. Das Währungssystem in Mosambik wurde unverändert von der Lissaboner *Banco Nacional Ultramarino* gesteuert. Machungo machte keinen Hehl daraus, wie sehr ihn die gegenwärtige Situation bedrückte.

Dann wandte er sich der Landwirtschaft zu. Er berichtete über die weit verbreitete Subsistenzwirtschaft der afrikanischen Bevölkerung, über den von der Kolonialverwaltung verfügten Zwangsanbau vor allem von Baumwolle, über die Plantagenwirtschaft der weißen Farmer sowie die Zwangsumsiedlung afrikanischer Bauern.

Das vorwiegend von portugiesischen Zwischenhändlern betriebene landwirtschaftliche Vermarktungssystem – es gründete sich vorwiegend auf den Naturalaustausch ländlicher Erzeugnisse gegen Petroleum, Salz, Streichhölzer usw. – kannte kaum Ware-Geld-Beziehungen. Wegen der Rückkehr der Händler nach Portugal und wegen fehlender Waren war das System am Zusammenbrechen.

Die Produktion von Baumwolle, bis zum Vorjahr noch Grundlage der Textilindustrie und wichtiges Exportgut, war in weiten Teilen des Landes zum Erliegen gekommen. Über Jahrzehnte hatte die Kolonialverwaltung die afrikanischen Familien gezwungen, Baumwolle anzubauen. Wer dieser Pflicht nicht im vollen Umfang nachkam, wurde hart bestraft. Die Baumwolle bereitete den Bauern von der Pflanzung über die Pflege bis zur

Ernte unsägliche Mühe. In den Dörfern sprach man von der blutigen Geschichte der Baumwolle. Als die Kolonialmacht zerfiel, stellten viele den Baumwollanbau gleichsam als Akt der Selbstbefreiung ein, zumal für die Bauern die Pflanze kaum zu verwerten war.

Am Abend im Hotel tauschten wir unsere Eindrücke und Beobachtungen aus. Dr. Kupferschmidt, unser Tropenarzt, hatte in der Gesundheitsdirektion erfahren, dass für etwa zwölf Millionen Mosambikaner nie mehr als etwa 350 Ärzte tätig waren. Und von diesen waren inzwischen etwa 280 nach Portugal, Südafrika oder Brasilien gegangen. Für die medizinische Versorgung der 540.000 Menschen in der Provinz Cabo Delgado stand lediglich noch ein Arzt zur Verfügung.

An den folgenden Tagen waren wir wiederholt bei Mário Machungo. Wir sprachen über das weitgehend von Südafrika abhängige Transportsystem des Landes, über die Kontraktarbeit mosambikanischer Arbeiter im südafrikanischen Bergbau und über die Rohstoffversorgung der importabhängigen Textilindustrie.

Das Währungssystem in Mosambik war unverändert mit den finanziellen Kreisläufen Portugals verbunden. Die Summe des umlaufenden Geldes hatte sich allein 1974 vervielfacht. Die Inflation trieb die Preise hoch. Nicht nur die Chefetagen und der gesamte Mittelbau, auch die meisten Stellen auf unterster Ebene der Finanzverwaltungen und in den Schalterräumen der Überseebank waren von Weißen besetzt. Sie zeigten kaum Bereitschaft, mit Vertretern der Übergangsregierung zu kooperieren. Wir wurden gebeten, gemeinsam mit einem Regierungsvertreter die *Banco Nacional Ultramarino* zu besuchen, um einen Einblick in diese Schaltzentrale kolonialer Ausbeutung zu gewinnen. Wir erhielten einen Termin beim Board, dem Leitungsgremium der Überseebank. Gemeinsam mit Mário Machungo fuhren wir in die *Baixa*, die untere Stadt, in der sich die Dependancen von Handelshäusern, Banken und Versicherungen konzentrierten. Das nobelste Gebäude an der Hauptstraße gegenüber der Postzentrale gehörte der Banco Nacional Ultramarino.

Wir wurden mit zurückhaltender, ein wenig gönnerhafter Freundlichkeit in der Halle in Empfang genommen. In der

Chefetage stand ein elegant gekleideter Zerberus. Er zeigte Erstaunen, als er Mário Machungo erblickte. Vermutlich war er der erste Afrikaner, der diese heiligen Hallen betrat.

Nach geraumer Zeit wurden wir in einen Beratungsraum geführt, wo uns vier portugiesische Herren mit ausnehmender Zurückhaltung begrüßten. Kein Händedruck, kein Wort der Entschuldigung, dass man uns länger als eine Stunde hatte warten lassen, obwohl der Termin vereinbart war.

Der Sprecher des Vorstandes schilderte die Rolle seiner Bank als der eines Heilsbringers für den afrikanischen Kontinent. Die anderen Herren schauten gelangweilt an die Decke.

Unsere Fragen nach der Währungssituation, möglichen Reserven und der Bilanz des letzten Jahres wurden mit kühlem Verweis auf die alleinige Kompetenz der Lissabonner Zentrale abgeblockt. Das Limit selbständiger Kreditvergabe war für die mosambikanische Zentrale der Ultramarinbank offenbar geringer als das einer deutschen Kreissparkasse. Alle ernsthaften Vorhaben bedurften der Zustimmung aus Lissabon. Die Banker, denen wir gegenüber saßen, gebärdeten sich zwar als allwissende Herren des Geldes und der Wirtschaft. Nach eigener Darstellung trugen sie kaum eigene Verantwortung. Sie waren nichts als hoch bezahlte Gehilfen der heimatlichen Bürokratie. Die Bankdirektoren und alle leitenden Angestellten des Hauses bereiteten ihre Rückkehr nach Portugal vor.

Als wir die gekühlten Räume des Bankdirektoriums verließen, holten wir tief Luft. Diese Begegnung war beklemmend und ernüchternd zugleich gewesen. Mário Machungo wandte sich an uns. »Das schaffen wir nicht allein. Wir brauchen so schnell wie möglich Hilfe im Bankwesen!«

Berlin reagierte unverzüglich.

Wenige Wochen später nahmen zwei international erfahrene Fachleute der Staatsbank der DDR, Prof. Wolfried Stoll und Helmut Schubert, ihre Arbeit in Lourenço Marques auf. Sie standen dem ersten mosambikanischen Präsidenten der Bank, Alberto Cassimo, einem recht jungen FRELIMO-Kader, der in Kiew ein Ökonomiestudium absolviert hatte, mit Rat und Tat zur Seite. Leider verstarb der begabte Cassimo nach kurzer Amtszeit. Aber auch seinem Nachfolger waren die Fachleute aus der DDR über viele Jahre unentbehrliche Helfer.

Nach den ersten Beratungen in der Hauptstadt absolvierten wir in den folgenden Wochen ein konzentriertes Arbeitsprogramm. Julian Hollender und Achim Kindler bereiteten die Ankunft der nächsten Solidaritätsmaschine der Interflug vor, sie war für die zweite Februarwoche avisiert. Siegfried Bollmann ging auf eine pädagogische Erkundungsreise durch die südlichen Provinzen, Peter Spacek verschaffte sich einen Überblick von der Medienlandschaft. Unser Tropenarzt beschäftigte sich eingehend mit dem Gesundheitswesen.

Ernst Höfner, Bernhard Profee und ich reisten durch alle Provinzen, um uns vor Ort ein Bild von den Problemen zu machen. João Ferreira und George Tempe begleiteten uns. Sie erwiesen sich als kundige und hilfsbereite Betreuer.

Die erste Station war Moamba, eine Kleinstadt an der wichtigen grenzüberschreitenden Eisenbahnstrecke nach Südafrika. In wenigen Stunden trafen wir mit dem PKW dort ein, die Straße in Richtung Nordwest war in einem guten Zustand. Von Moamba waren es keine 30 Kilometer bis zur südafrikanischen Grenze. Das Gebiet um Moamba wie der Süden der Provinz Gaza überhaupt war geprägt von intensiv arbeitenden Landwirtschaftsbetrieben und guten Viehbeständen.

Im Rathaus, dem Sitz des früheren Administrators, trafen wir Mitglieder der Dynamisatorengruppe, die Verantwortung für den Ort und die Umgebung übernommen hatten. Sie bewegten sich zögerlich in diesen Amtsräumen, als wären sie noch immer ungebetene Gäste. Das Büro des geflohenen Administrators schien unverändert.

Wir wurden als erste ausländische Delegation willkommen geheißen. In dieser Dynamisatoren-Gruppe gab es einen Vorsitzenden, eine Verantwortliche für Alphabetisierung und Frauenfragen, einen Beauftragten für Information und den Chef der Volksmiliz. Diese Funktionen hatten sich in den befreiten Gebieten herausgebildet. Erziehung, Information und Sicherung des Erreichten standen im Zentrum der politischen Bemühungen. Den wirtschaftlichen, infrastrukturellen und finanziellen Angelegenheiten wurde gegenwärtig wenig – nicht selten auch zu wenig – Aufmerksamkeit gewidmet.

Der Vorsitzende informierte uns über die Lage im Ort. Man spürte dabei eine eigentümliche Mischung aus Kenntnis- und

Erfahrungsmangel und Verlegenheit. Alles wurde recht umständlich vorgetragen. Diese Haltung sollte mir auch später begegnen. Sie resultierte aus einer merkwürdigen Mischung aus Gewohnheit, Fatalismus und Genügsamkeit. Fehlte etwas, ersetzte man es durch Vorhandenes. War dies aufgebraucht, hatte es sich eben erledigt. Auch früher herrschte Mangel, und es war, so die Denkungsart, irgendwie immer weitergegangen.

War Diesel vorhanden, lief der Generator, der Strom für öffentliche Gebäude lieferte. Kam kein Diesel, gab es keinen Strom. Lebten nicht auch andere ohne Strom?

Dramatisch wurde es, wenn sich diese Lethargie mit Unwissenheit paarte, wie wir es wenig später in einem Dorf erleben mussten. Dort war im Rahmen einer internationalen Hilfsaktion eine kleine Rinderherde von zehn Färsen und zwei Jungbullen übergeben worden. Aus Freude darüber schlachteten die Dorfbewohner die beiden kräftigsten Tiere, die Bullen. Was man sich nicht erklären konnte, schrieb man bösen Geistern zu.

Im Rathaus von Moamba begegneten wir den Anfängen des tatsächlichen Befreiungsprozesses auch vom Analphabetentum. Dennoch: Die Menschen dort wurden von den Problemen des Tages derart bedrückt, dass der Blick nach vorn schwerfiel.

Als wir vorschlugen, einige Landwirtschaftsbetriebe zu besuchen, zögerten sie. Der Grund war nicht ersichtlich, Fahrzeuge standen zur Verfügung. Wir durchfuhren die Siedlung Movene. Links und rechts der Straße waren saftige Weiden. Malerisch darauf verteilt waren Störche, Flamingos und viele andere Vögel, jedoch keine Vierbeiner. Wenige Kilometer weiter hielt die Kolonne in Chanculo. Unweit des Inkomati-Flusses fanden wir eine Ansiedlung portugiesischer Bauern. Die Häuser waren im europäischen Stil, die Dächer ziegelgedeckt. Auf dem Dorfplatz kamen einige Einwohner zusammen, vorwiegend weiße Frauen, Männer und etliche kräftige dunkelhäutige Burschen. Es waren, wie sich später herausstellte, Landarbeiter aus Madagaskar.

Wir wurden sehr reserviert begrüßt. Wir hatten ein afrikanisches Dorf erwartet, keine portugiesische Siedlung. Um ins Gespräch zu kommen, erklärten wir unsere Absicht, das Land kennenlernen zu wollen und unseren Freunden so gut wie möglich zu helfen. Da seien wir falsch hier, wurde uns entgegnet, hier sei niemandem mehr zu helfen.

Nach und nach kam heraus: Den Bauern ging es schlecht. Ihre Rinder wurden nachts von Viehdieben gestohlen und vermutlich nach Südafrika getrieben.

Die meisten der weißen Siedler waren vor Jahren aus Portugal gekommen, wo sie oft lange Zeit arbeitslos waren. Sie folgten seinerzeit dem Vorschlag der Regierung in Lissabon, in Mosambik eine Bauernstelle zu übernehmen, um sich eine Existenz aufzubauen. Das erfolgte in der Absicht, einen »weißen Gürtel« zu schaffen, der von Südrhodesien über Süd-Mosambik bis Südafrika reichen sollte. In dieser Region gab es reichlich Wasser, der Boden war fruchtbar, das Klima für Europäer erträglich. In der Regel erhielten sie etwa 60 Hektar Land zugeteilt.

Diese Siedler der ersten Generation hatten sich im Paradies niedergelassen und nie gefragt, wer vorher auf diesen Ländereien gelebt hat. Die Nachrichten über die Befreiungskämpfe in Mosambik hatten sie zwar verfolgt, aber verdrängt. Das alles fand mehr als tausend Kilometer weiter nördlich statt.

João versuchte, ihnen Hoffnung zu vermitteln, auch im künftigen Mosambik gäbe es einen Platz für sie. Sie aber wollten weg. Sie bewegte nur noch, wie der Transport organisiert und finanziert werden könne, ob das verbliebene Eigentum versilbert oder besser mitgenommen werden sollte. Niemand von ihnen hatte eine Vorstellung darüber, wie es danach weitergehen könne. Es waren einfache Leute, die früh die Hoffnung verloren hatten und nun vom Ausreisesog erfasst worden waren. Über Alternativen im freien Mosambik mochten sie nicht nachdenken.

Am nächsten Tag flogen wir mit einer Cessna, dem Limpopo-Fluß folgend, nach Nordwest. Unser Ziel war Massingir, eine kleine Distrikthauptstadt nahe der Grenze zu Südafrika. Problemlos landete die Maschine auf der Graspiste. Vertreter der FRELIMO, der Chef der Volksmiliz und einige portugiesische Ingenieure begrüßten uns. Man brachte uns in die Distriktverwaltung.

Der von der Übergangsregierung eingesetzte Administrator war ein selbstbewusster, kaum 30-jähriger Afrikaner. Das ihm übertragene Amt übte er sichtlich couragiert aus. Er gehörte zu den Befreiungskämpfern, die im Norden des Landes an den opferreichen Kämpfen gegen die portugiesische Kolonialarmee beteiligt waren. In Schulen der FRELIMO im tansanischen Nachingwea und Bagamoyo hatte er sich weitergebildet und danach erste Aufgaben bei der Verwaltung der befreiten Gebiete wahrgenommen. Nun stand er einem wichtigen Grenzdistrikt vor. Mitstreiter hatte er in allen Teilen der Bevölkerung gefunden. Unkompliziert auch sein Verhältnis zu den anwesenden portugiesischen Ingenieuren.

Er berichtete anschaulich über die Dörfer seines Distriktes und Fortschritte bei der Bildung von Dynamisatorengruppen. Sorgen bereiteten dem Administrator vor allen der Rückgang des Warenaustausches wegen fehlender Gebrauchsgüter. Große Erwartungen richtete man auf die Fertigstellung der Stauanlagen am Elefantenfluss und der damit verbundenen Gewinnung Tausender Hektar bewässerter Fläche.

Dieses Projekt war vor Jahren von der portugiesischen Regierung im Rahmen des *Plano Fomento*, des Förderungsplanes, in Angriff genommen worden. Dort sollten Tausende landlose und arbeitslose Portugiesen angesiedelt werden. Auf diese Weise wollte Lissabon die wachsenden sozialen Spannungen in Portugal mindern und in der Kolonie den Export von devisenbringenden Agrarprodukten fördern. Nun aber hatte Lissabon die Mittel zur Fertigstellung der Anlagen eingefroren. Der portugiesische Chefingenieur informierte uns über technische Aspekte des Projektes und äußerte sich auch zum Finanzbedarf. Er und seine Mitarbeiter seien bereit, an der Fertigstellung »ihrer« Bewässerungsanlage mitzuwirken. Jorge Tempe, der Staatssekretär für Landwirtschaft, notierte alle wesentlichen Informationen. Auch er konnte nicht sagen, wie das Objekt genutzt und weiter ausgebaut werden könnte. Zuwanderung aus Portugal war wohl auszuschließen. Die einheimischen Bauern pflegten die traditionellen Anbaumethoden: Wanderhackbau und Brandrodung. Man bearbeitete das Land rings um die Hütte mit der Hacke. Wurde der Boden müde und die Hütte brüchig, suchte man einen neuen Platz. Eigentum an Boden, wie es etwa in Europa üblich war, kannte man nicht. Ob die bäuerliche Bevölkerung bereit war, wie in den befreiten Gebieten sich zu Kooperativen oder Präkooperativen zusammenzuschließen, war nicht absehbar. Der Staudamm von Massingir bot perspektivisch große Möglichkeiten. Doch ob und wie diese genutzt würden, stand in den Sternen.

Wir schauten uns die Bewässerungsbauten an. Über eine riesige Fläche zog sich ein Hauptdamm, hinter dem sich die zu einem See angestauten Wassermassen bis an den Horizont erstreckten. Schleusen, Hauptflutkanäle und Zuleitungen zu den künftigen Feldern waren noch im Bau. Die Kräne aber standen still. Die Investitionsmittel waren gesperrt, Kredite nicht ohne Bürgschaften zu bekommen, Bürgschaften aber wollte und konnte niemand übernehmen. Sollten die Tausenden Tonnen Beton und Stahl in den Sand gesetzt sein?

Niemand mochte daran denken, aber keiner hatte eine Idee, wie man das Vorhaben zu Ende bringen konnte.

Wir verließen Massingir und flogen weiter. Gegen Abend landeten wir auf einem Feldflugplatz nahe Guija. Dort übernachteten wir. Beim Abendessen meinte Jorge Tempe. »Ich muss mit Joaquim Chissano unbedingt über Massingir sprechen. Hoffentlich hat er die Zeit, die Kraft, sich auch noch mit diesem Problem zu beschäftigen.« Von unserer Seite wurde angemerkt, dass es doch sicher auch ratsam wäre, kooperationsbereiten Portugiesen möglichst bald ein Signal zu vermitteln, dass sie im neuen Mosambik ihren Platz finden werden.

»Wahrscheinlich habt ihr Recht«, antwortete Jorge, das aber sei auch keine einfache Angelegenheit.

Nunmehr gibt es Nachrichten darüber, dass das Gebiet um Massingir wieder das Interesse von Investoren findet. Von Naturparks und Tourismus ist dabei die Rede. Die Hoffnung, dass das enorme landwirtschaftliche Potential dieses Gebietes im Interesse der Schließung der Nahrungsgüterlücke des Landes künftig erschlossen werden kann, scheint zu welken.

Am nächsten Morgen erreichten wir nach kurzer Fahrt im Landrover den Agrarkomplex von Trigo Morais, der heute Chokwe heißt. Vor uns lagen riesige planierte Flächen. Ausgebaute Fahrstraßen für schwere landwirtschaftliche Maschinen und Bewässerungsgräben unterschiedlicher Breite durchschnitten das Terrain. Reis, Weizen, Mais und Tomaten wuchsen auf üppigen Feldern. Im Zentrum des Gebietes befanden sich neben der relativ modernen Verwaltung eine Käserei und ein kleiner Schlachthof für Rinder und Schweine. Alles war interessant und überraschend zugleich. Es erschien fast wie ein moderner Garten Eden.

Nirgendwo wurde mit der Hacke, überall mit Maschinen gearbeitet. Wir begegneten gebildeten Fachleuten, Europäern und Afrikanern, die ihr Handwerk verstanden, souverän die komplizierte Technik und die Regeln einer modernen Agrarwirtschaft beherrschten. Nicht wenige der Afrikaner hatten den Umgang mit Pumpen, Verbrennungsmotoren und Schweißtechnik in den Goldminen Südafrikas kennen gelernt.

Trigo Morais gehörte mit zu jenem »weißen Gürtel«, der zugleich ein Schutzwall gegen die nationale Befreiungsbewegung sein sollte. 1974 geriet das noch unvollendete Projekt von Trigo Morais ebenfalls in die Krise. Die Kassen der Gesellschaft waren seit Monaten leer. Die Leiter waren abgereist. Geblieben waren einige portugiesische Techniker und die meisten der afrikanischen Arbeiter. Sie hatten es nicht über das Herz bringen können, das fruchtbare Land sich selbst zu überlassen. Es mangelte an Treibstoff und vielem anderen. Sie blieben trotzdem.

Es lag auf der Hand, dass wir denen den Rücken stärken halfen, die eine Fortsetzung und Förderung dieses Zukunftsprojektes befürworteten. Zusagen zu machen, lag nicht in unserer Vollmacht. Wir waren uns allerdings gewiss, dass die DDR helfen würde.

Jahre später besuchte ich erneut den Betrieb, der nun Agroindustrieller Komplex Chokwe hieß. Mähdrescher vom VEB Fortschritt Neustadt, Lastwagen aus Ludwigsfelde und Krananlagen von TAKRAF Leipzig dominierten den Maschinenpark des Betriebes. Ein ermutigender Anfang. Er allein reichte aber nicht aus, um alle Entwicklungsprobleme dieses Projektes zu bewältigen.

In jedem Ort, den wir besuchten, spürten wir die unbeschreibliche Freude der afrikanischen Bevölkerung über das Ende der barbarischen Kolonialzeit. Nicht minder unübersehbar waren die Probleme, die aus dem Zerfall der alten Strukturen und der wirtschaftlichen Kreisläufe rührten.

Ministerpräsident Joaquim Chissano hatte uns eingeladen, mit ihm nach Beira zu fliegen. Er war von Gesprächen mit dem Präsidenten der FRELIMO, Samora Machel, in Dar Es Salaam zurückgekehrt und wollte die Ergebnisse mit den Gouverneuren der FRELIMO in Beira und Nampula auswerten. Das gab uns Gelegenheit zum Gedankenaustausch. Wir teilten erste Eindrücke und Erfahrungen unserer Exkursion mit.

Mit Armando Panguene und Canguela de Mendonça lernten wir zwei Freiheitskämpfer kennen. Nunmehr waren sie Repräsentanten zweier wichtiger Provinzen. Ihre sachlichen Berichte über die Situation und ihre Lösungsvorschläge erweiterten unseren Kenntnishorizont. Chissano drängte auf eine realistische Analyse der Lage, forderte die Korrektur von Irrtümern und weitere energische Schritte auf dem Weg der Entkolonialisierung. Wir verließen die Beratung mit dem guten Gefühl, dass solche Männer Berge versetzen würden.

Am nächsten Tag fuhr ich mit Bernhard Profee und Wolfgang Leuschner in die Siedlung Villa Fonte. Wir wollten vor Ort uns kundig machen über den Anbau von Baumwolle und ihre Verarbeitung. Bald verließ unser vom Distriktadministrator gesteuerter Jeep die ausgebaute Straße. Mehr als fünfzig Kilometer ging es über tief zerfurchte Wege. Rechts und links des Weges waren Baumwollplantagen zu sehen. Die Pflanzen waren verdorrt. Immer wieder hielten wir an, um mit Bewohnern kleiner Siedlungen am Rande der Pflanzungen zu sprechen. Meist waren sie über unsere Anwesenheit verwundert. Fragten wir nach den Ursachen für den Zustand der Felder, erhielten wir immer die gleiche Antwort: »Nie wieder wollen wir uns auf diesen Feldern schinden!«

Leidenschaftlich wurde vorgetragen, wie die Männer und besonders die Frauen unter Androhung und Vollstreckung drakonischer Strafen gezwungen worden waren, auf den Feldern der Baumwoll-Company zu schuften. Man zeigte uns Narben von Stockhieben und Peitschenschlägen, berichtete von Verhaftungen und Deportationen. Die Befreiung vom Zwangsanbau der Baumwolle wurde als Sieg über das Kolonialregime betrachtet. Es war ein Aufschrei der ausgebeuteten und gequälten Bauern. Einige der Bauern wussten bereits, was aus den Baumwollplantagen werden sollte. Sie wollten dort Mais, Maniok und andere Früchte anbauen. Obwohl es uns schwer von den Lippen ging, fragten wir dennoch: Und wo sollen die Fasern für eure Bekleidung herkommen?

»Von wem auch immer – von uns jedenfalls nicht«, lautete die Antwort. Obendrein wurde uns geraten umzukehren. Den beschwerlichen Weg nach Villa Fonte könnten wir uns ruhig sparen. Dort fehle es an Baumwolle, und vieles sei kaputt.

Trotz dieser Warnungen fuhren wir weiter. Im Zentrum des Anbaugebietes befand sich eine Baumwollreinigungsanlage. Bis 1974 wurden dort jährlich rund 30.000 Tonnen Baumwolle verarbeitet. Inzwischen hätten sich jedoch die Herren der Company aus Villa Fonte und viele ihrer portugiesischen Mitarbeiter und Zwischenhändler abgesetzt. Es fehlte an Rohbaumwolle, an Saatgut und Ersatzteilen für die Maschinen.

Nach diesem Tag fragten wir uns wieder besorgt, welcher Kräfte es bedürfe, um diese Probleme zu lösen.

Mit der FRELIMO war vereinbart, dass wir bei unseren Studien in den Provinzen auch Gespräche mit verbliebenen portugiesischen Beamten führten. In fünf der damaligen elf Provinzen – Villa Pery, Tete, Niassa, Gaza und Insel Moçambique – waren, wie in Lusaka geregelt, die früheren Kolonialgouverneure nunmehr im Dienst der Übergangsregierung tätig.

Von Beira aus führte eine gut ausgebaute Asphaltstraße nach Villa Pery (heute Chimoio), der Hauptstadt der Provinz Manica. Am Abend trafen wir die Repräsentanten des FRELIMO-Komitees der Provinz. Sie fragten besorgt, ob unser Gespräch mit dem Gouverneur gut überlegt sei. Sie hatten nur schlechte Erfahrungen mit diesem Mann und der von ihm geführten Verwaltung gemacht. Während der Kolonialzeit hatten sie sich als willige Vollstrecker Lissabons einen berüchtigten Namen gemacht. Einige unserer Partner hatten an bewaffneten Aktionen der FRELIMO in der Provinz Manica teilgenommen. Für sie waren unsere künftigen Gesprächspartner Feinde. Der Gouverneur Caniça sei einer der Protagonisten der kolonialfaschistischen Kräfte Portugals in Mosambik. Zwischen dem Gouverneur und dem FRELIMO-Komitee gäbe es so gut wie keine Beziehungen. Jeder ignoriere den anderen.

Das alles wurde mit Leidenschaft vorgetragen. Ein Veteran des Befreiungskampfes, er wurde Tiger genannt, schlug vor, unsere Beratungen abzusagen und uns in anderen Provinzen umzusehen.

João Ferreira, der uns als Vertreter der Übergangsregierung begleitete, meinte, wir befänden uns wohl in einer schwierigen Situation. War aber Rückzug eine akzeptable Alternative?

In vier Monaten werde die Übergangszeit zu Ende sein. Dann liege alle Verantwortung in den Händen der FRELIMO, erklärten wir. »Ist es da nicht ratsam, sich vorher mit dem Vorhandenem zu beschäftigen? Auch, um weitere wirtschaftliche Sabotage abwenden zu können?« Schließlich war die Überwindung kolonialer Machtausübung zum Gegenwartsproblem geworden. Da könne man, so meinten wir, nicht aus der Deckung heraus operieren. Da müsse man Flagge zeigen.

Wir saßen lange zusammen. Schließlich vereinbarten wir, daß der Vorsitzende des FRELIMO-Komitees uns am nächsten Tag begleiten werde. Gemeinsam wollten wir versuchen, ein Treffen des gesamten Komitees mit der portugiesischen Provinzregierung zu vereinbaren.

Nicht ohne innere Spannung fuhren wir am nächsten Vormittag in den Gouverneurspalast. Gouverneur Caniça, ein grauhaariger Mann mittlerer Gestalt, begrüßte uns mit der verbindlichen Nachfrage, ob wir auch eine gute Reise gehabt hätten. Der Umgangston klang jovial, nicht auf Konfrontation gerichtet.

In seinem Amtszimmer ging es formvollendet zu. Kaffee wurde gereicht, Früchte zierten den Tisch. Für uns ein wenig überraschend begrüßte er besonders die Teilnahme des Vorsitzenden des örtlichen FRELIMO-Komitees an diesem Gespräch. Wollte er damit einen guten Eindruck machen, oder verfügte er über die Fähigkeit, sich mit Unabwendbaren schnell abzufinden?

Um uns einen Überblick zu vermitteln, habe er, so teilte Caniça mit, eine Zusammenkunft der Repräsentanten seiner Provinzverwaltung und der Wirtschaftsverbände einberufen. Wenig später saßen wir in einem gefüllten Saal. Außer unseren mosambikanischen Freunden sah man nur weiße Gesichter. Herr Caniça leitete die Beratung mit einem Vortrag über die wirtschaftlichen Möglichkeiten der Provinz ein. Die landwirtschaftlichen Großbetriebe verfügten über einen beträchtlichen Rinderbestand, sagte er. Chancen gäbe es, die Produktion von Baumwolle, Tabak, Zitrusfrüchten und Mais beträchtlich zu erhöhen. Textil- und Chemieindustrie hätten hier gute Entwicklungsmöglichkeiten.

Das war nur das Vorspiel. Bald kam er zur Sache. Die FRELIMO, so erklärte er, müsse etwas für die Zukunft des Landes tun. Die ihm bekannten Äußerungen der Übergangsregierung – »in den allgemeinen Worten, die dieser Regierung eigen seien« – genügten ihm und seinen Freunden nicht. Er erwarte von der künftigen mosambikanischen Regierung Kredite und direkte Finanzierungshilfen für die Wirtschaft der Provinz. Kapital sei erforderlich, um den Reichtum der Provinz zu erschließen.

Offensichtlich spürte der Gouverneur, dass es mich nach einer Antwort drängte. Er erteilte jedoch erst einmal dem Vertreter der Gutsbesitzervereinigung und seinem Provinzökonomen das Wort. Dieser hatte angenommen, wir besuchen die Provinz Villa Pery, um Geschäfte anzubahnen. Nach seiner Vorstellung sollte die DDR ihre wirtschaftlichen Beziehungen vorrangig nicht über die künftige mosambikanische Regierung, sondern direkt mit dem Unternehmen gestalten. Er hatte schon Listen vorbereitet, was die DDR in diese Provinz liefern sollte.

Auf den groben Klotz gehörte, so meinte ich, ein nicht zu kleiner Keil. Mein Beitrag konnte sich nicht auf Höflichkeiten beschränkte. Nachdem ich das Anliegen unserer Gruppe dargestellt hatte, bat ich meine Vorredner, sich der tatsächlichen Situation des Landes bewusst zu werden. Wenn hier gefordert würde, dass die FRELIMO etwas für die Zukunft des Landes unternehme, übersähe man offensichtlich, dass der von der FRELIMO geführte Befreiungskampf bereits einen unschätzbaren Beitrag für die Zukunft des Landes geleistet habe. Die bevorstehende Unabhängigkeit sei keine Frucht kolonialer Gnade, sondern Ergebnis aufopferungsvoller Kämpfe. Jeder möge sich prüfen, auf welcher Seite der Front er gestanden habe.

An die wirtschaftliche Sachkenntnis der Teilnehmer appellierend, bat ich sie nachzudenken, aus welchen Ressourcen die künftige Regierung die eingeforderten Finanzmittel für eine der reichsten Provinzen des Landes nehmen sollte. Schließlich sei wohl kaum jemandem zu vermitteln, dass Vertretern der gleichen Kreise, die dem Land in der Vergangenheit nachweislich

Kapital und materielle Werte entzogen hatten, Kapitalhilfen gewährt werden sollen.

Als ich mich setzte, war ich mir der Wirkung meines Beitrages nicht sicher. Ein älterer Latifundista ergriff nach mir das Wort. Niemand der Teilnehmer aus Manica, so bemerkte er eingangs, hätte sich vorstellen können, wes Geistes Kind die Abgesandten aus der DDR sein würden. Viel wisse er noch immer nicht. Nach meinem Beitrag aber habe er das Gefühl, das seien gestandene Männer. Mit denen könne man Klartext reden. Deshalb lade er unsere Gruppe zu einem Besuch auf sein Gut ein.

Der Gouverneur bot uns sein Flugzeug an, um die nicht geringe Entfernung schnell zu überwinden.

Am nächsten Morgen flogen wir auf die Latifundie von Marino Moreira. Er führte uns durch sein prächtiges Gutshaus, als seien wir alte Bekannte. Eingehend schilderte der Hausherr seine Familiengeschichte. Dann präsentierte er uns seine Staubecken, seine Terrassenwirtschaft, seinen Rosengarten und schließlich seine Frau. Er sei, so betonte er, immer sozial eingestellt gewesen. Mit Stolz verwies er auf die Schule, in der Landarbeiterkinder außerhalb der Saison von einem Missionar in den drei Fächern, Religion, Singen und Portugiesisch unterrichtet werden. Im Gegensatz zu manchen Nachbarn habe er seine Mitarbeiter stets gut behandelt. Auch freundliche Bemerkungen über die FRELIMO flocht er ein.

Er begrüßte unsere Visite und meinte, das Wichtigste, was Mosambik benötige, wären deutsche Gehirne.

Nach längeren Gesprächen traten wir vor das Gutshaus, um uns ein wenig umzusehen.

Am Rande des Parkgeländes war ein Afrikaner zu erkennen, der mit nichts anderem bekleidet war als einem Jutesack, in den Öffnungen für Kopf und Arme geschnitten waren. »Pedro«, rief Moreira laut. Schnellen Schrittes kam der. Es war ein alter Mann. Sein Rücken war krumm, die Hände waren verkrüppelt. Er verbeugte sich tief vor seinem Herrn. In Erwartung weiterer Kommandos legte er die Hände an die Seitennähte des Jutesacks wie ein Soldat und senkte den Blick. Voller Stolz erklärte Moreira, Pedro hätte vor 50 Jahren die Bäume in diesem Park gepflanzt.

Der Anblick des alten Afrikaners und dessen Präsentation durch seinen Herrn ließ die Tiefe des Grabens erkennen, der sich durch dieses Land zog. Wieviel Prügel, wie viele Demütigungen, so fragte ich mich, hatte dieser Mann ertragen müssen?

Moreira bemerkte unsere Verstimmung. Seine Erklärungsversuche prallten ab. Unsere Erwartung, einen geeigneten Gesprächspartner zu finden, hatte sich zerschlagen.

Bedrückt und nachdenklich flogen wir zurück. In Villa Pery und seiner näheren Umgebung besuchten wir landwirtschaftliche Vereinigungen und Betriebe, lernten Probleme der europäischen und afrikanischen Bauern kennen.

Vor dem abschließenden Gespräch mit dem Gouverneur verständigten wir uns mit dem FRELIMO-Komitee. Es war unser gemeinsames Anliegen, das gespannte Verhältnis nicht weiter zu verschärfen. Das vor allem, um bessere Bedingungen für das Wirken der FRELIMO-Organe zu schaffen.

Frohen Mutes betraten wir erneut die prachtvolle Residenz des Gouverneurs. Das Gespräch verlief weitgehend problemlos. Jeder kannte die Grundpositionen des anderen. Der Gouverneur erklärte seine Bereitschaft, mit dem Komitee künftig zu kooperieren. Auf dem anschließenden Empfang, an dem auch die Damen der portugiesischen Repräsentanten zugegen waren, ging es recht vornehm zu. Nach etwa einer Stunde kündigte der Gouverneur mit seinem Dank an die Gäste das Ende der Veranstaltung an.

Ich dankte für die Einladung und die Gastlichkeit des Hauses. Kaum hatte ich geendet, trat unangekündigt »Tiger«, ein Veteran der Befreiungskämpfe, in die Mitte des Raumes. Mit heftigen Worten wandte er sich an die Portugiesen. Er schrie ihnen seine Empörung über die Verbrechen der Kolonialmacht ins Gesicht. Beispiel um Beispiel listete er auf. Die Vertreibung der Afrikaner durch die portugiesischen Siedler, die von der Kolonialverwaltung verordnete Zwangsarbeit, die Ausbeutung der Männer, Frauen und Kindern auf Farmen und Plantagen, das unmenschliche Strafsystem der Kolonialbehörden, die Zerstörung ganzer Dörfer durch die Kolonialarmee …

Sein Herz war voller Zorn. Er konnte sich nicht beruhigen und sprach annähernd eine Stunde. Keiner verließ den Raum.

Wie würde das ausgehen, fragte ich mich.

Als »Tiger« endete, geschah etwas Unerwartetes. Der Gouverneur begann zu klatschen und alle Portugiesen folgten seinem Beispiel. Dieser Applaus schmerzte. Mir lief es bei dieser Demonstration bourgeoiser Arroganz eiskalt den Rücken herunter. Man spürte, die Reaktion war weder Zustimmung noch Einsicht, sondern Heuchelei, Gefühlskälte und Ablehnung.

Ehe wir weiterflogen, trafen wir uns noch einmal mit den Freunden vom FRELIMO-Komitee. Natürlich bewegte sie noch die Abendveranstaltung. Am Ende meinte der Komiteevorsitzende, der neue Staat erscheine wie ein *elefante branco*. Ich fragte, was er mit einem weißen Elefanten meine.

Man steht vor ihm und fragt staunend »Woher, wohin?« und weiß nicht genau, was man mit ihm anfangen kann. Allein Appelle an das Bewußtsein würden künftig nicht mehr genügen, sagte er ahnungsvoll. »Wir müssen lernen, um all das, was auf uns zukommt, bewältigen zu können. Wir werden es schaffen.«

Mit einem *A luta continua*!, der Kampf geht weiter, bekräftigte er die Entschlossenheit aller.

[...]

Länger als einen Monat hatten die neun Experten aus der DDR sich in Mosambik umgesehen. Die FRELIMO und die Übergangsregierung hatten es ermöglicht, daß alle Provinzen besucht und viele gute Gespräche geführt werden konnten. Siedlungen, Dörfer und Städte, Landwirtschafts- und Industriebetriebe hatten wir besucht. Wir erlebten ein Land im Aufbruch. Vor unseren Augen vollzog sich die Erosion der alten Herrschaftsstrukturen. Wir wurden Zeugen des Entstehens neuer gesellschaftlicher Verhältnisse, einer souveränen Staatsmacht. In vielen Gesprächen begegneten uns erfahrene Befreiungskämpfer und überzeugte Patrioten des neuen Mosambik. Wir trafen auf Suchende, Abwartende, Interessenlose, Unentschlossene, aber natürlich auch auf überzeugte Anhänger der alten Kolonialordnung. Wem immer wir begegneten: niemand blieb unberührt von dem sich vollziehenden Wandel. Unübersehbar war, dass eine neue Zeit begann. Die Hoffnungen waren in dieser Aufbruchssituation stärker als die Zweifel. Der Schmelztiegel des Übergangs von der alten zur neuen Ordnung setzte auch in Mosambik große Energien frei. Innerhalb weniger Monate wurden im ganzen Lande enorme Kräfte mobilisiert. Frei von den Fesseln des kolonialen Repressionsregimes trafen sich Menschen, um in Versammlungen und Beratungen ihre Gedanken zu Gehör zu bringen. Dort, wo Besitzer oder Manager von Betrieben oder Verantwortliche von Institutionen sich weggestohlen hatten, übernahmen Dynamisatoren-Gruppen Verantwortung, sicherten das Verbliebene und versuchten, die Dinge irgendwie in Gang zu halten oder zu bringen. Nirgendwo aber gab es Plünderungen oder Übergriffe, weder auf Banken noch auf Geschäfte, auch nicht auf Vertreter der alten Kolonialmacht.

Wo wir auch waren, überall war zu erkennen, welche gewaltige Arbeit zur Dekolonialisierung des Landes in den vergangenen Monaten geleistet wurde. Erfahrungen und Selbstbewusstsein hatten sich herausgebildet. Wir erlebten ein Land im Umbruch. […]

Anmerkungen

1 Vgl. Europa-Archiv 18/1974, S. D 429ff sowie Datas e documentos da historia da FRELIMO, Lourenço Marques 1975, S. 192f.
2 *Staat und Recht* Nr. 8/9, 1971, S. 1387f.
3 Ralph von Gersdorff, Mosambik, Bonn 1958, S. 7
4 Karl Marx, Der Achtzehnte Brumaire des Louis Bonaparte.

* Herbert Graf, siebzehn Jahre Mitarbeiter Walter Ulbrichts, berichtete in seinen 2008 erschienenen Erinnerungen (»Mein Leben. Mein Chef Ulbricht. Meine Sicht der Dinge«, edition ost) auch über seinen Einsatz in Mosambik. Diese Reise wird im Text über die HV A angedeutet, weil sie von dort vorbereitet und gesichert worden ist. Die Schilderungen Grafs komplettieren die Darstellung Fischers auf lebhafte Weise und stehen exemplarisch: So präsentierte sich die DDR in den Ländern der Dritten Welt.

Nachbemerkungen

Die vorliegende Arbeit wurde ohne Zugriffsmöglichkeit auf die das Wirken der Auslandsaufklärung der DDR und ihre Arbeitsergebnisse widerspiegelnden Dokumente erstellt. Alle schriftlichen Unterlagen der Hauptverwaltung A des MfS sind 1989/90 aus Gründen des Schutzes von Personen und Daten vernichtet bzw. im Zentralarchiv des ehemaligen MfS/AfNS eingelagert worden. Das Archiv, die Ablage der selbständigen Abteilung XII des MfS, befand sich zu jener Zeit (Ende Juni 1990) in Regie der staatlichen Auflösungsbehörde. Die Einlagerung erfolgte planmäßig und entsprechend den Vorgaben der Arbeitsgruppe Sicherheit des Zentralen Runden Tisches.

Andere schriftliche Quellen standen nicht zur Verfügung.

Dessen ungeachtet konnte das Wirken der Hauptverwaltung A in der Dritten Welt insgesamt umfassend und mit der erforderlichen Kompetenz und Genauigkeit dargestellt werden. Das war u. a. deshalb möglich, weil mir in der Vorbereitung dieser Arbeit noch fast alle Zeitzeugen des eigenen Dienstes sowie Partner des Zusammenwirkens zur Verfügung standen. Ihr Wissen wurde – oft kurz vor ihrem Ableben – noch erfasst. Die in den Ausführungen zu den Informationsergebnissen und anderswo im Buch aufgeführten Themen wurden aus dem Gedächtnis rekonstruiert, wozu die nachfolgend genannten und weitere ehemalige Kollegen nach Kräften beigetragen haben. Auf die im Zentralarchiv am 22. Juni 1990 eingelagerten Materialien, darunter Originale oder Kopien aller Ausgangsinformationen, die die Hauptverwaltung A seit den 1950er Jahren angefertigt hat, hatte ich keinen Zugriff.

Die Ausführungen zum Inhalt der Arbeit der HV A sind trotz dieser Beschränkungen korrekt und inhaltlich identisch, aber keineswegs vollständig wiedergegeben. Alle Daten und Fakten wurden mit größtmöglicher Gewissenhaftigkeit geprüft, Aussagen zu persönlichen Erinnerungen wurden verglichen.

Dokumentarische Belege zur Phase der Auflösung, speziell die Abschlussberichte, wie auch alle verwendeten Bilder und in den Anlagen eingesetzte Pressemeldungen befinden sich im Archiv des Autors.

Ich danke alle ehemaligen Mitstreiter und Kollegen, die durch ihre Bereitschaft zur Unterstützung und ihre Beiträge dieses Buch möglicht gemacht haben.

Besonderer Dank gilt Siegfried Fiedler, der inzwischen verstorben ist. Seine Unterstützung war von besonderer Bedeutung für die Darstellung der Partnerarbeit der HV A in der Dritten Welt.

Neben anderen Ungenannten danke ich namentlich Dieter Barufke, Wolfgang Burkert, Dr. Hans-Joachim Gollnick, Günter Heidrich, Dr. Rudolf Kraus, Eugen Kraut und Harald Leuschner.

Besonderer Dank gilt auch Erich Schmidt-Eenboom, dem Leiter des Friedensforschungsinstitutes in Weilheim/Oberbayern, für die Bereitstellung überarbeiteter Passagen seines Buches »BND. Der deutsche Geheimdienst im Nahen Osten. Geheime Hintergründe und Fakten«. In diesem Zusammenhang Dank auch an den Herbig Verlag München.

Bernd Fischer

Bildnachweis

Archiv des Autors, Archiv Klaus Breiler (S. 101, 106) und Robert Allertz (S. 13, 135, 172)
Nicht in allen Fällen konnten die Rechte-Inhaber ermittelt werden. Berechtigte Honoraransprüche bleiben gewahrt.

ISBN 978-3-360-01802-1

Umschlaggestaltung: buchgut, Berlin
unter Verwendung eines Motivs von picture-alliance/dpa

Druck und Bindung: CPI Moravia Books GmbH

Ein Verlagsverzeichnis schicken wir Ihnen gern:
Das Neue Berlin Verlagsgesellschaft mbH
Neue Grünstr. 18, 10179 Berlin
Tel. 01805/30 99 99
(0,14 Euro/min. aus dem deutschen Festnetz,
abweichende Preise für Mobilfunkteilnehmer)

Die Bücher der edition ost und des Verlages Das Neue Berlin erscheinen in der Eulenspiegel Verlagsgruppe.

www.edition-ost.de